Adolf Brenneke
Gestalten des Archivs

Veröffentlichungen des Landesarchivs Schleswig-Holstein
Band 113

Adolf Brenneke

Gestalten des Archivs

Nachgelassene Schriften zur Archivwissenschaft

Herausgegeben und mit einem Nachwort versehen von

Dietmar Schenk

Hamburg University Press
Verlag der Staats- und Universitätsbibliothek Hamburg
Carl von Ossietzky

Impressum

Bibliografische Information der Deutschen Nationalbibliothek

Die Deutsche Nationalbibliothek verzeichnet diese Publikation in der Deutschen Nationalbibliografie; detaillierte bibliografische Daten sind im Internet über https://portal.dnb.de/ abrufbar.

Online-Ausgabe
Die Online-Ausgabe dieses Werkes ist eine Open-Access-Publikation und ist auf den Verlagswebseiten frei verfügbar. Die Deutsche Nationalbibliothek hat die Online-Ausgabe archiviert. Diese ist dauerhaft auf dem Archivserver der Deutschen Nationalbibliothek (https://portal.dnb.de/) verfügbar.

DOI https://dx.doi.org/10.15460/HUP.LASH.113.183

Printausgabe
ISBN 978-3-943423-50-1
ISSN 1864-9912

Covergestaltung: Hamburg University Press nach Entwürfen von Atelier Bokelmann, Schleswig
Herstellung: Books on Demand, Norderstedt

Verlag
Hamburg University Press, Verlag der Staats- und Universitätsbibliothek Hamburg
Carl von Ossietzky, Hamburg (Deutschland), 2018
http://hup.sub.uni-hamburg.de

Inhalt

Rainer Hering

Vorwort

Die Archivwissenschaft ist untrennbar mit der Geschichtswissenschaft verbunden. Seit dem 19. Jahrhundert bestehen enge Wechselwirkungen zwischen beiden Disziplinen. So war es folgerichtig, dass Adolf Brenneke, Lehrer für Archivkunde am 1930 gegründeten Institut für Archivwissenschaft in Berlin-Dahlem, die Archivwissenschaft als historische Geisteswissenschaft konzipierte. Dabei griff er gedankliche Motive des Historismus auf und knüpfte an Johann Gustav Droysens *Grundriss der Historik*, der erstmals 1868 erschien, an. Der in Berlin lehrende Ideenhistoriker Friedrich Meinecke publizierte 1936 seine Studie *Die Entstehung des Historismus*. Brenneke stand in engem Austausch mit führenden Historikern wie eben Meinecke. Leider konnte er durch seinen Tod 1946 sein ambitioniertes Vorhaben einer Theorie und Geschichte der Archive nicht abschließen.

Überliefert – und in der archivarischen Diskussion verankert – sind bislang lediglich seine Vorlesungsnachschriften, die Wolfgang Leesch 1953 in Leipzig publiziert hat. Inhaltlich weiterverfolgt wurde Brennekes Konzeption damals nicht, was auch mit der Zurückhaltung von Johannes Papritz zusammenhängt, der an der Archivschule Marburg einflussreich war. In der Bundesrepublik erschien erst 1988 ein Nachdruck, in dem lediglich die Bibliografie aktualisiert wurde. Quellenkritisch ist diese an sich sehr verdienstvolle Ausgabe jedoch unbefriedigend, da es nur eine Bearbeitung aus zweiter Hand ist. Um die Konzeption Brennekes verstehen zu können, sind dagegen seine Originaltexte zentral.

Dass es solche im Nachlass Adolf Brennekes gibt und dass sie für die – in Deutschland viel zu selten intensiv geführte – archivwissenschaftliche Diskussion eine Bereicherung darstellen, hat der Leiter des Archivs der Berliner Universität der Künste Dietmar Schenk herausgefunden. Diese

Texte werden hier erstmals publiziert. Die Annahme, dass Brennekes Entwurf in der Geschichte der Archivwissenschaft eine Schlüsselstellung einnimmt, hat sich durch die Edition bestätigt, zugleich wird die enge Verbindung seiner Konzeption mit dem Geschichtsdenken der damaligen Zeit sehr anschaulich. Brennekes Beiträge zeigen im Spiegel der Geschichte deutlich, was Archivwissenschaft sein könnte und sein müsste. Wie jede Geisteswissenschaft bedarf auch sie der Reflexion ihrer Grundlagen. Die Aneignung des Archivbegriffs in der Kulturwissenschaft und die daraus resultierende Erosion des Terminus *Archiv* haben dazu geführt, dass die Archivwissenschaft an methodisch-theoretischem Profil gewinnen muss, um langfristig Bestand zu haben und ihren ureigenen Gegenstand nicht zu verlieren. Hier sind Klärungen erforderlich, durch die das Anliegen der archivarischen Praxis im geisteswissenschaftlichen Diskurs neu verankert wird. Andernfalls droht die Bezeichnung *Archiv* zu einer Leerformel zu werden, was sich auf die fachspezifische Ausbildung und letztlich die qualifizierte Betreuung der Archivalien auswirken könnte. Um es auf den Punkt zu bringen: ein wenig Theorie tut not!

Dem Landesarchiv Niedersachsen danke ich für die Genehmigung zur Publikation der Schriften aus Brennekes Nachlass. Vor allem aber danke ich Dietmar Schenk, dem präzisen Editor der schwer entzifferbaren Texte, für seine vorzügliche Arbeit, die für die Archivgeschichte wie für die Archivwissenschaft von großer Bedeutung ist. Dietmar Schenk ist der führende archivwissenschaftliche Denker in Deutschland, der mit seiner Archivtheorie und seiner Archivgeschichte sowie zahlreichen fachwissenschaftlichen Aufsätzen Maßstäbe gesetzt hat – ich nenne hier stellvertretend nur die bereits erwähnte Diskussion mit der Kulturwissenschaft über den Archivbegriff. Die Brenneke-Edition verbindet beide Felder und setzt seine anregende Arbeit an einer modernen Archivwissenschaft stringent fort. Möge sie viel Resonanz finden in archivwissenschaftlicher und historischer Forschung und Lehre, nicht nur an archivarischen Ausbildungsstätten.

Dietmar Schenk

Einleitung

Es liegt fast drei Generationen zurück, dass eine wichtige Stimme innerhalb des deutschen Archivwesens, Adolf Brenneke, die Archivwissenschaft als historische Geisteswissenschaft konzipierte. Nachdenklich, gebildet und historisch versiert fasste er die seit dem 19. Jahrhundert bestehende enge Verbindung des Faches mit der Geschichtsforschung auf anspruchsvolle Weise neu auf. Anknüpfend an seine Lehrtätigkeit am Institut für Archivwissenschaft in Berlin-Dahlem, die 1931, noch während der Weimarer Republik, begann, arbeitete er i[illegible]er sein alters- und gesundheitsbedingtes Ausscheiden aus dem Archivdi[illegible]t 1943 hinaus am Grundriss einer Archivwissenschaft, die *Gestalten des A[illegible]ivs* historisch-typologisch untersucht.

Seine Forschu[illegible]en brachen jedoch mit dem Tod im Januar 1946, wenige Monate nach E[illegible]e des Zweiten Weltkriegs, ab, und der von Brenneke eingeschlagene W[illegible], eine Wissenschaft vom Archiv im Dialog mit Geschichtstheorie und P[illegible]osophie zu entfalten, fand in der deutschen Archivwissenschaft keine [illegible]tführung; die Bedingungen des „Dritten Reiches" und der Nachkriegs[illegible]t waren dafür nicht günstig. Angesichts der Weite des Horizonts, die [illegible]nnekes Entwurf aufweist, ist eine historische Rekonstruktion freilich s[illegible]nend und lehrreich, und sie passt in die heutige Zeit, in der Phänom[illegible]e des Archivischen fächerübergreifend zu einem Gegenstand wissen[illegible]aftlicher Reflexion geworden sind.

Ab[illegible] welche Dokumente liegen vor, auf die man sich stützen kann? Brenn[illegible]e war es nicht vergönnt, das archivwissenschaftliche Werk, das ihm [illegible]rschwebte, zu vollenden; als er starb, war es noch unabgeschlossen. Do[illegible]and er posthum einen engagierten Fürsprecher, der sich der Sache an[illegible]am. Seine Konzeption ist durch die 1953 erschienene *Archivkunde*, die e[illegible]chüler, Wolfgang Leesch, aus einer Nachschrift der Vorlesung der Jah-

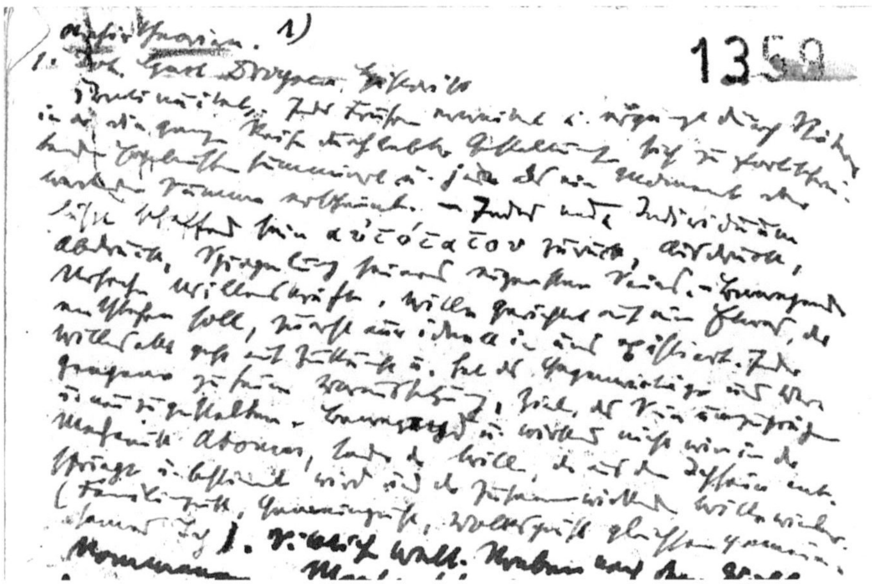

Abbildung 1: Exzerpt Adolf Brennekes aus Droysens *Historik*.

Archivtheorien.

1. Joh[ann] Gust[av] Droysen, Historik

Kontinuität. Jedes Früher erweitert u[nd] ergänzt durch Späteres, in dem die ganze Reihe durchlebter Gestaltung sich zu fortschreitenden Ergebnissen summiert u[nd] jede als ein Moment der werdenden Summe erscheint. – Jedes neue Individuum läßt schaffend sein *αύτότατον* zurück, Ausdruck, Abdruck, Spiegelung seines eigensten Seins. – Bewegende Ursache, Willenskräfte, Wille gerichtet auf ein Etwas, das entstehen soll, zuerst nur ideell in uns existiert. Jeder Willensakt geht auf Zukunft u[nd] hat das Gegenwärtige und Vergangene zu seiner Voraussetzung, Ziel, das Sein umzuprägen u[nd] auszugestalten. Bewegend und wirkend nicht wie in der Mechanik Atome, sondern der Wille, der aus dem Ichsein entspringt u[nd] bestimmt wird und der zusammenwirkende Wille vieler (Familiengeist, Gemeingeist, Volksgeist gleichsam gemeinsames Ich). [...]

re 1937 bis 1939 erarbeitete, in Fachkreisen bekannt.[1] Brennekes originale Schriften zur Theorie und Geschichte der Archive blieben aber bis heute unveröffentlicht. Es handelt sich vor allem um Artikel zu einem *Sachwörterbuch für die Deutsche Geschichte,* das unter den Zeitumständen der 1940er-Jahre nicht zustande kam. Das verlegerische Vorhaben scheiterte, aber auch Brennekes Beiträge sind unvollständig. Was fertiggestellt war, gelangte in den Nachlass.[2] Es ist längst an der Zeit, diese Manuskripte dem Fachpublikum vorzulegen. Mit der vorliegenden Edition werden sie nun – zusammen mit einem kurzen, stichwortartigen Exposé der Vorlesung aus Brennekes Feder – erstmals zugänglich.

Die „Archivartikel" – so nennt Leesch die Beiträge auf dem Deckblatt der von ihm gefertigten Abschrift –[3] sind die einzigen archivwissenschaftlichen Ausarbeitungen Brennekes, die er selbst zur Veröffentlichung vorgesehen hatte; zu Lebzeiten konnte er zu diesem Themengebiet nichts publizieren. Wichtig ist aber auch, dass sich in den Artikeln eine weiter fortgeschrittene Stufe seines archivwissenschaftlichen Entwurfs andeutet; er geht über die am Institut für Archivwissenschaft in Berlin-Dahlem gehaltene Vorlesung, die Leeschs Ausarbeitung im Wesentlichen zugrunde liegt, in mancher Hinsicht hinaus. Deshalb sollten die im Folgenden vorgelegten Manuskripte nicht übersehen werden.

Für die Veröffentlichung spricht zudem ein quellenkritisches Argument. Die *Archivkunde* von 1953 wird abkürzend als „Brenneke-Leesch" bezeichnet; der Doppelname hält fest, dass es zwei Urheber gibt. Es war legitim und diente Brennekes geistigem Vermächtnis, dass Leesch gleich nach dem Tod seines Lehrers dessen Werk mit großem persönlichem Einsatz fertigstellte. Leesch ging es darum, Brennekes Œuvre bekannt zu machen und es zugleich in der Nachkriegszeit aktuell zu halten. Das war nicht ohne erhebliches eigenes Zutun möglich. Er wollte nicht Texte edieren, sondern einen

---

1 Adolf Brenneke: Archivkunde. Ein Beitrag zur Theorie und Geschichte des europäischen Archivwesens, bearbeitet nach Vorlesungsnachschriften und Nachlaßpapieren von Wolfgang Leesch. Leipzig 1953.

2 Niedersächsisches Landesarchiv, Standort Hannover (NLA HA), Hann. 91 Nachlass Adolf Brenneke, Nr. 2/6, Bl. 1327–1397.

3 Sie war wohl für Leeschs eigene Arbeitszwecke bestimmt. Die meist beidseitig eng beschriebene maschinelle Abschrift ist den Handschriften beigefügt (NLA HA, Hann. 91, Nr. 2/6, Bl. 1208–1242).

Entwurf im Sinne des Urhebers ausführen. Mehr als ein halbes Jahrhundert nach Erscheinen des Buches stellt sich die Lage aber anders dar: Brennekes Werk sehen wir heute aus geschichtlicher Distanz; allein aufgrund seiner gedanklichen Qualität sollte es auch in authentischer Gestalt greifbar sein. Der wissenschaftliche Rang der „Archivartikel" ist trotz ihres nicht ganz fertigen Zustands und der an manchen Stellen umständlichen Sprache unverkennbar.[4]

Die Mühe dieser Ausgrabung hätte sich gelohnt, wenn die Veröffentlichung das Interesse für das Gebiet der Theorie und Geschichte der Archive befördern und das geisteswissenschaftliche Potenzial der Archivwissenschaft wieder ins Gespräch bringen würde.

---

4 Die Auseinandersetzung mit der deutschen Archivwissenschaft im Nationalsozialismus steht im Folgenden nicht im Vordergrund, auch wenn dieses Thema immer wieder in den Blick rückt. Wollte man es aber umfassend diskutieren, müssten andere Akzente gesetzt werden als in dieser Edition. Siehe hierzu Dietmar Schenk: Die deutsche Archivwissenschaft im Nationalsozialismus und in der Nachkriegszeit. Anmerkungen zu einer wenig beachteten Problematik. In: Archivar 70 (2017), 396–405.

I Die „Archivartikel“

Beiträge zu einem *Sachwörterbuch für die Deutsche Geschichte*, 1943–1946

1 Archiv

von ἀςχεῖου, Gebäude einer ἀςχή, Herrschafts-, Regierungsstelle, lateinisch *archivum, archivium*, sonst antik und mittelalterlich übertragen nach räumlicher Beziehung, nämlich *armarium* (Schrank, Behältnis), *scrinium* (Kapsel, Schachtel; Kanzlei, Büro), *sacrarium, sacrista, sanctuarium* (Sakristei), bezw. nach inhaltlicher oder doppeldeutiger,[1] nämlich *chartophylacium, chartaceum, chartarium, tabularium, tablinum* (Verwahrungsstelle für *chartae* und *tabulae* = Urkunden, *gazophylacium* (Schatzkammer) benannt, bedeutet Ort und Einrichtung zur Verwahrung von Materialien, die von Geschäften Zeugnis geben und von einer oder mehreren Geschäftsstellen entweder laufend oder nach vorangegangener eigener, dem unmittelbaren Geschäftsgebrauch dienender Lagerung (Registratur), in ihm[2] in geschäftlichem Interesse zur Sicherung niedergelegt sind. Ausgangspunkt darf dabei niemals eine freie Sammlung zerstreuter Überreste aus Geschäften gewesen sein, auch nicht eine Verfügung über derartige Beurkundungen von Geschäften ohne Übereinstimmung mit den Zwecken der Geschäftsstellen, von denen sie übernommen sind. Im übrigen stehen die in den → *Archivtheorien* und zu verschiedenen Zeiten aufgestellten Definitionen des Begriffs Archiv nicht in Einklang miteinander, und jede sonstige nähere Bestimmung vermag nur jeweilige Phasen in der Entwicklung der Archive als Institutionen und ihrer Funktionen zu bezeichnen, nicht den Gesamtverlauf dieser Entwicklung zu umfassen. Insbesondere bedeutet eine nach dem → *Provenienzprinzip* orientierte Erläuterung nur ein modernes Postulat und kann nicht vormalige Erscheinungen und noch heute in den Archiven unveränderbar vorliegende ältere Schichtungen berücksichtigen, die nicht als Anomalien zu verstehen sind, sondern in einen Entwicklungsverlauf hin-

---

1 Gemeint: „doppeldeutiger Beziehung".

2 Id est dem Archiv.

1209

A r c h i v (von ἀρχεῖον = archeion, Gebäude einer ἀρχή = arche, Herrschafts- regierungsstelle, lat. archivum, archivium, sonst antik und mittelalterlich übertragen nach räumlicher Beziehung, nämlich armarium (Schrank Behältnis), scrinium (Kapsel, Schachtel; Kanzlei, Büro), sacrarium, sacrista, sanctuarium (Sakristei), bezw. nach inhaltlicher oder doppeldeutiger, nämlich chartophylacium, chartaceum, chartarium, tabularium, tablinum (Verwahrungsstelle für chartae und tabulae = Urkunden), gazophylacium (Schatzkammer) benannt) bedeutet Ort und Einrichtung zur Verwahrungvon Materialien, die von Geschäften Zeugnis geben und von einer oder mehreren Geschäftsstellen entweder laufend oder nach vorangegangener eigener, dem unmittelbaren Geschäftsgebrauch dienender Lagerung (Registratur), in ihm in geschäftlichem Interesse zur Sicherung niedergelegt sind. Ausgangspunkt darf dabei niemals eine freie Sammlung zerstreuter Überreste aus Geschäften gewesen sein, auch nicht eine Verfügung über derartige Beurkundungen von Geschäften ohne Übereinstimmung mit den Zwecken der Geschäftsstellen, von denen sie übernommen sind. Im übrigen stehen die in den Archivtheorien und zu verschiedenen Zeiten aufgestellten Definitionen des Begriffs "Archiv" nicht in Einklang mit einander und jede sonstige nähere Bestimmung vermag nur jeweilige Phasen in der Entwicklung der Archive als Institutionen und ihrer Funktionen zu bezeichnen, nicht den Gesamtverlauf dieser Entwicklung zu umfassen. Insbesondere bedeutet eine nach dem Provenienzprinzip orientierte Erläuterung nur ein modernes Postulat und kann nicht vormalige Erscheinungen und noch heute in den Archiven unveränderbar vorliegende ältere Schichtungen berücksichtigen, die nicht als Anomalien zu verstehen sind, sondern in einen Entwicklungsverlauf hineingehören und ihre eigene Deutung verlangen. Neben einem dauernd gültigen Begriff archivischer Zuständigkeit gibt es auch einen Wandel in ihr. Die Spuren der nach und nach hervorgetretenen verschiedensten Archivgestaltungstypen sind auch, soweit sie gegenwärtige Gültigkeit nicht mehr besitzen, noch heute nicht ganz vergangen, und die Entwicklung der archivischen Ordnungsprinzipien prägt sich von den ältesten Zeiten her noch jetzt in der Überlieferung aus. Schliesslich ist eine Setzung neuer Zwecke für die Archive über den ursprünglichen hinaus nur allmählich, vor allem der auf archivalische Forschung gerichteten im ganzen nur sekundär und erst später in reicherem Wachstum hervorgetreten.

Lit.: Johann Gustav Droysen, Historik hrsg.v.Rudolf Hübner München 1937 ²1943 S.48 ff. - J.S.Ersch u.J.G.Gruber, Allgemeine Encyclopaedie der Wissenschaften und Künste 5.Teil Leipzig 1820 S.154 ff.: Archiv (Delius) - Wörterbuch des deutschen Staats- und Verwaltungsrechts (begr. v.Karl Frh.v.Stengel) 2.Aufl.(Hrsg.v.Max Fleischmann) 1.Bd.Tübingen 1911 185 ff.: Archive (Bornhak) - Staatslexikon Hrsg.i.A.d.Görresgesellschaft v.Hermann Seiler 5.Aufl.1.Bd.Freiburg i.Br.1926 Sp.334: Archivwesen (O. Riedner) - Der grosse Brockhaus 15.Aufl.1.Bd. Leipzig 1928 S.640 ff.: Archiv.

A.Brenneke.

Archivrecht. Es wurde im aktiven Sinne von den Juristen als Befugnis anerkannt Archive anzulegen, überhaupt öffentliche Akten unter Verleihung öffentlichen Ansehens und unter Anspruch auf Vermutung der Echtheit zu halten, nur dem Kaiser und den reichsunmittelbaren Ständen, einschliesslich der Städte und Ritterschaft, mit Ausschluss aller Landsässigen beigelegt. Als passives Recht bedeutete es den Vorzug voller Beweiskraft der im Archiv verwahrten Urkunden, nicht nur der öffentlichen, sondern auch der privaten, der allerdings durch einen Gegenbeweis sowie durch Nachweis ihrer nicht absichtlichen, sondern nur zufälligen Aufnahme begrenzt war. Darin kommt ein ursprünglicher Zusammenhang mit der Provenienz bezw. einer nach den Darlegungen in Archivgestaltungstypen durch Organisation näher bestimmten archivischen Zuständigkeit zum Ausdruck. Man hat diesen Grenzen z.T. im Archiven Rechnung getragen, indem man zeitweise entfremdete Stücke wegen der Möglichkeit inzwischen erfolgter Verunechtung entweder nicht am alten Ort oder nur mit Notiz über vorherigen Verbleib und Rückerwerb wieder einfügte. Wegen seiner Geltung als Ausfluss der Landeshoheit konnte der Landesherr dieses bis ins 19. Jh. hinein an sich in solcher Beschränkung festgehaltenen Archivrechts aber

Abbildung 2: Adolf Brenneke: Artikel „Archiv". Transkription von Wolfgang Leesch.

eingehören und ihre eigene Deutung verlangen. Neben einem dauernd gültigen Begriff → *Archivischer Zuständigkeit* gibt es auch einen Wandel in ihr. Die Spuren der nach und nach hervorgetretenen verschiedensten → *Archivgestaltungstypen* sind auch, soweit sie gegenwärtige Gültigkeit nicht mehr besitzen, noch heute nicht ganz vergangen, und die Entwicklung der → *Archivischen Ordnungsprinzipien* prägt sich von den ältesten Zeiten her noch jetzt in der Überlieferung aus. Schließlich ist eine Setzung neuer Zwecke für die Archive über den ursprünglichen hinaus nur allmählich, vor allem der auf → *Archivalische Forschung* gerichtete, im ganzen nur sekundär und erst später in reicherem Wachstum hervorgetreten.

Literatur

- Johann Gustav Droysen, Historik. Vorlesungen über Enzyklopädie und Methodologie der Geschichte, herausgegeben von Rudolf Hübner. München 1937, 2. Aufl. 1943, S. 48ff.
- J. S. Ersch und J. G. Gruber, Allgemeine Encyclopädie der Wissenschaften und Künste. 5. Teil, Leipzig 1820, S. 154ff: Archiv (von Delius).
- Wörterbuch des deutschen Staats- und Verwaltungsrechts (begr. von Prof. Dr. Karl Freiherr von Stengel), 2. Aufl. (herausgeg. von Prof. Dr. Max Fleischmann). Erster Band, Tübingen 1911, S. 185ff.: Archiv (von Bornhak).
- Staatslexikon. Im Auftrag der Görres-Gesellschaft … herausgeg. von Hermann Seiler. 5. Aufl., Erster Band, Freiburg i. Br. 1926, Sp. 334: Archivwesen (von O. Riedner).
- Der Große Brockhaus. 15. Aufl., Erster Band, Leipzig 1928, Sp. 640ff: Archiv.

2 Archivarische Terminologie

Archivarische Terminologie erläutert die üblichen Bezeichnungen für die Realien des Archivdienstes.

→ *Archiv*, später in umfassendstem Sinn als Dienststelle für die Bearbeitung der Archivalien verstanden, bedeutet ursprünglich lediglich die Örtlichkeit, die bauliche Einrichtung für die Verwahrung dieser im wesentlichen schriftlichen Überreste ehemaliger geschäftlicher Willensakte und ist im Anfang geradezu identisch mit der Registratur bezw. ein in örtlicher Beziehung ihr angegliederter Teil, und Registraturbeamte versehen zunächst zugleich die Funktionen der späteren → *Archivbeamten.*

Die Registratur aber war es, die allein für alle *acta ordinis* im amtlichen Schriftwesen, für die Eintragung in Amtsbücher, in Register (*regerere*) Sorge zu tragen hatte. Zunächst beschränkte sich das, wie in → *Archivische Ordnungsprinzipien* dargelegt, auf die Führung von Registerbüchern über auslaufende, nur zum geringen Teil im Zusammenhang damit auch der eingelaufenen Urkunden und Briefe. Einen primären, originalen Charakter hatten diese Registereintragungen nicht, da aber die Originalkonzepte nicht erhalten oder in sorgsamer, geordneter Verwahrung für die Benutzung blieben, waren jene gleichwohl Registraturbestandteile und sanken erst in dem Grade zu Registraturbehelfen herab, als die Originalkonzepte selbst ihrer geschäftlichen Bedeutung entsprechend an ihre Stelle traten und Register nur noch nebenher und beschränkt als ein Kontrollmittel geführt wurden. Sekundärer Art waren auch die Kopialbücher oder Kopiare über die Empfangsstücke hervorragenden Charakters, ihrem Wesen nach aber, da die originalen Empfangsstücke selbst gesichert und mit der Zeit auch geordnet als früheste archivische Absonderung verwahrt wurden, überwiegend von vornherein Registraturbehelfe. Besonders bezüglich der Einteilung der ersteren Eintragungen war die registrierende Stelle, die Registratur, abhängig von den Urkundenarten und Urkundenformen, wie sie in der Kanzlei, der amtlichen Schreibstube, dem Glied hiervor, sich ausgebildet hatten. Sie gewannen damit auch Bedeutung für die spätere archivische Benutzung. Darüber hinaus wurden amtliche Schriftstücke von der Registratur noch lediglich inventarisiert, etwa in einem *registrum generale* oder als *ordo novae registraturae,* in Archivinventaren oder Repertorien, die gleichfalls Amtsbücher, aber auch nur Registraturbehelfe waren. Weiterhin gab es jedoch auch Amtsbücher originalen Wertes, deren laufende Eintragungen nicht abschriftlichen Charakters waren oder die auf einer einmaligen Zusammenstellung rechtlicher Verhältnisse beruhten. Sie waren wie schriftliche Verhandlungen (Akten) und Konzepte Produkte der Kanzlei im Gegensatz zu den Briefen, Empfangsstücken nicht selbständiger und nicht abschließender Art, und diese wurden, falls als Einzelstücke minderen Werts überhaupt, gewöhnlich zusammen mit jenen von der Kanzleiregistratur selbst und getrennt von hervorragendem Empfangsmaterial (Privilegien) verwahrt. Aus Verbindungen dieser an sich schon durch die damalige Form des Schreibwesens bedingten Trennung des Materials der Kanzleiproduktion und des Empfangs mit dem einer Wertung hebt sich besonders die der Amtsbücher und Urkunden heraus. Sie bedeutet überhaupt eine überwiegend zweigleisige Behandlung z. T. dem Gegenstand nach zusammenhängender Stücke in der mittelalterlichen Registratur, in jedem Fall, auch wenn, wie nicht immer, eine bereits gemeinsame archivische Verwahrung der Privilegien und Amtsbücher stattfand, einen Dualismus, in dem, wie in → *Archivgestaltungstypen* dargelegt, ein späterer Dualismus in der Organisation des Archivwesens wurzelt.

Diese Verhältnisse erfuhren eine völlige Wandlung, als von etwa 1400 an mit dem Anwachsen der Geschäfte und der Änderung der Verwaltungsorganisation der Kanzleien die den Vorverhandlungen dienenden Originaleingänge, aber auch die Originalkonzepte erhöhte Beachtung fanden. Eine sachliche Ordnung dieser nunmehr einer engeren Zusammenfügung fähigen, „Akten“ benannten Einzelstücke in der Registratur war schon eine z. T. auf → *Archivtheorien* beruhende, im eigentlichen Sinne archivische Leistung. Dabei konnte bewusst oder unbewusst das Verfahren der Induktion vorwalten, sofern es sich um Material verschiedener Geschäftsstellen handelte, für die es noch keine Sonderregistraturen gegeben hatte und das

Abbildung 3: Adolf Brenneke: Artikel „Archivarische Terminologie“. Manuskript, Auszug.

noch eine gewisse Verwandtschaft der Geschäftsformen aufwies. Dagegen musste bei einer späteren Vermischung des aus verschiedenen Registraturen stammenden, z. T. sogar aus verschiedenen verwaltungsgeschichtlichen Epochen oder sogar Staatsanschauungen heraus erwachsenen Aktenmaterials unter sachlichen Gesichtspunkten in den von ihren Geschäftsstellen losgelösten Archiven noch ohne eine Erkenntnis der Bedeutung des → *Provenienzprinzips* notwendig die Deduktion im Vordergrund stehen. Von einer Provenienz konnte aber erst die Rede sein, als nach einer Differenzierung des Behördenwesens und der Herausbildung von Sonderkanzleien die Registratur in einer Vielheit von Erscheinungen ihre Vollendung gewann. Sie war nun eine der Ordnung, Aufbewahrung und Verwaltung der Akten einer einzigen Behörde allgemein dienende abgesonderte Dienststelle, konnte aber auch den Aktenbestand einer Behörde, ferner seinen Aufbewahrungsort selbst bezeichnen. Schließlich bedeutete ihr Name, wie von Anfang an, die Verzeichnung des Auslaufs, die Führung der Auslaufsregister, darüber hinaus aber die der Behördenschriftstücke überhaupt und im besonderen Sinne eine Notiz über Innenlauf. Ein- und Auslauf wurden nunmehr in gleicher Weise festgehalten. Als neue Registraturbehelfe erstanden das Geschäftstagebuch (auch Journal oder Diarium), das gewöhnlich auf der linken Seite mit der Geschäfts- oder Journalnummer (jährlich oder monatlich durchlaufend) zugleich Absender und Inhalt des Einlaufs, auf den sie gleichfalls eingetragen wurde (schon im 16. Jhdt. vorkommend), rechts den dadurch veranlassten Auslauf oder, falls er aus der eigenen Initiative des Amtes (*ex officio*) hervorging, nur diesen, aber auch als Eingänge wichtigere Stücke des schon in der mittelalterlichen Kanzlei vorkommenden (z. B. Beurkundungsbefehle), nur dem Geschäftsverkehr in der Behörde selbst dienenden Innenlaufs verzeichnete, sowie die dazu gehörigen Indices oder Register, Namen- und Sachweiser, die der Auffindung der einzelnen Vorgänge in jenen und der dort vermerkten Geschäftszeichen oder Aktensignaturen (Aktenkennzeichen) dienten. Sie ermöglichten auch ihre schnellste Ermittlung im Registraturzusammenhang und waren damit ein nicht zu unterschätzendes Hilfsmittel für Registratur wie Archiv (nach den Zielen moderner Büroreform in Karteiform zum Ersatz des weggefallenen Geschäftstagebuches bestimmt). Von Provinzialbehörden sind beide, wenn überhaupt geführt, vielfach nicht überliefert. Weitere wichtige Behelfe waren das Registraturschema oder der Aktenplan, der den Aufbau der Registratur oder Aktei gewöhnlich in Übereinstimmung mit der Geschäftsordnung der Behörde vorsah und schließlich das Aktenverzeichnis über den gesamten Bestand nach den Betreffen der einzelnen Aktenbände in der ihm danach mehr oder weniger gegebenen systematischen Ordnung.

Urkunden – als Zeugnisse rechtlicher Willensakte ursprünglich isolierte Erscheinungen – gehörten nunmehr entweder in ihrer Form als Originalkonzepte oder als Originalempfangsstücke in einen festgehaltenen Verhandlungszusammenhang hinein, wurden aber in der letzten Gestalt in Rücksicht auf ihre Form besonders in Archiven wie andere formale Gattungen von Archivalien, wie Karten und Pläne, Siegel, Lichtbilder, Filme, Phonogramme, meist gesondert verwahrt und im einzelnen verzeichnet. Soweit sie lediglich die Beglaubigung älterer Vorgänge oder neue Rechtsakte nicht selbst beurkundender Stellen zum Ausdruck brachten, hatte sich zu den am frühesten im → *Kirchlichen Archivwesen* entwickelten Einrichtungen (Transsumierung oder Vidimierung des Wortlauts älterer Vorlagen, Offizialiatsurkunde) für beide Zwecke das vom 14. Jh. ab in Deutschland eindringende Notariatswesen gesellt. Die als Unterlagen für die Ausfertigung der Notariatsurkunde bei den Notaren zurückbehaltenen Überreste, die Notariatsarchive, sind hier jedoch nicht aus älterer Zeit in wertvollen Beständen, wie etwa in Italien, erhalten geblieben. Außerdem konnte als rechtliche Willensbekundung zwischen Parteien und an Stelle eigener Beurkundung, soweit auch sonst nicht gleichfalls Einzelurkunden unbeteiligter Stellen in fremden Rechtsgeschäften (z. B. Ratsurkunden in den Städten) ausgestellt wurden, die Bucheintragung treten, für die sich Buchämter zugleich im Interesse der allgemeinen Rechtsachtung besonders im Zusammenhang mit den in den Stadtarchiven überlieferten Stadtbüchern entwickelt haben. Im Übrigen mussten nunmehr auch Amtsbücher (z. B. Erbregister, Lagerbücher) aus dem Zusammenhang von Vorverhandlungen hervorgehen und wurden mit ihnen überliefert, aber auch wohl ihrer Form wegen gesondert verwahrt. Neuere Formen der Urkunde (Edikte, Urteile, Staatsverträge) wuchsen aus dem Aktenwesen heraus. Häufig fanden aber die Verhandlungen, wenn überhaupt, nur einen formalen Abschluss in Gestalt von Rezessen (Abschieden, übersichtlich auch zu Rezessbüchern ausgestaltet).

Im Gegensatz zu den Urkunden enthalten die Akten als Überreste rein geschäftlicher Willensakte an sich keine Zeugnisse rechtlicher Natur, und ein weiterer Unterschied ist, dass sich ihr Verständnis in vollem Umfange nur aus einer fortlaufenden Folge erschließt, während die Urkunde als eigenständige Individualität aus ihrem Inhalt erschlossen [und] verstanden werden kann, wenn auch dieser ihr „autarkischer" Charakter vielfach infolge inhaltlicher und formeller Verarmung in späterer Zeit einer Relativierung unterliegt. Dagegen hatten sie[3] im Unterschied von unzeremoniellen Briefen mit den Urkunden die Differenzierung von Arten (Reskripte, Bescheide, Kommunikationen, Berichte mannigfachster Gestaltung) und die Entwicklung verschiedenster aus dem Urkundenwesen abgeleiteter Formen für sie in den Kanzleien gemeinsam. Sobald hier eine Isolierung überwunden war, war der Aktenfaszikel die unterste Einheit, der eine Mehrheit loser Schriftstücke nach irgendwelchen Grundsätzen zusammenfasste, oder auch ein Konvolut, sonst ein Aktenheft oder Aktenband, die das für die Entwicklung der Registratur nicht immer nur formal bedeutungsvolle Heften der Schriftstücke voraussetzten. Ordnerakten (in mechanischen Stehordnern, von denen gebündelte Weglegeakten von vornherein ausgeschlossen wurden) hat erst die moderne Büroreform geschaffen. Die erste Formung oder Faszikulierung solcher Aktenzusammenfassungen lag dem Registrator ob, der jedoch alle Einzelschriftstücke in sie erst einbeziehen konnte, sofern sie (vom Behördenchef oder Referent) „ad acta" geschrieben waren, und sie jederzeit dem Geschäftsgang wieder zur Verfügung zu stellen hatte. An seine Vorarbeit bezw. Mitarbeit war die weitere Tätigkeit des Archivars gebunden. Er hatte, sofern es sich um Sachregistraturen handelte, die Verteilung nach Sachgebieten, gegebenenfalls mit geographischer Unterteilung, auch eine Anordnung nach zeitlicher Folge vorzunehmen. Voraussetzung war dann, dass jedes Schriftstück nur einen einzigen Gegenstand behandelte. Andernfalls hatte er gesonderte Extrakte anzulegen. Extrakta bezw. Extraktbücher lagen auch im preußischen Kabinett dem mündlichen Bericht des Kabinettssekretärs über die Eingänge zugrunde, während in Österreich der Staatskanzler und andere Hofstäbe schriftlich fixierte „Vorträge" an die Kabinettskanzlei des Kaisers gehen ließen. Für die Ermittlung der an anderen Stellen untergebrachten Vorgänge wurde das

[3] Id est die Akten.

Remissoriale oder der Verweiszettel angelegt. Eine Sonderung nach Gegenständen hat sich an Stelle einer Sachanhäufung im einzelnen Schriftstück erst allmählich vollzogen. Die den Hauptschreiben des 16. Jahrhunderts zugefügten „Zettel" enthielten noch entweder vertrauliche Sondermitteilungen oder zufällige Nachträge: Dagegen bedeutete später die Verwendung der Form des Postskripts, die mit gleicher Post an denselben Empfänger mit einem Hauptschreiben abgingen, bereits eine Übergangserscheinung, die eine getrennte Verwendung in der Registratur ermöglichen sollte. In ihr wurden auch schon General- oder allgemeine von Spezial- und Sonderakten geschieden, von denen letztere etwa die Durchführung umfassender Aktionen enthielten, die aber beide, wenn auch typisierbar, immer einmalige Vorgänge bedeuteten, wie denn auch jede Registratur eine einmalige Erscheinung war. Ferner konnten bei zusammenhängenden, aber nebeneinander herlaufenden Verhandlungen zuweilen Hauptakten und Adhibenda oder Beiakten geschieden werden, von denen die letzteren nicht immer geringen Werts zu sein brauchten. Handakten konnten an persönlichen Gebrauch geknüpft sein, Kommissionsakten mussten nach Vollziehung des Sonderauftrags an die Registratur fallen. Personalakten sind in alter Zeit nur als Sammelakten über ganze Beamtenkategorien, erst später speziell geführt. Ungeheftete Akten wurden von unten nach oben oder von innen nach außen gelegt und in Aktenbündeln zusammengefasst. Geheftete Akten sollen mit dem ältesten Schriftstück beginnen (entweder dem Datum oder dem Präsentatum nach). Mehrere in der Registratur benachbarte Bände werden unter Umständen zu Aktenpaketen zusammengeschnürt (zur besseren Lagerung mit gemeinsamer, auf Schürzen die Signatur aufweisender, schützender Umhüllung). Sie waren in der Registratur mit einer Tektur oder einem Umschlag versehen, der neben sonstiger Aufschrift (Herkunft, Betreff, Zeit) die Aktensignatur trug, die auch der schnellen Übersicht wegen auf herausragenden „Aktenschwänzen" angebracht sein konnte. Als letzter Registraturbehelf wurde wohl als Vorsatzblatt vor jeden Aktenband der sogenannte Rotulus oder Renner, ein Verzeichnis aller in ihm enthaltenen Einzelschriftstücke, angelegt, der allerdings erst durch eine Foliierung ganz brauchbar wurde.

Im Archiv sind mit fortschreitender Organisation eine Vielheit von Registraturen vereinigt, die entweder in ihrem Zustande belassen oder umgebildet werden konnten. Sie danach als Archivkörper oder organisch gewachsene Archivabteilungen von künstlich geformten zu unterscheiden, ist nicht wohl angängig, da nach der Erörterung der → *Archivtheorien* nicht alle Registraturen als organisch gewachsen oder als Archivkörper im eigentlichen Sinne bezeichnet werden können, andererseits aber auch künstlich einem Organismus annähernd vergleichbare Erscheinungen gebildet werden, wenn [sie] auch nicht „wachsen" können. Eher würde zwischen geschäftlich gewachsenen und künstlichen Bildungen, am besten zwischen vorarchivisch und archivisch gebildeten Abteilungen, zu unterscheiden sein. Im ganzen war zwar den Registraturen der Begriff der Provenienz gemeinsam, soweit nicht auch in ihnen schon, was vorgekommen ist, lediglich zur Verwahrung übergebene fremde Bestände mit den eigenen künstlich vermischt waren. Auf beiden Seiten standen sich aber verschiedene Provenienzauffassungen gegenüber (vgl. das französische Fondsprinzip und das preußische Provenienzprinzip, auch die Territorial- und Behördenprovenienz unter → *Archivische Ordnungsprinzipien* und → *Archivtheorien*). Serienregistraturen bedeuteten zwar Provenienz, aber nicht Archivkörper. Jedoch war eine partielle Verwendung von Serien- oder Reihenakten auch in Sachregistraturen nicht immer zu vermeiden (fortlaufende Protokolle ohne Möglichkeit sachlicher Sonderung, periodische Sammelberichte, im diplomatischen Dienst Depeschenakten). Im Gegensatz zu den Serien wurden französisch die Sachregistraturen als Dossiers (jede Veränderung eines ursprünglichen Zustandes aber als *liasse*, in Holland als eine Bildung von Bündeln) bezeichnet. Der Begriff des Archivkörpers setzt eine Gliederung nach kontinuierlichen dynamischen Funktionen im Zusammenhang mit geschäftlichen Reglements, Instruktionen oder überhaupt bestimmten funktionellen Richtungen, aber keine logische Einteilung voraus. Im Übrigen konnten die Archivabteilungen, in die jedes größere Archiv zerfällt, etwas sehr Verschiedenes bedeuten. Archiv hatte auch jetzt noch neben einem allgemeinen einen örtlichen Sinn (Gebäude, Gebäudeteile oder Magazin, Aktenspeicher), und innerhalb eines zusammengesetzten Archivs konnte es an bestimmten örtlichen Zellen vordem selbständige einzelne Archive oder als erste Zellen begründete Archive mit ihren Unterabteilungen oder so benannte bedeutungsvolle Registraturen geben. Es konnten Hauptabteilungen, darunter weiter gegliederte Sonderabteilungen bestehen. Archivabteilungen konnten ferner ehemalige unveränderte bezw. veränderte Registraturen oder die Ergebnisse ihrer pertinenzmäßigen, eventuell nach bestimmter Planung folgerichtig vollzogenen Auflösung sein. Bestandsveränderungen können durch Abgaben oder Ablieferungen der Registraturen nach Zusammenarbeit mit dem Archivar in der Aktenausscheidung (Skartierung, Kassation) einer Stampfmasse (Cassanda) aus dem Behördenarchiv eintreten (eventuell periodische Ablieferungsaktionen), die darüber Abgabeverzeichnisse (am besten Teilverzeichnisse über die zum Verbleib an beiden Orten vorgesehenen Bestände) einzureichen haben, die ihrerseits wieder nach Nachprüfung im Archiv die zusammengefasste Eintragung in ein Akzessionsjournal oder Zugangsverzeichnis zur Folge haben. Sie können aber auch auf Austausch zwischen Archiven beruhen (in beiden Fällen auch Extraditionen genannt). Archivbehelfe sind Übersichten über die Bestände und ihre Verzeichnisse, entweder für den Dienstgebrauch oder auch für fremde Benutzung und dann gewöhnlich, von einzelnen hervorragenden Archivabteilungen eingehender gefasst, für den Druck bestimmt, jedoch i[n] d[ie]s[em] Fall auch nur die ausgereiften abgeschlossenen Abteilungen enthaltend. Ferner Inventare, gleichfalls mit dem Ziele der Veröffentlichung, für wissenschaftliche Forschung gegenständlich begrenzt, aber ausführlicher als die Verzeichnisse (Analysen) und ihre Indices ausgearbeitet. Weiterhin die Aktenverzeichnisse der einzelnen Bestände, die Bandrepertorien oder Findbücher bezw. Zettelrepertorien oder Findkarteien (zuweilen als Vorbereitungsstadium), auch die Indices zu ihnen. Schließlich etwa ein Generalindex (als Kartothek für verwandte oder für alle Bestände erstrebt). Die Repertorien werden auf Grund der Vorarbeit des Registrators vom Archivar in ihre endgültige Form gebracht, der neben der Prüfung der Herkunft (Registratur-, Akteigrundsätze) die Zeitangabe, insbesondere die scharfe Fassung des Rubrum (Betreffs) (nach der roten Überschrift im Corpus iuris benannt) für den einzelnen Aktenband entsprechend dem Gesamtinhalt des Nigrum, auch die (Gesamt-)Rubrik ganzer Unterteile zu prüfen, Intus-Vermerke (für Unerwartetes) einzufügen, der Pflege oder Konservierung der Archivalien seine Aufmerksamkeit zu schenken (Werkstätten für Binden und Restaurieren von Papyrus, Pergament, Papier und Siegeln, Siegelabgüsse, Film- und Lichtbildaufnahmen, Wiederherstellung erloschener Schriften oder Durchleuchtung mit Quarzlampe), ferner die Indizierung, gegebenenfalls eine völlige Neuordnung vorzunehmen hat. Ein im Interesse des Eigentümers im Archiv hinterlegter fremder Bestand ist ein Depositum, ein im Interesse des Archivs dauernd oder auf Zeit hergeliehener eine Leihgabe.

Im Gegensatz zu der ältesten Bindung an Urkundenarten und Urkundenformen hatten für die Registrierung der neueren Bestände die Unterschiede zwischen Aktenarten und Aktenformen (Merkmale), als → *Aktenkunde* für den Archivar von hilfswissenschaftlichem Interesse, nach Überwiegen der Anordnung nach Korrespondenten in den Serien und sonstigen Fortschreitens einer Zusammenfügung nach rein sachlicher Kontinuität für den Registrator, der es nicht wie die Kanzlei mit der Bearbeitung der Einzelschriftstücke, sondern mit der Gesamtordnung zu tun hatte, keine Bedeutung mehr. Immerhin kam[en] auch der Archivar u[nd] Archivbenutzer ohne Beachtung der verschiedenen Stadien lediglich der Entwicklung der Schriftstücke nicht aus. Auf den Eingang, der gewöhnlich neben dem Eingangsvermerk mit Zeichnung (Präsentatum) des Behördenchefs oder untergeordneter Stellen ein Rubrum durch Empfänger [oder] den Einsender erhielt, wurde (bei Kollegialsystem nach Vortrag und Beschluss oder Conclusum) das Dekret oder die Angabe durch Herrscher, Behördenchef oder Referenten gesetzt (Marginaldekrete der preußischen Könige, für die Fassung der Kabinettsordres, Dorsualdekrete auf Suppliken). (Nach Vortrag im Plenum eines Kollegiums erfolgte die Anweisung zur Expedition.) Danach wurde der Entwurf oder das Konzept durch die expedierenden Sekretäre, allenfalls auch durch den Referenten, entworfen (dictare). Es unterlag der Korrevision gegebenenfalls durch einen Korreferenten, sonst einer unter Umständen gestuften Superrevision (Herrscher, Behördenchef, Referent, Kollegial- oder auch kenntlich durch Plenarrevision, von allen Beteiligten signiert, Revisionsvermerk darüber). Danach konnte es auch aufeinander folgende Konzepte verschiedener Fassungen geben, deren Abweichungen höchst aufschlussreich sein können. Es folgten Fertigungsbefehl oder Ingrossatur (ingrossare = ins Reine schreiben) sowie Vollziehungsbefehl und Vollziehungsvermerk (Unterschrift bezw. Mit- und gestufte Gegenzeichnung). Auch Vermerke über die Form einer Sekretierung (Überwachung, Chiffren) und die Art der Beschleunigung der Ausführung (cite, citissime). Schließlich die besondere urschriftliche Form (sub brevi manu, sub petito remissionis). Außer den durch Allerhöchste Vollziehung vorbehaltenen Schriftstücken gab es Behördenverordnungen im Namen des Herrschers, nicht von ihm gezeichnet, oder selbständige Behördenverordnungen. Die Reinschrift, ohne selbständige Bedeutung, machte die Verbesserung des Konzepts übersichtlich. Die Reinschrift oder das Mundum wurde durch die Extradenten kollationiert. Durch Unterschrift, durch Interzept, auch Siegelung, wird es vollzogen und damit zur Ausfertigung, gelangt zur Expedition, konnte aber dann noch unbehändigt bleiben (entweder durch Unglücksfall bei der Bestellung, Verweigerung der Annahme oder durch Interzept, Beschlagnahme seitens eines nicht benannten Empfängers). Die Übersendung durch besonderen Boten oder Abholung durch Empfänger führte zur Insinuation, Einlösung durch Gebühr zur Extradition. Ob ein Schreiben nicht nur behändigt, sondern auch wirklich zu den Akten genommen ist, wird durch das Präsentatum seitens der Empfängerkanzlei erwiesen. Es hat durch Streichungen ungültig gemachte Ausfertigungen gegeben, die nachher gleichwohl mit demselben Inhalt expediert und behändigt wurden.

Nachforschungen im Archiv durch die Archivare im amtlichen Auftrage oder auf private Anträge wurden bislang als Recherchen bezeichnet und können bis zu umfangreichen Denkschriften, besonders rechts- und verwaltungsgeschichtlicher Art, wie Förderung jeder Art von privaten Untersuchungen durch Auskunfterteilung führen. Eine Dienstregistratur und Fachbibliothek sind Voraussetzung dafür. Das Zurücklegen der gebrauchten Akten wird technisch als Reponieren bezeichnet (Benutzungskarteien erleichtern die Feststellung früherer Benutzung wie die Auffindung etwaiger irrig reponierter Akten). Die Zulassung privater Forscher zur persönlichen Benutzung erfordert in jedem Fall eine besondere Erlaubnis und Bestellung eines Referenten. Sie ist, wie die sonstigen archivarischen Tätigkeiten, durch Dienst-, Benutzungs-, Geschäftsordnungen, in verschiedenen Zeiten in der Ausübung einer Zensur sehr abgestuft verschiedenartig allgemeiner geregelt (Gebührenerhebung für Auskunft und Benutzung in nichtöffentlichem Interesse). Aber die Einmaligkeit der Überreste geschäftlicher Willensakte bedingt auch jeweils wieder eine Vereinzelung im Zulassungsverfahren.

Literatur

- H. O. Meisner, Archivarische Berufssprache, in: Archival. Zeitschrift 42/43 (1934), S. 260ff.
- H. O. Meisner, Aktenkunde. Ein Handbuch für Archivbenutzer unter besonderer Berücksichtigung Brandenburg-Preußens. Berlin 1935.
- Bresslau, 4. Kap., unter Archivische Ordnungsprinzipien.
- Gustav Wolf (unter Archivtheorien)
- L. Bittner, unter Archivgestaltungstypen
- R. Koser, in: Mitt[eilungen] d[er] Kgl. Preuß[ischen] A[rchiv-]V[erwaltung], Heft 10.

3 Archivgestaltungstypen

Archive treten im Laufe einer Entwicklung nacheinander, aber auch gleichzeitig nebeneinander in mannigfachen Gestaltungen auf; um ihr Wesen erschöpfend und klar zu beschreiben und zu erfassen, müssen diese Formen nach gewissen, aus ihrer Gesamtentwicklung sich abzeichnenden Richtungen hin miteinander verglichen werden. Daraus ergeben sich als Hilfsmittel Typisierungen, deren Sinn jedoch nicht ist, den individuellen, konkreten Charakter der einzelnen Erscheinungen zu verwischen, und neben denen Unterscheidungen ihre ganze Bedeutung behalten. Die ursprünglichste Richtung wird Archiven durch die Individualität der Geschäftsstellen gegeben, denen ihr Material entstammt. Geschäftliche Willensakte, die in ihm zum Ausdruck kommen, sind entweder Machtakte oder soziale Akte. Es liegt ihnen das Verhältnis einer Anti- oder Sympathie, einer Subordination oder Koordination zugrunde. In den Institutionen, aus denen solche Akte hervorgehen, werden im ganzen beide Elemente gemischt mit wechselndem Überwiegen des einen oder anderen erscheinen. Hier liegt der Ursprung aller Geschäftsführung und damit auch der Archive, deren Name schon auf ihre Verbindung mit der Herrschaft hindeutet.

Aber auf dies Gebiet einer solchen mannigfach gemischten und von reichen individuellen Willensrichtungen erfüllten äußeren Organisation sind sie nicht beschränkt. Ihr gegenüber gibt es ein System der Kultur. Wie in jedem Gesamtakt des menschlichen Ich Macht- und soziale Akte stets zugleich gegeben sind, so[4] auch die verschiedensten sinngebenden Akte gegenüber den Objekten des Lebens, wenn auch in wechselnden Mischungen und Accentuierungen. Ihnen entsprechen gleichfalls, ständig fluktuierend und sich gegenseitig mit einander erfüllend, die großen objektiven Lebensmächte, die objektiven Sinngebiete des Lebens. Neben den überragenden

---

[4] Gemeint: „So sind es".

Gebieten herrschaftlicher, staatlicher, genossenschaftlicher, korporativer Gestaltungen konnte man aus einfachen, isolierten, sinngebenden Akten isoliert die Sinnbereiche einer religiösen, theoretischen, ästhetischen und ökonomischen Sphäre ableiten; nicht als solche, sondern nur in vielfachsten Verbindungen realisieren sie sich. Die unter ihren Wirkungen erwachsenden Richtungen menschlichen Willens und menschlicher Zwecksetzung können Quellen, Denkmale, Überreste hinterlassen, Überreste geschäftlicher Willensakte aber nur, wenn an einer verbindenden[5] Realisierung auch die obige äußere Organisation als Voraussetzung jeder Geschäftsführung beteiligt war, wenn auf religiösem Gebiet Kirche mit der Fülle ihrer Einzelerscheinungen, innerhalb der anderen Sphären gleichfalls Institutionen sich gebildet haben, oder geschäftliche Akte von Einzelpersonen Raum gewinnen.

So treten einerseits vorzüglich aus der Machtsphäre heraus politische, militärische, Verwaltungs- und Gerichtsarchive in geschichtlicher Entwicklung als → *Dynastische,* Territorial-, → *Reichsarchive,* Länder-, Staats- und →*Heeresarchive,* aus der sozialen Sphäre Familien-, → *Sippen-,* Verbands-, Vereinsarchive, aus der politisch-sozialen Sphäre aber → *Stadt-,* Gemeindearchive, Landschafts-, Ritterschafts-, Stände*archive,* jede Art von Genossenschafts- und Korporationsarchiven, Parteiarchive in Erscheinung. Andererseits nach ihnen und neben ihnen aus der religiösen Sphäre →*Kirchliches Archivwesen,* aus der theoretischen Akademie-, Universitätsarchive, Geschäftsmaterial von Schulen und Forschungsanstalten, aus der ästhetischen solches von Kunstakademien, Kunstinstituten, Museen, Künstlergenossenschaften und aus der ökonomischen die vielfältigsten → *Wirtschaftsarchive.* Soweit in den Archiven aus den Bereichen der Macht und Solidarität auch Rechtswesen zum Ausdruck kommt (Verfassung, Verwaltung, Gericht), ist ihren Geschäftsstellen mehr oder weniger noch eine theoretische Grundform, die der Regel und Allgemeingültigkeit, beigemischt, ebenso wie in anderer Weise den in das Gebiet der Technik hineinwachsenden wirtschaftlichen Institutionen. Wiederum konnten Institutionen der anderen Sinngebiete zeitweise zugleich Herrschafts- und Korporationscharakter aufweisen (geistl[iche] Territorialherren, kirchliche Korporationen, Universitäten mit ihren Universitätsgerichten).

---

[5] Wohl gemeint: „verbindlichen".

Die geschäftlichen Willensakte erstreckten sich überall im wesentlichen zunächst auf Ziele, die mit dem Charakter ihrer Institutionen in allen seinen Abschattierungen übereinstimmten. Dabei ist es jedoch nicht geblieben. Einmal nicht im Bereich der Organisationen der Herrschaft und Genossenschaft: Insbesondere der Staat hat seine Befugnisse zunehmend über die anderen Sinngebiete ausgedehnt, ohne dass sich deshalb der obrigkeitliche Charakter seines Behördenwesens geändert hätte (Kultus-, Wissenschafts-, Handels-, Wirtschaftsministerien), und die Institutionen dieser Gebiete selbst mehr oder weniger in Abhängigkeit von sich gebracht. Bei dem so entstandenen Geschäftsmaterial handelt es sich nicht mehr um die Sinnbereiche der Provenienzen, sondern der Pertinenzen. Eine geschäftliche Betätigung von Familien und Sippen an sich konnte gleichfalls auf mannigfaltige Ziele sich erstrecken. Sonst vor allem ist es aber noch die Kirche gewesen, die in dem Grade, wie sie staatliches Wesen in sich aufnahm, einer Erweiterung auch ihrer geschäftlichen Pertinenzen fähig war.

Zur Aufnahme einer Mehrheit von Archiven verschiedenster Provenienz- und Pertinenzbereiche ist es durch Organisation auf dem Wege über → *Archivische Zuständigkeit* besonders in die staatlichen und Korporationsarchive, aber teilweise auch im kirchlichen Archivwesen gekommen, und schließlich ist wohl besonders auch in → *Sippenarchive* Material gelangt, das getrennt von den ihrigen erwachsen war. Je nach der Art des Aufgenommenen ist der gesamte Charakter dieser Aufnahmearchive verschiedenartigst bestimmt (Kategorie der Provenienz- und Pertinenz-Sinngebiete).

Alle jene zuletzt in größere Archive ganz oder zum Teil übergehenden oder auch in ihrer Selbständigkeit verharrenden Einzelarchive konnten je nach den vorwaltenden Interessen und der Tätigkeit ihrer ursprünglichen toten oder noch lebenden Geschäftsstellen und je nach der Dauer und Zeit des Lebens derselben, die verschiedensten Formen der Zusammenfügung aufweisen. Es konnte sich danach lediglich oder überwiegend um Empfänger-, etwa Urkundenarchive, oder einseitiger um Ausstellerarchive, etwa solche von Registern (in ihrem Ursprung auf die *commentarii* der alten römischen Behörden zurückgehend) oder um sonstige, aus Kanzleiproduktion herrührende, überhaupt alle Amtsbücherarchive, aber auch um gemischte und ferner um neueres Registraturmaterial, um Akten-, Karten- oder aus anderen Gattungen von Archivalien sich zusammensetzende, um

Film-, Lichtbild-, Phonogramm-Archive handeln. Ihre Ordnung konnte nach einem Serien- (auch einem unechten) oder auch einem Dossiersystem gebildet sein, deren Wert → *Archivtheorien* erörtert haben. Im Übergang aus vorarchivischen Formen zu archivischen Formen konnte die ganze Skala der → *Archivischen Ordnungsprinzipien* und damit auch im engeren Sinne ein verschiedener Grad der Wahrung des Herkunftszusammenhangs hervortreten. Die großen Aufnahmearchive konnten so je nach ihrer Zuständigkeit auch in dieser Hinsicht nach der einen oder anderen Richtung hin einseitiger oder bunt gemischt gestaltet und danach charakteristisch geprägt sein (Kategorie der Struktur).

Durch archivische Zuständigkeit, die ihrerseits nach Pertinenz oder Provenienz bestimmt war, konnte auch bereits die oberste Einteilung eines solchen mehrere oder viele Einzelarchive in sich bergenden großen Archivs festgelegt sein. Es konnten aber auch davon abweichend → *Archivische Ordnungsprinzipien* im weiteren Sinne sich entgegengesetzt nach einem einheitlichen Gesamtplan gestalten, durch den die Fortdauer der gegebenen Zuständigkeit an sich nicht berührt wurde. Soweit ein solcher Plan nicht zur Durchführung kam und nur eine irrationale, accessionsmäßige Aneinanderreihung schon bestehender Archivabteilungen oder neu aufgenommener Einzelarchive bezw. auserwählter Sachgruppen aus ihnen stattfand, konnte von hier aus ihr bisheriger Ordnungszustand, ihre Struktur nicht beeinflusst und ihre Veränderung nur aus anderem Anlass vorgenommen werden. Ein einheitlicher fester Plan, wie er meist erst in neueren Zeiten aufgestellt wurde, mit eigensten Prinzipien der Pertinenz und Provenienz, konnte mit den Prinzipien der vorgefundenen Strukturen älterer Archivabteilungen oder des neu aufgenommenen Materials in Einklang stehen oder nicht mit ihnen übereinstimmen. Im letzteren Falle musste es bei ihrer Einfügung in die vorgesehene Gesamtreihe zu Spannungen kommen und von Seiten des Gesamtgefüges konnten sie dann Umprägungen ausgesetzt sein. Bei Überordnung der sachlichen Pertinenz im Einteilungsplan konnte zwar Übereinstimmung zwischen ihm und den unter Mischung der Herkunftseinheiten nach Sachprinzip gebildeten Strukturen bestehen. Aber ein Widerspruch war dann gegeben gegenüber den nach Provenienz geschaffenen, der ihre Veränderung oder, was auch vorkam, bei der Möglichkeit mehrdeutiger Auslegung des leitenden Grundsatzes, ihre Modifizierung zur Folge haben musste. War gemäß territorialer Pertinenz eine Anordnung etwa nach geographischer Lage, Gesamt- und Teilterritorium, nach historischem Hervortreten oder nach reichsständischem Rang beabsichtigt, so passten sich nach topographischer Pertinenz oder nach Sachprinzip geordnete Bestände bei extremer Durchführung allerdings unter starker Zersplitterung ihr an. Sie konnte aber die Umbildung der Strukturen der Territorial- oder Behördenprovenienzen bis zu[r] völligen sinnlosen Verderbung ihrer ursprünglichen Überlieferung zur Folge haben. Eine ohne Scheidung des von den territorialen Behörden und Institutionen herrührenden Materials, lediglich nach Territorialprovenienz im ganzen geplante historische, geographische oder im obigen Sinne ständische Anordnung hat in der Regel zu keinen größeren Störungen der überlieferten ursprünglichen Strukturen geführt. Dagegen trieb ein nach Behördenprovenienz ohne Rücksicht auf die vorgefundenen Bestände aufgestelltes Schema die nach älteren Prinzipien gebildeten Strukturen auseinander und zersplitterte sie unter Umständen in eine Vielzahl kleinster Gruppen, an denen die Vorzüge des → *Provenienzprinzips* nach den Erörterungen in den → *Archivtheorien* nicht haften konnten; zu einer solchen Schematisierung ließ sich aber auch wohl verleiten, falls von alten, historischen Geschäftsstellen herrührendes Material nicht vorlag, der Vollständigkeit halber das sie betreffende an seine Stelle zu setzen. Jede Spannung wurde vermieden, wenn eine wechselnd an ältere Strukturen angepasste pertinenz- bezw. provenienzmäßige Aneinanderreihung durchgeführt wurde. Tiefer gehende Einblicke in Übersichten über die Bestände können erweisen, dass auch hinsichtlich der archivischen Ordnungsprinzipien im weiteren Sinne und ihres Verhältnisses zu den nach Anknüpfung an Lagerung und Einteilungsbezeichnung unter wechselnden Namen erscheinenden Archivabteilungen (z. B. Repposituren, Designationen) Entwicklung und Aufbau der Archive sehr unterschiedlich bestimmt worden sind (Kategorie der Tektonik oder des Gefüges).

Tiefer wurde das Wesen der Archive im Verlaufe einer Entwicklung wie in gleichzeitiger Differenzierung durch einen Prozess verändert, der – vergleichbar der individuellen Bestimmung der Archivalien durch Geschäftsstelle und Geschäftsziele – nach zwei in unmittelbarer Verbindung stehenden Seiten hin zum Ausdruck kam. Einmal handelte es sich um die allgemeine Richtung einer weiteren Zwecksetzung für die Archive nach

Trennung von ihren Geschäftsstellen jenseits einer bloßen Wiederaufnahme oder Fortführung der sonst in ihnen erstarrten, einstigen Geschäftsziele im einzelnen und damit um ihre Wertung im ganzen. Sodann aber um die Interessen der Stellen, von denen diese Zwecksetzungen und Wertungen ausgingen und die danach in ihnen nicht nur ein in Bereitschaft zu haltendes Mittel sahen, sondern auch ihren weiteren Ausbau förderten. Von diesen Stellen aus wurde also innerhalb des generellen Begriffs der → *Archivischen Zuständigkeiten* die individuelle, durch den historischen Moment bedingte gesetzt und durch die damit gegebenen Trennungen und Sondereinrichtungen die Organisation der Archive eingeleitet. Vollständiger, wiewohl auch nicht gleichmäßig, ist die Fülle der hieraus erwachsenen Formen nur im Archivwesen der Länder und Staaten hervorgetreten. Insbesondere in den Einzelarchiven der verschiedenen Sinngebungen konnten sie nur begrenzt in Erscheinung treten (Kategorie der Zwecksetzung, Wertung, Zuständigkeit und Organisation).

Was zunächst die Zwecksetzungen angeht, so konnten sie im allgemeinen nur den mannigfach gemischten Sinnbereichen der Herkunftsstellen bei besonderer Betreuung jener eigentlichen Geschäftssphäre der äußeren Organisation homogen sein. Heterogene Sinngebungen und Wertungen konnten nun jenseits dieser Sphäre liegen und haben sich im wesentlichen nur nach zwei Richtungen hin geltend gemacht. Die eine kam äußerlich in der Lagerung zum Ausdruck. Indem man in Archiven hinsichtlich der Sicherungsfrage eine Verwandtschaft mit ökonomischen Wertobjekten, etwa auch die Unterlagen nutzbringender Rechte, sah, zog man sie in eine Thesaurierung, eine Verbindung mit Kleinodien, Schatzkammern, Schatzgewölben hinein (*archivum* im Mittelalter auch für Schatz vorkommend). Gegenüber dieser in der Frühzeit auftretenden ist die andere, die theoretische Sinngebung nur nach und nach und erst spät voll zur Entfaltung als → *Archivalische Forschung* gekommen. Daneben fällt eine nur äußere ästhetische Wertung, etwa durch die Verbindung der Lagerung mit Kunstgegenständen und Kunstkammern, ihre Verbindung etwa mit Landesmuseen (Denkmälerbegriff) oder auch die Verwendung von Archivalien besonders ausgeprägter Form als Schaustücke auf neueren Archivausstellungen, die jedoch bald mehr und mehr geschlossen auf Belehrungszwecke gerichtet waren, wenig ins Gewicht.

Das dem ständigen Geschäftsgebrauch nicht mehr dienende Material blieb zunächst in der Kanzlei, darunter besonders das ihrer eigenen Produktion entstammende, während das wichtigste Empfangsmaterial, die Urkunden, zumal nach Einrichtung der Kopialbücher, meist in gesonderte Verwahrung kam, die jedoch noch nicht eine feste war. Schon in der Verbindung mit Schatz und Kleinodien wanderten diese Teile ebenso wie die Kanzlei etwa mit Dynasten und Landesherren als *archiva viatoria* (*archives ambulantes*) von Burg zu Burg, wurden aber später als *archiva stataria*, als Depots an sicheren (Burgen, Städte) oder befriedeten (Kirchen, Klöster) Stätten niedergelegt, schließlich am festen Sitz der Kanzlei in Sondergewölben und Schatzkammern auch unter dem Namen von Schatzarchiven untergebracht. So ergab sich ein Dualismus von Kanzleiarchiven und Depots, die beide der Aufsicht der mit der Kanzlei verbundenen obersten Geschäftsstelle, insbesondere des Kanzlers unterstanden. Später erwuchs für die Depots eine dauernde nebenamtliche Verwaltung. Gewertet wurden sie als der Wahrung der Rechte der Herrschaft im ganzen dienend. Ein mittelbarer Einfluss auf die weitere Entwicklung ging einerseits aus von der Bildung von Sonderregistraturen bereits neuer Form (Akten) durch Zentralnebengeschäftsstellen, weiter von der Absonderung von der Person des Landesherrn unmittelbar nahestehenden politischen und Verwaltungs-Organen oder Ratskollegien für die geheimen, schweren Angelegenheiten im Gegensatz zu gemeinen Landessachen, wie sie sich unter Herabdrückung des mit der Kanzlei verbundenen Hofrats weithin, aber verschiedenartig in deutschen Ländern über Kammersekretäre, Kammerräte, Geheime Räte bis zum Kabinett hin z. T. unter Bildung von Sonderkanzleien vollzog. Auch sie führte zunächst nur zur Bildung von Sonderregistraturen, aber aus dieser Sphäre sind dann weiter Antriebe zu bedeutungsvollen neuen Organisationsformen hervorgegangen. Jedenfalls blieb fernerhin Archivbildung stärker oder geringer von dem sich mehr und mehr differenzierenden Behördenwesen abhängig, und wie es Behördenarchive im engeren Sinne gab, die unmittelbar auch die Registraturen ihrer Amtsstellen übernahmen, so auch solche in weiterem,[6] die diesen Stellen[7] nur als Mittel für sonstige Zwecke Bedeutung hatten und deren Zuständigkeit ausschließlich danach bestimmt wurde.

---

6 Gemeint: „in weiterem Sinne".

7 Wohl gemeint: „für diese Stellen".

Nur jene in der Region eines persönlichen Regiments des Fürsten erwachsenen, wenn auch in wechselndem Verhältnis zu ihm stehenden Organe konnten, im wesentlichen über Registraturteile außerhalb des eigenen Bereichs und über die bisherigen Aufsichtsstellen hinausgehend, auch über das alte hervorragende Empfangsmaterial verfügen. Die mittelalterliche Urkunde, lange in entfernten Bereitschaftsstellungen ruhend, gewann aber nunmehr nicht nur für die *bella diplomatica* der kleinen Reichsstände, sondern auch für das zur absoluten Gewalt emporstrebende Territorialfürstentum neues Leben. Nutzbar konnte sie insbesondere in Verbindung mit späterem Material nicht gleicher Form, aber gleicher Art gemacht werden, mit neueren Urkunden, Haus- und Staatsverträgen, neue Rechtverhältnisse erzeugenden Akten, und zwar sowohl durch Ausweitung alter Rechtstitel für innere Machtsteigerung wie in Auslegung alter Erbeinungen und sonstiger Dokumente dynastischer Politik für Gebietserweiterung (Zeitalter der Erbfolgekriege). Eine weitere Ausgestaltung solchen die Rechte des Hauses und Staates im ganzen angehenden Materials musste danach vorerst pertinenzmäßig auf hervorragende Sachen gerichtet sein und konnte nicht in einer Fachrichtung moderner Staatsverwaltung liegen. Sobald aber die so zusammenwachsenden, wegen ihrer politischen Bedeutung hoch über alle anderen emporgehobenen neuen Archivgebilde, mit deren erster Organisation sich überall der letzte Übergang von der Verwahrung zur ständigen Verwaltung und Bearbeitung vollzog, über diese Grenzen zur Provenienz hinstrebten, musste ihr Ziel, der totalen Bedeutung des alten Empfangsmaterials entsprechend, vor allem die Erwerbung von Spitzenregistraturen der allgemeinen, der obersten Staatsführung und der der auswärtigen Politik sein. Andererseits konnte in der Entwicklung ihre Zuständigkeit zumal bei einem Wandel der Wertung ihrer vorgeordneten Amtsstellen leicht etwas Schwankendes und – nach Zerreißung von Zusammenhängen und Kontinuitäten in ihrem Aufbau – desorganisatorische Züge bekommen. Je nach dem Ende ihrer politischen Zwecksetzungen, spätestens nach Abschluss der napoleonischen Epoche, konnte auf sie am frühesten die Bedeutung wissenschaftlicher Anstalten übertragen werden.

Zur Zeit einer einmaligen territorialfürstlichen zentralistischen Machterweiterung in Württemberg (1556) wurde die im Schloss zu Stuttgart der Kammer des Herzogs örtlich nahe verbundene Hofregistratur angewiesen, auch die bisher in der Kanzleiregistratur verbliebenen „schlechten und papiernen Sachen“ zu übernehmen, soweit auch sie des Fürsten Gerechtsame beträfen. Damit war als Ansatz für die Verbindung mit dem Empfängerarchiv eine dem Charakter des letzteren angepasste Betreffsauslese gegeben. Die Gesichtspunkte für sie sind zwar später ohne näher festgelegten Plan beträchtlich erweitert worden, aber die Hofregistratur empfing auch weiterhin aus allen Zentralbehörden des Landes, besonders aus dem Geheimen Rat, dem sie später unterstand, und dem Kabinett nur auserlesene Verhandlungen, erst im 19. Jh. die geschlossenen Registraturen dieser beiden Stellen, ferner des Staatsministeriums und des Ministeriums des Auswärtigen, dem das nunmehrige Staatsarchiv in Stuttgart zuletzt untergeordnet war.

In München war das alte, im inneren Gewölbe beim Hofrat lagernde Empfängerarchiv als das Geheime 1586 unter den alleinigen Verschluss des Oberstkanzlers des seit 1572 zur Entwicklung gelangten Geheimen Rates gekommen, während für ein von 1585 ab für Bände (Register, Kopialbücher, Archivinventare) und Akten eingerichtetes äußeres Archiv dem Hofkanzler und seinen Mitarbeitern der Mitverschluss eingeräumt werden musste. Zum Anschluss an das alte hervorragende Empfängermaterial (bei Einmischung auch neuerer Reskripte und Generalien) wurde die sofortige Hinterlegung aller neu empfangenen urkundlichen Originalausfertigungen beansprucht. Aber auch für die Verwahrung gewisser staatlicher Akten, vor allem aber des Aktenmaterials der Hausverwaltung und der Nachlässe der Herzöge selbst schien das Geheime Archiv (das innere oder Urkundenarchiv) als die allein geeignete Stelle angesehen zu werden. In ihm sind in weiter Voraussicht schon im 17., ferner im 18. Jh. Deduktionen über die Rechte des Hauses besonders hinsichtlich der österreichischen und pfälzischen Erbfolgefragen ausgearbeitet worden, und auch zu einer „Reformationskommission“, einer Art Landesreunionskammer, scheinen hier Verbindungen bestanden zu haben. Zweifellos war es dem Geheimen Rat ein für die Gelegenheit äußerer und innerer Machterweiterung bereit gehaltenes Instrument. Die Zuständigkeit des äußeren Archivs, in dem der Ansatz zu einem allgemeinen Aktenarchiv danach und infolge Ausschließung von vornherein nur für die Registratur bestimmten Materials nur begrenzt liegen konnte, erstreckte sich zwar wie die des Geheimen[8] auch über den

8 Gemeint: „die Zuständigkeit des Geheimen Archivs“.

Kreis der Zentralbehörden hinaus, ist aber durch die Archivordnung von 1640 scharf umrissen nach Rechtstiteln betreffend die Reichs-, Landschafts- und Grenzverhältnisse bestimmt worden. Dazu sind dann später noch mit dem Gebiet der auswärtigen Politik, gleichfalls nicht ohne Referatszusammenhänge und Verhandlungskontinuität, Bündnis- und Friedensverträge und das Buchmaterial über die Eigentums- und Rechtsverhältnisse im Lande gekommen. Aber aus dem Aufbau dieser herausgehobenen Betreffe ergab sich z. T. ein eigentümlicher Parallelismus zum Geheimen Archiv. Jedoch konnte dieses Aktenarchiv als ein zweites, ergänzendes Rechtsarsenal, zu dem es wie geschaffen schien, dem Geheimen Rat nicht dienen, da er sich die oberste Verfügung hatte entgleiten lassen. Beim Hofrat in einer Sackgasse, ist es in seiner Entwicklung ins Stocken geraten. Als ein neueres Anhängsel hat die 1769 organisierte Geheime Ratsregistratur, das spätere Geheime Staatsarchiv, z. T. gleichartiges Material aufgenommen. Das alte Geheime Archiv aber wurde nach 1778 zum Hauptarchiv aller kurpfalz-bayerischen Lande erklärt und mit Beständen aus Mannheim vereinigt, kurz bevor sich die Erkenntnis durchsetzte, dass die von den Vorverhandlungen gesonderte Verwahrung der gegenüber den mittelalterlichen an Form und Inhalt verarmten neueren Urkunden unzweckmäßig war. Das führte zur Auflösung des äußeren oder Aktenarchivs, aber zu einer neuen Dreiteilung. Erbe des Geheimen oder Urkundenarchivs wurde, nunmehr mit Akten sich füllend, das Geheime Landesarchiv, neben dem das Geheime Staatsarchiv bestehen blieb und ein Geheimes Hausarchiv hier schon früh, längst ehe die rechtlichen Voraussetzungen dafür gegeben waren (Aussonderung des Hausguts), neu geschaffen wurde. Das Staatsarchiv sah man als für die staatsrechtlichen Verhältnisse – alle auswärtigen Beziehungen und die zum Reich umfassend – und das Landesarchiv als für Landessachen (Entstehung des Landesverbandes, Landschaft, Verwaltung der inneren Hoheiten, die aus der Nachbarschaft entsprungenen und vom Lande selbst herrührenden Verhältnisse mit deutschen Staaten) bestimmt an. Alle drei Archive waren der Amtssphäre nach, aus der ihre Zusammenfügung entsprungen war, sowie nach der ursprünglichen Zwecksetzung für ihr Material Geheimarchive, wurden auf einer Ebene als Hauptarchive angesehen. Jedoch galten die Landesverhältnisse als die allgemeine Grundlage aller anderen Funktionen, und so wurde das Landesarchiv in mannigfach schillernder Deutung 1808 zum Allgemeinen Reichsarchiv erhoben, wobei u. a. der Begriff „Reich“ auch als die Begriffe „Haus“ und „Staat“ überhöhend und zugleich in sich fassend erschien. Die Zuständigkeit aller drei Archive wurde 1799 in Anlehnung an die Archivordnung von 1640 noch schärfer zugespitzt nach Rechtstiteln, jedenfalls nach Materien unhistorisch auf Grund derzeitiger staatsrechtlicher Anschauungen, von außen her so bestimmt, dass geschäftlich zusammengewachsene Betreffe in fast unmöglicher Weise voneinander gelöst werden mussten. Diese unorganische Bildung wurde Dauerzustand, als an die Stelle einer gemeinsamen obersten Behördenleitung eine Verteilung auf verschiedene Ressorts eintrat (1825 Reichsarchiv zum Ministerium des Innern, Haus- und Staatsarchiv unter Ministerium des Hauses und des Äußern). Dass aber nicht alles bedeutungsvolle Aktenmaterial selbst auch nur der zentralen Stellen in die so in ihrer Zuständigkeit pertinenzmäßig bestimmten drei Hauptarchive überging, kündigte sich in einer neben ihrer Organisation herlaufenden Konzentrierung aller Registraturen der alten Landes- und Zentralbehörden als Vorläufer weiterer Archivbildung an.

In Berlin hatte der 1604 gebildete Geheime Rat dem Geheimen Archiv eine innere Registraturverbindung, aber keine Betonung der Urkunden gebracht. Sie waren, gesondert nach Kästlein und Repposituren eingestellt und verzeichnet, als sogenanntes Kästleinarchiv aufgestellt. Ihre Neuverzeichnung 1682 aber leitete ihre politische Neubewertung auch hier ein. Damals und später wieder unter Friedrich Wilhelm I. unter Heranziehung auch der Urkunden aus den Außenterritorien vollzogene Rechtsrevisionen hat man in ihrer Schärfe mit Reunionen und Reduktionen (im schwedischen Lehnswesen) verglichen. Aus der Bildung vom Geheimen Rat losgelöster Conseils für die auswärtigen und die höchsten und geheimsten Staatsangelegenheiten ging eine sogenannte *Registratura in publicis*, das „Kabinett der geheimsten Staatsakten“, von Kammer- oder Kabinettssekretären gesondert verwaltet, hervor. Ihre Überführung in das Geheime Archiv um 1710 und Verbindung mit den mittelalterlichen Urkunden – Stücken, „woran am meisten gelegen“ – brachte eine Ankristallisierung von neuen Urkunden und Akten an sie, eine Verklammerung und Sachverbindung der neuen, die Rechte des Hauses betreffenden Dokumente, der Staatsverträge und der zu ihnen gehörenden geheimen Verhandlungen mit ihnen innerhalb des Kästleinarchivs im Sinne einer Auslese der Rechtsbetreffe des Hauses und des Staates. Hinzu als besondere Abteilung unter eigenen Fachsignaturen aber kamen später in Registraturzusammenhängen jahrgangsweise Akten des von Friedrich Wilhelm I. für sein persönliches Regiment begründeten königlichen Kabinetts. Auch die Akten des neuen Kabinettsministeriums (Auswärtiges Amt) gelangten unmittelbar, nicht durch die Geheime Kanzlei, in das Geheime Archiv. In ihm aber wurde das eigenartige Gebilde als Archivkabinett oder Kabinettsarchiv weiterhin gesondert von Kabinettsarchivaren verwaltet, die noch in besonderem amtlichen Verhältnis zum Kabinettsministerium standen. Damit Geheimarchiv im damaligen besonderen Sinne, wurde das Berliner Archiv durch seine Registraturverbindung mit den Stellen der obersten Staatsführung und auswärtigen Politik – zu der[9] mit dem in seiner Bedeutung nunmehr geminderten Geheimen Rat hinzu – von neuem hoch emporgehoben und gelangte so zu der Stellung eines Hauptarchivs über die pertinenzmäßige hinaus durch Provenienzzuständigkeit auf einem organischen, die Kontinuitäten stärker wahrenden Wege. Die unmittelbare Verbindung mit dem Außenministerium – am längsten bis zur Bildung auch einer dortigen Sonderregistratur während – gab ihm zuletzt noch eine neue Charakterisierung. Es hieß fortan Geheimes Staats- und Kabinettsarchiv.

In Wien entschloss sich 1748 Maria Theresia, die im österreichischen Erbfolgekriege Dokumente zur Verteidigung ihrer Erbfolgegerechtsame vermisst hatte, eine schon länger erwogene neue Archivorganisation ins Werk zu setzen. Nach ihren Gründungsdekreten 1749 bis 1752 erfolgte eine Auslese (nur z. T. Heranziehung ganzer Bestände) aus den Schatzgewölben und Kronarchiven der Kronländer des Erzhauses – im wesentlichen Empfängerarchiven mit Amtsbüchern – nach den Betreffen „Haus“ (Erbteilungen, Testamente usw.) und „Gesamtstaat“ (Ländererwerbungen, Staatsverträge, Bündnisse, Friedensverträge). Akten sind im 18. Jahrhundert im wesentlichen, auch noch im 19. gleichfalls nach Betreffsauslese erworben. Die Abrundung zu einer politischen Rüstkammer der Rechte des Erzhauses gelang jedoch erst 1808 bis 1811 durch die Einverleibung der noch bei den Wiener Hofstellen (Zentralbehörden) lagernden Urkunden. Entscheidend beeinflusst wurde die weitere Entwicklung 1762 durch den Anschluss an die Staatskanzlei, die Hofstelle für die Haussachen und die auswärtige Po-

9 Id est „der Verbindung“.

litik, zu der eine innere Registraturverbindung jedoch erst im 19. Jahrhundert hergestellt wurde. Die Bezeichnung Haus-, Hof- und Staatsarchiv wurde 1810 fest und bezog sich nicht nur auf einzelne Gruppen der Bestände (Hausverwaltung, Hofstäbe), sondern im Sinne einer zentralen Gesamtfunktion auch auf das Ganze. Vorher erschien der Name in wechselnden Zusammensetzungen alsbald in der gewichtigen Verbindung mit „Universalarchiv". Einen wirklich universellen, glanzvoll die große europäische Politik des Hauses Habsburg spiegelnden Inhalt gewann das Archiv aber erst mit Beihilfe des Staatskanzlers Metternich durch die Erwerbung der Reichshofkanzleibestände des aufgelösten alten Reichs und die Akten der durch die Revolutionskriege verloren gegangenen italienischen und niederländischen habsburgischen Außenbesitzungen und ihrer Wiener Hofstellen – damit von der Betreffsauslese auch zur Aufnahme geschlossener Archivkörper freilich nunmehr toter Amtsstellen übergehend. Seine wissenschaftliche Bedeutung (für die „Nationalgeschichte"), die wechselnd, aber auf die Dauer immer stärker hervortrat, hatte neben der als Rechtsarsenal schon der Staatskanzler Kaunitz betont. Unter Metternich wurde ihm amtlich die keimhaft schon in den alten Empfängerarchiven in ihrer Richtung auf das Allgemeine angelegte Bestimmung eines Zentralinstituts (Zentralarchiv) gegeben. Seine Aufgabe wurde zunächst in einer Zentralisierung aller im Besitz des Staates befindlichen Urkunden gesucht, die mit einer Einziehung solcher der unter Joseph II. säkularisierten Klöster aus den Kronländern begann. Aber die volle Verwirklichung des Zentralgedankens hätte nur die Erwerbung der Zuständigkeit für die Registraturen lebender Zentralbehörden bringen können. Seine zugespitzte Verfolgung auf anderen Wegen löste Widerstand und rückläufige Bewegung aus. Er wurde von dem neuen Außenministerium nach 1848 nicht mehr gestützt, und auch der an anderer Stelle, im Ministerium des Innern, 1857 auftauchende Plan einer Vereinigung der staatlichen Archive zu einem Reichsarchiv scheiterte. So wurde die weitere Entwicklung der Zuständigkeit des Archivs, sich von der Berliner charakteristisch abhebend, unsicher und schwankend. Man fiel zunächst für weiteren Aktenerwerb in den Auslesegedanken der Gründungsdekrete nach den Betreffen „Kaiserhaus und Staat in seiner Gesamtheit" zurück, wollte dann aber in Vermeidung solcher pertinenzmäßigen Zerreißungen entsprechend der (abgesehen von den Hofstäben) einzigen lebenden Registraturverbindung zum Außenministerium auf das Gebiet der Außenpolitik sich beschränken. Die ursprüngliche Grundlage, so zwiespältig sie war, führte jedoch schließlich über die alten gegebenen Verbindungen hinaus noch zu einer Einverleibung geschlossener Registraturen der obersten Staatsführung, insbesondere der obersten zentralen Beratungskörper der Gesamtmonarchie (Staatskanzlei, Ministerium des Äußeren, Kabinettskanzlei, Hausgüterverwaltung, Hofbehörden, dazu Geheimer Rat, Staatsrat, Reichsrat, gemeinsamer Ministerrat), und die Zuständigkeit ist als auf alle in gemeinsamer österreichisch-ungarischer Verwaltung (nach dem Ausgleich von 1867) befindlichen Archivkörper sich erstreckend formuliert worden, ausschließlich des provenienzgemäßen Anspruchs der alten Archive in gleicher Verwaltung (Hofkammerarchiv und Kriegsarchiv).

Die Richtung auf Auswahl von Sachen wie Registraturen musste weithin für andere Archivbildungen Raum [geben], und statt eines durch Verbindung alten Empfangsmaterials mit Akten beseitigten Dualismus von Kanzleiregistraturen und Depots gab es nun eine Vielheit von Behördenarchiven, von denen die Mehrheit jedenfalls gegenüber den Geheim- und Hauptarchiven in ihrer Wachstumsrichtung gemeinsam hatte, dass sie nicht auf der Grundlage von alten Empfängerarchiven und ganz überwiegend nicht aus politischen, Dynastie und Staat in ihrer Gesamtheit angehenden Zwecksetzungen heraus entstanden waren. Sonst konnten sie sehr verschiedenartig gestaltet, z. T. sammelartig zusammengefügt, auch in Besitz ihrem eigenen Wesen fremder Stücke, etwa auch frei gewordenen und zerstreuten alten Empfangs- und Amtsbüchermaterials (z. B. aus Säkularisationen stammend) oder sogar ihnen geschäftsferner ganzer Registraturen, gelangt sein. Eher war jedoch bei späten Organisationen noch Verwandtes zu Verwandtem gelegt worden, und überwiegend stammten sie als Behördenarchive im engeren Sinne aus inneren geschlossenen Registraturverbindungen mit ihren Amtsstellen bezw. mit deren Nachfolgebehörden. Sie konnten durch Wechsel der Behördenzuständigkeit manches von ihren ursprünglichen Beständen verloren und Neues nicht ohne Störung alten Aufbaues sich eingefügt haben. Fast immer waren sie an staatliche zentrale Fachbehörden angelehnt und trotz gelegentlicher Aneignung fremder Bestandteile ihrem Kern und Wesen nach fast ausschließlich Facharchive – wenn auch wohl über den engeren Bereich der eigenen Amtsstelle in deren ressortmäßigem Sinne sich erweiternd. Soweit auch in ihren Ursprungsregistraturen die Archive der Auslese hineingegriffen hatten, mussten sie – mehr oder weniger in ihren Zusammenhängen gestört – notwendig als deren Komplementärerscheinungen organisiert werden. Im ganzen sind ihre Zuständigkeiten eindeutiger bestimmt, die Kontinuitäten der Verhandlungsziele in ihnen geschlossener geblieben. Ihre Zweckbestimmung war nahezu ausnahmslos die Bereitschaft zum Dienst für verschiedene Zweige staatlicher Verwaltung, und geschichtliche Forschung hat sich meist zuletzt von ihnen angezogen gefühlt. Damit zeichnet sich, an die Stelle des alten tretend, ein neuer Dualismus der über Auslese von Pertinenzen und Provenienzen aufgestiegenen Hauptarchive und der von ihren Herkunftsstellen her im ganzen von Anfang an stärker gebundenen Ressortarchive ab.

Im Zuge moderner Staatsverwaltung musste es liegen, zu einer gleichmäßigeren Zugänglichkeit für alle Ressorts, besseren Übersicht [und] Einheitlichkeit der Aufsicht eine Beseitigung auch dieses Dualismus und eine weitere Zentralisierung herbeizuführen, die naturgemäß an die an sich in den Hauptarchiven angelegte zentrale Richtung anknüpfen musste. Im ganzen ist sie in der zentralen Sphäre nur spät und z. T. unvollkommen erreicht worden. Sie war aber auch nach anderer Seite hin vorgezeichnet durch die auch politisch gebotene Fürsorge für die Fülle der nach dem Reichsdeputationshauptschluss von 1803 und dem Ende der napoleonischen Herrschaft überall in größeren Ländern herrenlos daliegenden, überwiegend geistlichen Archive. Auch die Zusammenlegung und Einfügung dieser Außenarchivdepots hat sich z. T. über längere Zeiträume erstreckt. Für die größeren Staaten kam dabei auch noch das nach allen Staatsumwälzungen ihnen nahe gelegte Interesse an einem Ausgleich zwischen Zentralisation und Dezentralisation hinzu. Abgesehen von der Bereitstellung für die provinzielle und lokale Verwaltung, war eine gemeinsame Traditionspflege zur[10] durchdringenden Wandlung der aus neu erworbenen Landesteilen zusammengesetzten Verwaltungsbezirke zu lebendigen Einheiten, die sie zugleich dem Staatsganzen verpflichtete, und die Abwägung des ihnen dafür zu belassenden Traditionsgutes eine sich aufdrängende Aufgabe. Sie ist an zentraler Stelle nicht überall gleichmäßig erfasst worden, und an provinzialer diente ihr außer Verwaltungsfürsorge eine aus Romantik und

10 Gemeint: „mit dem Ziele einer".

neuem Nationalgefühl erblühende, durch die überall erwachsenden Geschichtsvereine getragene heimatgeschichtliche Forschung. Für die Abgrenzung einer zentralen und provinzialen Archivsphäre brachte aber wiederum eine besondere Erschwerung das Haften an einer pertinenzmäßigen Zuständigkeitsbestimmung. Die neu erworbenen Archivdepots waren auch mit solchen längst zugehöriger Territorien oder mit schon bestehenden Provinzialbehördenarchiven zu vereinigen. Dafür bestanden verschiedene Möglichkeiten. Zog man eine Auslese aus provinzialen Fonds in die Zentralarchive, so entstanden Zerreißungen alter Zusammenhänge. Ebenso, wenn eine für die neuen Provinzialarchive sich als noch nötig erweisende geographische Abgrenzung ihrer Zuständigkeit Archivsprengel schuf, die mit unhistorisch gebildeten, alte Territorialgrenzen durchschneidenden Verwaltungsbezirken sich deckten. Dagegen konnten alte archivische Zusammenhänge von der Seite der Zuständigkeit her ungestört in die neuen Archive kommen, wenn sie von zentraler Stelle aus unangetastet blieben, die Sprengel dieser Archive mit historisch gebildeten Verwaltungsbezirken übereinstimmten oder als über moderne Verwaltungsgrenzen hinausgehend angesehen wurden und jedenfalls grundsätzlich ohne Rücksicht auf sie Territorial- oder Behördenprovenienzen erhalten blieben (eine in → *Archivtheorien* berührte Alternative). Freilich blieben dann Zerreißungen immer noch innerhalb der einzelnen Archive nach den → *[Archivischen] Ordnungsprinzipien* im engeren und weiteren Sinne möglich. Jedenfalls aber treten mit einer solchen auf das Staatsganze gerichteten Archivorganisation durch nähere Verbindung der zentralen Archive oder ihre Zusammenlegung zu modernen Zentralarchiven und durch Schaffung von Provinzialarchiven mehr und mehr die staatlichen Archive aus ihrer engen Bindung an Behörden und ihrer Isolierung heraus und in gegenseitige Berührung zu gemeinsamer Wirksamkeit. Zu deren Vollendung gehörte aber, dass ihnen über die erloschene alte hinaus überall eine neue Zuständigkeit für die Registraturen des inzwischen weiterhin umgestalteten staatlichen Behördenkörpers gesetzt wurde, was freilich auch z. T. erst nach langen Streckungen[11] durchgeführt ist.

In Württemberg sind die von der Auslese des Staatsarchivs in Stuttgart mitberührten, aber nicht ausgeschöpften Registraturen der alten Fachbehörden von den zuständigen Ministerien 1818 und 1822 zu einem Archiv

[11] Wohl gemeint: „Verzögerungen".

des Innern einstmaliger oberster Regierungs- und Gerichtsbehörden (der zum Ressort verengte Hofrat, später Oberrat oder Regierungsrat) und einem Finanzarchiv (der Rentkammer, der Kirchengutsverwaltung, des Kirchenrats, des Oberfinanzdepartements) organisiert und zuletzt von ihren Ministerien gelöst, mit den zentralisierten Archivdepots aus den neu erworbenen Landesteilen zusammen als Staatsfilialarchiv zu Ludwigsburg mit dem Staatsarchiv Stuttgart in Verwaltungsverbindung gebracht.[12]

In dem aus dem Wiener Kongress nur mit Gebietsverlust hervorgegangenen Königreich Sachsen kam eine Zentralisierung nur in der oberen Sphäre in Frage. Hier war nach Scheitern anderer Projekte ein Geheimes Archiv von 1702 ab beim Geheimen Rat (Geheimen Konsilium) unter Einschluss der Urkunden nach deduktivem Plan (ABC-Folge), gesondert von ihm aber als politisches Archiv das Kabinettsarchiv geschaffen.[13] Aus der Zusammenlegung beider und der Hinzuziehung der Facharchive (Archive der Kriegskanzlei, der Landesregierung – des früheren Hofrats – und zuletzt noch des Kammerarchivs) entstand von 1834 an als modernes Zentralarchiv das Hauptstaatsarchiv in Dresden.

In Baden haben zuerst Provinzial-(Kreis-)Archive die Archivdepots der neu erworbenen Gebiete und regionales Material verwaltet. Sie sind aber nach und nach im Generallandesarchiv zu Karlsruhe zentralisiert und nicht überall provenienzmäßig mit dem Landesarchiv der beiden badischen Markgrafschaften vereinigt worden, über das hier aber noch gesondert ein Großherzogliches Familienarchiv und ein Haus- und Staatsarchiv (Zeitserien nach Personen mit sachlichen Untergliederungen nach herausgezogenen landesgeschichtlichen Betreffen: Haus-, Hof-, Reichs- und auswärtige Sachen) z. T. unorganisch pertinenzmäßig geschichtet waren.

Wo in anderen Ländern nicht von vornherein nur ein einziges Landeshauptarchiv sich bildete, sind wohl alte Haus- oder Geheimarchive (Empfängerarchive) mit Akten- und Fachregistraturen etwa zu einem Geheim- und Hauptarchiv zusammengewachsen, zuweilen neuere Hausarchive aber wieder ausgeschieden. Länderteilarchive sind nicht immer nach Aussterben der betreffenden fürstlichen Linien sogleich vereinigt, vor allem aber die aus der Zeit vor den Teilungen stammenden und das Gesamthaus

12 Gemeint: „gebracht worden".

13 Gemeint: „geschaffen worden".

angehenden Samtarchive lange gesondert als Gemeingut verwaltet worden. In größerem Umfange sind differenziertere Organisationstypen, abgesehen von den großen und einzelnen bedeutenderen mittleren Staaten, nur ausnahmsweise (Kurhessen) zur Erscheinung gekommen.

In Bayern bestand gegenüber der Dezentralisation der drei Hauptarchive eine zentralistische Tendenz bezüglich des Außenmaterials. Freilich nur Urkunden und „archivalische Akten" – solche, die zur Ergänzung und Erläuterung der Urkunden unentbehrlich waren – wollte man in Fortführung einer Rechtstitelauslese und konnte man auch räumlich nur mit dem Allgemeinen Reichsarchiv vereinigen; die „nichtarchivalischen"[14] wurden Registraturdepots überlassen, von denen das in München auch das übriggebliebene Material aus den alten zentralen Amtsstellen, besonders das zuletzt in der Hofkammer angesammelte, in sich fasste. Nach Auflösung der in Schwaben und der Oberpfalz angefallenen Außenarchive und Umwandlung der Restbestände in Registraturdepots wurden die in Franken und der Rheinpfalz als Filialarchiv dem Reichsarchiv untergeordnet (1812), ebenso – nach Aufgabe dieser verwirrenden Zerreißungen und Vermischungen der zentralen und lokalen Provenienzen von der Zuständigkeitsbestimmung her unter teilweiser Fortführung nur der Zentralisierung der Urkunden (bis 1400) – die Registraturdepots als Archivkonservatorien. Eine aus den Bedürfnissen der Verwaltung sich ergebende Nebenunterstellung unter die Kreisregierungen brachte schließlich eine neue Zuständigkeit nach Archivsprengeln und unter der dem Reichsarchiv nur die Oberleitung lassenden Beseitigung der Filialstellung die Umwandlung zu Kreisarchiven. Sie erhielten 1921 den Namen Staatsarchive mit Ausnahme des Kreisarchivs München, das als zur zentralen Sphäre wegen ihrer einstigen „nichtarchivalischen Akten" gehörende besondere Abteilung ebenso wie das Geheime Haus- und das Geheime Staatsarchiv dem in Hauptstaatsarchiv umbenannten Reichsarchiv verwaltungsmäßig angegliedert wurde.

In Preußen wehrte zwar der zu offensichtliche einheitliche Grundaufbau des Hauptarchivs die „Anatomie des lebendigen organischen Körpers" und die Zerlegung in historische und staatsrechtliche Abteilungen, in die weitere Organisation hinüberwirkend, auch von den nichtzentralen Archiven ab. Aber der Staatskanzler Hardenberg wollte doch das Material von

[14] Gemeint: „die ‚nichtarchivalischen' Akten".

„nichtfortwährendem Interesse" (nebst dem von „fortwährendem", soweit seine Betreffe über die Ursprungsprovinz hinaus und auf das Staatsganze gingen) im Hauptarchiv zentralisieren, wenn auch die neuen Provinzialarchive (die späteren Staatsarchive in den Provinzen) nicht als Registraturdepots organisieren, sondern ihnen den zulässigen höchsten Grad von Gemeinnützigkeit und Publizität geben. Auch solche Zerlegung hätte immer noch die innere Auflösung alter archivischer Überlieferung durch einen Längsschnitt bedeuten können, die allenfalls in Trennung durch einen Querschnitt in bisherigen Zusammenhängen hätte erhalten werden können, ist aber nur beschränkt zur Durchführung gekommen. Infolgedessen konnte später auch eine klare Scheidung nach der zentralen und provinzialen Zuständigkeit wiederhergestellt werden. Das Hauptarchiv, durch die Begründung des Brandenburg-Preußischen Hausarchivs nach Betreffsauslese 1848 bis 1851 doch noch schweren inneren Zerreißungen ausgesetzt, hieß nach Aufteilung und Umordnung der Bestände des Archivkabinetts nur noch Geheimes Staatsarchiv und wurde unter diesem Namen 1874 mit dem Ministerialarchiv – einem im Anschluss an die Registratur des Generaldirektoriums beim Finanzministerium gebildeten Facharchiv, in das aber durch falsche Verbindung auch die Registratur des Staatskanzleramts geraten war – zum staatlichen modernen Zentralarchiv vereinigt.

In Österreich ging (als ein abweichender Organisationstypus) die Initiative zu einer umfassenderen Archivorganisation nicht von der zentralen Sphäre, sondern von unten her, getragen von den Geschichtsvereinen, mit einem allgemeinen Archivschutz auch nichtstaatlichen Archivguts und später mit einer zentralen Kunstdenkmalpflege sich verbindend. Es entstanden auch solches Gut überhaupt in sich schließende Landesmuseen unter hohem Protektorat (Erzherzöge), Sammlungen der Vereine, darauf solche Sammlungen und auch staatliches Ländermaterial in sich aufnehmende oder nur eigene Bestände archivmäßig gestaltende Landesarchive der Landschaften, diese Bewegung auf die Länderzentralstellen überleitend. Schließlich wurde im Ministerium des Innern eine ressortmäßige Archivfürsorge – der Vorschläge eines für archivtechnische Fragen einberufenen ständigen Archivrates (1894) sich bedienend – geschaffen, deren Anordnungen bindend freilich nur für die nunmehr fachmännisch organisierten und aus der engen Behördenverbindung sich lösenden alten Gubernialarchive, jetzt Statthalterarchive (zuletzt Landesregierungsarchive), oder für neugebildete derartige Länderarchive sein konnten, während sie von den Landesarchiven und den zentralen Stellen der österreichischen Reichshälfte nur freiwillig als Norm angenommen wurden. Sie hatten bisher fast nur Ansätze zu Archivbildungen aufzuweisen, und nur dem Ministerium des Innern war ein altes, aus Registraturen ehemaliger Hofstellen für das Innere aufgebautes Ressortarchiv angeschlossen, das jetzt fachmännisch organisiert und weiter ausgebaut wurde. Zu Spannungen zwischen der regionalen und der zentralen Sphäre ist es vor allem mit dem Haus-, Hof- und Staatsarchiv gekommen, die – besonders auch durch die Verbindung der Frage des Eigentums an Archivalien (des Gesamtstaats gegenüber den Kron-, späteren Bundesländern) mit der Bestimmung der Zuständigkeit, Verwahrung und Verwaltung – ungelöst blieben. In eine allgemeine Archivorganisation nur noch Deutsch-Österreichs wurden zuletzt die alten Archive vormaliger gemeinsamer österreichisch-ungarischer Verwaltung, das Haus-, Hof- und Staatsarchiv, das Hofkammerarchiv – ein in Geschlossenheit in seinen Beständen bis ins 15. Jahrhundert zurückgehendes Facharchiv für Finanzen und Wirtschaft – und das Kriegsarchiv erst nach 1918 hineingezogen. Als weitere Bundeszentralarchive (Facharchive) bestanden zuletzt ein aus der Zusammenfügung weiteren Zentralmaterials mit dem Archiv des Ministeriums des Inneren gebildetes Archiv des Innern und der Justiz, ein Archiv für Kultus und Unterricht, [ein] Finanzarchiv, [ein] Archiv für Verkehrswesen – wie die ersteren z. T. in begrenzten Ressortverbindungen bleibend, sonst dem Bundeskanzleramt unterstehend und von seinen Organen, wechselnd Archivämtern bezw. Archivreferaten mit ihren Archivbeiräten, fachlich betreut. Nach Auflösung dieser Vereinigung sind die Zentralarchive noch in verwaltungsmäßiger Zusammenschließung zum Reichsarchiv Wien und die Archive der Länder als Reichsgauarchive dem Reichsministerium des Innern in Berlin unterstellt worden.

Geschlossener als die Österreichs sind moderne allgemeine staatliche Archivverwaltungen in Preußen und Bayern zur Ausprägung gekommen, von besonderen Fachorganen geleitet und wie die Zentralarchive in den übrigen Staaten an eine einzige Zentralbehörde angeschlossen, nach Zurücktreten der Haus- und Außenministerien je nach stärkerer Betonung älterer oder neuerer Zwecksetzung meist den Innen- oder Kultusministerien;

in Preußen wurde als die zum Ausgleich unter den Ressorts berufenste Stelle in Wiederanknüpfung an die Traditionen des Staatskanzleramtes 1852 der Ministerpräsident ihr Chef. Innerhalb dieser Gesamtorganisationen aber konnte in den staatlichen Archiven, nach Einfügung des Geschäftsmaterials aller Zweige immer weiter ausgreifender Staatsverwaltung und in grundsätzlicher Bereicherung noch durch Archivmaterial nichtstaatlicher Geschäftsstellen auf dem Wege der Rechtsnachfolge, der Schenkung, der Hinterlegung als Depositum, die ganze bunte, üppige Fülle der Sinnbereiche der einstigen geschäftlichen Willensakte in wechselnden Kontinuitäten zur Erscheinung kommen und für öffentliche wie private Geschäfts- und Rechtzwecke und für alle Zweige historischer Wissenschaft von der politischen bis zur Sippengeschichte einschließlich geisteswissenschaftlicher Gebiete überhaupt und selbst der Geschichte der Naturwissenschaften und der Technik in immer stärkerer Steigerung fruchtbar gemacht werden.

Aus solchem Organisationswerk aber erwuchs allmählich und in den verschiedenen Ländern ungleichmäßig, unter Antrieb und Mitarbeit heimatgeschichtlicher Verbände über die bisherigen Ziele noch hinaus die staatliche Verpflichtung zu Archivschutz und Archivpflege nichtstaatlichen Archivguts.

Literatur

- Vgl. unter Archivische Ordnungsprinzipien.
- Minerva-Handbuch von Wentzcke und Lüdtke.
- Internat[ionaler] Archivführer v[on] Nabholz u[nd] Kläui.
- Loewe, Das deutsche Archivwesen, 1921.
- K. O. Müller, in: A[rchivalische] Z[eitschrift] 35, S. 61.
- Frankhauser, in: A. Z. 27, S. 1ff., u[nd] Korr[espondenz]bl[att des Gesamtvereins der deutschen Altertumsvereine] 55, Sp. 426ff.
- Neudegger, Gesch[ichte] d[er] bayrischen Archive I, II, IIIa.
- Baumann, Rückblick auf das erste J[ahr]h[undert] d[es] kgl. Bayr[ischen] Allg[emeinen] Reichsarchivs, Korr.bl. 60 u[nd] A. Z. 33.

- Giannoni, Staatl[iches] Archivwesen in Österreich, D[eu]t[sche] Gesch[ichts]bl[ätter] 5, S. 97ff.
- Redlich, Staatl[iches] Archivwesen in Österreich, Korr.bl. 59, Sp. 456ff.
- Seidl, in: A. Z. 36, S. 86ff.
- Gross, in: A. Z. 42/43, S. 159. – Bittner, in: A. Z. 25, S. 141.
- Bittner, in: Lippertfestschrift 1931, S. 36.
- Inv[entare] österr[eichischer] staatl[icher] Archive I. u. II.
- Klinkenborg, Gesch[ichte] d[es] Geh[eimen] Staatsarchivs, Abt. 1, 1911.
- Koser, Neuordnung des preußischen Archivwesens durch Hardenberg, 1904.
- Kehr, Ein J[ahr]h[undert] preußischer Archivverwaltung, A. Z. 35 3ff.
- Übersicht über die Bestände des Preuß[ischen] Geh[eimen] Hausarchivs.

4 Archivische Ordnungsprinzipien (geschichtliche Folge, Erklärung der archivgeschichtlichen Voraussetzungen)

Sie bestimmen die Gliederung der Archivalien – für die vorauszusetzende Begriffe → *Archivarische Terminologie* erläutert – also der Einzelschriftstücke bei ihrer Zusammenfügung innerhalb eines Archivs mit dem Ziele ihrer Auffindbarkeit und Benutzbarkeit. Dabei handelt es sich in weiterem Sinne um die Einteilung in große, unter Umständen mehrfach abgestufte Archivabteilungen. Ihr kann gemäß dem → *Provenienzprinzip* die Sonderung nach Herkunft aus gleichen Geschäftsstellen zugrunde liegen. Es kann aber auch eine Aufspaltung von Beständen gemischter Herkunft in große Gruppen nach lokalem (topographischem) oder sachlichem Betreff (Pertinenz) vorliegen.

Im engeren Sinne regeln sie die Gliederung und Untergliederung letzter geschlossener Einheiten gleicher oder gemischter Herkunft. Eine solche kann sich als Beibehaltung oder Fortführung einer schon vorarchivischen Ordnung darstellen oder eine archivische Umgestaltung bezw. Neuschöpfung bedeuten. Der erstere Fall ermöglicht eine Bewahrung der Zusammenhänge vorarchivischer Abteilungen, auch eine Erhaltung von Herkunftsgemeinschaften. Maßgeblich für die Gliederung sind hier die praktischen Bedürfnisse der Geschäftsstelle gewesen, bei denen die Archivalien entstanden sind oder sich angesammelt haben, und sie werden wieder von den gesamten jeweiligen geschäftlichen Zwecken und Organisationsformen und dem jeweiligen Stande des Schriftwesens bedingt. Im zweiten Falle waren die anders gearteten, gleichfalls historisch bedingten praktischen Bedürfnisse des Archivs je nach den ihm gesetzten Zwecken oder die darüber bestehenden Auffassungen richtunggebend. Normen der Ordnung auf Grund von Wertungen, die über begrenzt geschäftliche und technische Erwägungen hinausgehen, waren bevorzugter Gegenstand der → *Archivtheorien*.

Eine vorarchivische Ordnungsform war mit der Registratur im ältesten und frühesten engeren Sinne, d. h. mit einer systematischen und regelmäßigen Führung von Registern über die von einer Geschäftsstelle ausgehenden Urkunden und Briefe gegeben. Sie erfolgte durch Eintragung von Abschriften der ausgestellten Stücke nach dem Konzept, der Reinschrift bezw. dem ausgefertigten Original vor seiner Aushändigung oder von Auszügen, seltener von bloßen Listen der Ausgänge in Rollen, Lagen oder Bände, nicht auf Einzelblätter. Die Reihenfolge der Eintragung wurde bestimmt nicht streng durch das Datum der Ausgänge, sondern durch den nicht wesentlich abweichenden Zeitpunkt des Registraturvollzuges. Damit erwuchs aus einem geschäftlich bedingten, in erster Linie rein chronologischen Prinzip die Form der Serie oder Reihe. Einläufe sind in den gleichen Reihen im ganzen nur ausnahmsweise und meist nur in Anfangsstadien in derselben Weise mitregistriert worden. Vorherrschend war das Interesse der Geschäftsführung in ihrer Eigenschaft als Aussteller, einen Überblick über die von ihr vollzogenen Geschäfte etwa in politischer Hinsicht oder zu Zwecken der Verwaltungs- und Finanz-Kontrolle, aber auch zu einer solchen der Rechtsansprüche fremder Empfänger und ihrer Rechtsnachfolger festzuhalten. Letztere konnten jedoch auch ihrerseits zu deren Sicherung und zur Erhaltung der Möglichkeit einer Neuausstellung in Verlust geratener Dokumente an einer Vervollständigung der Registrierung interessiert sein. Diese ganze Einrichtung war zuerst durch die päpstliche Kanzlei von den Behörden des alten römischen Reichs übernommen, aber später in Wechselwirkung zwischen ihr und den Kanzleien west- und südwesteuropäischer weltlicher Fürsten zu einem komplizierteren System ausgebaut worden.

Eine Differenzierung dieser Reihen ging vor sich, indem für verschiedene Arten von Dokumenten, etwa den ein dauerndes Rechtsverhältnis schaffenden und den vorübergehende Maßnahmen anordnenden, auch durch verschiedene expedierende und registrierende Stellen (Kanzlei, Kammer etc.), ferner in regionaler Hinsicht oder für verschiedene Geschäftskreise (politische, Finanzsachen, Akte zu Gunsten Dritter) Sonderregister geführt wurden. Noch feiner war die Spezialisierung, die innerhalb der Register durch Einteilung der Lagen vorgenommen wurde unter immer schärferer Sonderung von Urkundenarten und Geschäftskreisen, nach empfangenden untergeordneten Amtsträgern verschiedener Art unter Scheidung ihrer Amtssprengel, nach auswärtigen politischen Empfängern. Solche vom 13. Jhdt. ab durchgebildeten Muster wurden erst am Anfang des 14. von der deutschen Reichskanzlei, von da an aber auch schon von den Kanzleien deutscher geistlicher und weltlicher Fürsten zwar noch nicht in dem gleichen Umfange der Registrierung und der gleichen Feinheit der Gliederung, aber alsbald mit der Tendenz zur Differenzierung aufgenommen. Zweifellos wurden so gleiche Geschäftsarten oder der gleichen einmaligen Aktion entsprungene Vorgänge in der Überlieferung einander nähergerückt, blieben jedoch gleichwohl in zeitlicher Reihe sachlich gemischt. Ausgangspunkt waren immer die Technik und die Formen der Urkundenausstellung, die freilich nicht ohne sachliche Bezüge waren, und die Sonderung nach Urkundenarten und Geschäftskreisen brachte keine speziellere sachliche Untergliederung; auch die Anordnung nach örtlichen Sitzen der Korrespondenten und Empfänger blieb Reihe. Zu einer unmittelbaren Erfassung eines auch nur der Reihe untergeordneten Sachprinzips ist es im allgemeinen also hier nicht gekommen, und soweit für politische Verhandlungen von besonderer Bedeutung Sonderregister angelegt [wurden] oder für ihre zu erwartende Fortführung innerhalb der Register Raum ausgespart wurde, konnte doch die Darbietung einer letzten möglichen Kontinuität nicht erreicht werden, da in diesen Reihen die eingegangenen Berichte und Korrespondenzen fehlten. Diese Serien bedeuteten zwar Herkunftsgemeinschaften, jedoch kamen in ihnen die Sachverbundenheit gleichartiger Geschäfte und Betreffe oder die Sachgemeinschaften individueller Zusammenhänge im allgemeinen nicht zu unmittelbarem und vollem Ausdruck. Dagegen gelangten sie später in festen und der Auflösung nicht schlechthin preisgegebenen Formen in die Archive, sofern nicht ungebunden gebliebene Lagen Gelegenheit zu Mischungen und Verwirrungen gegeben haben. Neben den Registern sind von den Kanzleien noch sonstige, in ihren Anfängen gleichfalls auf antike Vorbilder zurückgehende Amtsbücher, Kataster, Verzeichnisse über Rechte und Liegenschaften, Lehnskataloge, Finanzbücher verschiedenster Art, auch Protokollbücher über Verhandlungen geführt worden. Gegenüber der durch diese festen Stücke gebotenen Sicherheit ist aber in deutschen Kanzleien überwiegend die Sorgsamkeit in der Verwahrung der aus der eigenen Tätigkeit der Kanzlei hervorgegangenen losen Stücke, etwa der Originalkonzepte, der Beurkundungsbefehle, der Aufzeichnungen über mündliche Verhandlungen (Akte) zurückgestellt worden.

Auch in ihrem Interesse als Empfänger haben die Geschäftsstellen Stücke fester Form mit Sammelinhalt selbst hergestellt und neben Inventaren über ihre Originalurkunden zum dauernden Kanzleigebrauch an deren Statt Kopialbücher geführt. Da hier aber die Abschriftnahme gewöhnlich von der Erfassung eines Vorrats, nicht von laufender Eintragung von Neueingängen ausging, war die Bindung an die Serie nicht mehr gegeben. Die Reihenfolge konnte ganz unsystematisch durch den Zufall der nächsten Ergreifung, aber auch weithin zeitlich durch die Datierung der Urkunden bestimmt werden. Wenn aber nach Örtlichkeiten gegliedert wurde, an denen verliehene Güter und Rechte hafteten, weiterhin aber nach allgemeiner oder einzeln erfassten Rechtsgegenständen auch ohne die Vermittlung einer bei diesen Verfahren nicht mehr am Wege liegenden kanzleimäßigen Sonderung von Urkundenformen, so sprangen damit die lokale, aber auch schon die sachliche Pertinenz, wenn auch noch nicht systematisch angewendet, unmittelbarer heraus. In gleicher Weise, wie die Abschriften in den Kopialbüchern, pflegten aber auch die Originale geordnet und mit entsprechenden Signaturen versehen zu werden. Erfasst wurden auf diese doppelte Weise gemeinhin nur die abschließenden Urkunden, und[15] in ihren Originalausfertigungen meist gesondert und gesichert aufbewahrt. Vorbereitende und sonstige lose Stücke des Empfangs, insbesondere auch die nicht eine rechtliche Willensmeinung enthaltenden, nur berichtenden Briefe blieben in ihrer originalen Form bei den Kanzleien und bildeten mit den aus ihrer Tätigkeit selbst hervorgegangenen festen und losen Stücken einen Bestandteil der Kanzleiregistratur im weiteren Sinne, sind aber in deutschen Kanzleien nicht in solcher Fülle, wie teilweise bereits im 14. Jhdt. in ausländischen, empfangen worden und noch weniger erhalten geblieben.

Ein derartiges in Ansätzen in den Kanzleien angebahntes Ordnungssystem ist in den Archiven mit gleichen Mitteln weiter ausgebaut worden. Am umfassendsten in dem großen Ordnungs- und Verzeichnungswerk des Wilhelm Putsch (Neffen Cuspinians) aus dem Anfang des 16. Jhdts., das auf die damals in den Schatzgewölben in Innsbruck und Wien lagernden Archivalien der Habsburger und ihrer dynastischen Vorgänger aus öster-

[15] Gemeint: „und sie wurden".

reichischen Erbländern sich erstreckte. Sie bestanden überwiegend aus Urkunden und Amtsbüchern, welch letztere hier zu jenen aus den Kanzleien ausgesondert waren, während sie in anderen Fällen erst mit dem in seiner Entwicklung in → *Aktenkunde* sich erschließenden modernen Registraturmaterial in die Archive gelangt sind. Putsch hat sich abzeichnende Herkunftszusammenhänge kleiner dynastischer Archive beachtet, andererseits einer Vermischung der aus verschiedenen Kanzleien stammenden Stücke nicht entgegengewirkt. Die von ihm häufig verwendete lokale Pertinenz hat in topographischer Erweiterung der Hofsekretär Taulow von Rosenthal im 18. Jahrhundert der Obereinteilung der aus diesen und anderen österreichischen und böhmischen Archivdepots nach Betreffsauslese, z. T. auch geschlossen als älteste Bausteine des Wiener Haus-, Hof- und Staatsarchivs herangezogenen mittelalterlichen Bestände zu Grunde gelegt (Pertinenzen Österreich, Böhmen, Ungarn, letzteres provenienzmäßig gar nicht vertreten), wodurch die Vermischungen, trotz vielfacher Übereinstimmungen von Pertinenz und Provenienz, weiter gefördert werden mussten, und sie ist auch sonst ein beliebtes Prinzip geblieben.

Andererseits ist auch nach der Herausbildung moderner Akten, die zu einer Zusammenfügung von Ein- und Ausgangsmaterial nach Sachprinzip geeigneter waren als die Produkte mittelalterlichen amtlichen Schriftwesens, in der sich fortschreitenden Differenzierung von neueren Geschäftsstellen eine Registrierung des Auslaufs in verschiedenem Umfang fortgesetzt und nunmehr, auch in Trennung von ihm, noch systematisch auf den Einlauf übertragen worden. So entstanden in mannigfacher Gliederung Gruppen von Reskripten- und Korrespondenzbüchern, Eingangs- und Auslaufprotokollbänden. Daneben wurden in gleicher Weise die Originale der Ein- und Ausgänge zeitlich oder nach Korrespondenten serienmäßig geordnet. Aber bis in neuere Zeiten hinein ist der Erhaltung jener festen, bequem zu handhabenden Serien ein größeres Gewicht beigemessen worden als der der losen Originalserien, und wie Originaleingänge sind nicht selten Originalkonzepte, die für weitere geschäftliche Benutzungen nicht dieselbe Bedeutung hatten wie für historische kritische → *Archivalische Forschung*, solcher Vernachlässigung zum Opfer gefallen. In den Archiven war man so sehr gewohnt, in solchen nur unabänderlich übernehmbaren Ordnungszusammenhängen Vorbilder zu sehen, dass man auch wohl in Gestalt einer Zusammenfassung von Ein- und Ausgängen nach Sachprinzip übernommene Registraturen unter Trennung das Empfangs- und Ausstellermaterial in Serien auflöste (Haus-, Hof- und Staatsarchiv Wien).

Wo, wie weithin in deutschen Territorien, eine Registrierung nur des Ausgangs nach alter Weise und beschränkt fortdauerte oder ganz aufhörte, waren für das lose neuere Aktenmaterial von vornherein geläufige Ordnungsformen nicht gegeben. Aus einer Zusammenfassung kleinster innerer Zusammenhänge nach „Händeln" gelang ein Aufbau im Großen nicht (Dresden). Die Weglegung durch die Expedienten nach ihren mannigfachen und wechselnden Expeditionsgeschäften, die sich z. T. in differenzierten, aber noch durch eine gemeinsame Kanzlei zusammengehaltenen Geschäftsstellen vollzogen, brachte nicht nur Provenienzmischung, sondern führte nicht selten auf die Dauer zum Chaos. Es ist die schwere Aufgabe der Archive gewesen, sich tastend um neue Ordnungsformen für eine Wiederdurchgliederung zu bemühen. Soweit spätere unregelmäßige Zugänge aus den Registraturen verschiedener Geschäftsstellen unter Bevorzugung neue Rechtsansprüche erzeugender Verhandlungen in isolierten Referatszusammenhängen einliefen, wurden sie ohne Fixierung ihrer Herkunft nach beliebigen Schlagworten in ABC-Folge aufgestellt, nicht systematisch nach Materien gegliedert und fragmentarisch-zufällig aneinandergereiht. Erst spät kam es lediglich zu einer Gesamtverzeichnung nach grundsätzlichen Gesichtspunkten, mehrdeutig nach Verhandlungs-Partnern und -Sachen, Ständen, kirchlichen Anstalten, Rechtsinstitutionen, Rechtskomplexen, historischen Zusammenhängen, politischen Korrespondentenreihen (ehemaliges äußeres, d. i. Aktenarchiv München). Wo man bei gleicher Ablieferungsart von vornherein grundsätzlich mit weiter Sicht ähnlich gliederte, etwa nach geistlichen und weltlichen Ständen, inner- wie außerterritorialen, ungesondert und daneben die Belange des Landes zusammenfassend, gelang auch erst eine allmähliche Verdichtung zu großen Sachgruppen (Stuttgart).

Einzigartig ist das System des Christoph Schönbeck im Berliner Geheimen Archiv geblieben, das von der es betreuenden Behörde, dem seit 1604 fungierenden Geheimen Rate, alsbald in engster Verbindung aus einer Interimsregistratur regelmäßig jährlich die abgeschlossenen Verhandlungen in loser Form übernahm. Schon der Vorgänger hatte bei der Ordnung der älteren Bestände das Prinzip einer der Verteilung auf die Jahre übergeordneten Klassifikation der Materien aufgestellt. Aber erst Schönbeck ertastete sich gegen die Mitte des 17. Jhdts. seinen neuen „Methodus“, der die sofortige Einordnung der neuen Abgaben an vorgesehener Stelle ermöglichte. Die nach Pertinenz, nach Ländern für die auswärtigen Beziehungen, nach Einzelterritorien Brandenburg-Preußens, auch nach Sachen eingeteilten großen Abteilungen (Reposituren) gliederte er nach Sachbegriffen in ABC-Folge, die aus den Geschäften selbst und dem Studium der Territorialverhältnisse gewonnen waren, teilweise auch nur nach Zeitfolge („Verfolge“ mit auswärtigen Ländern), aber die sachlichen Unterabschnitte (Convolute) auch wieder nach der Zeit der Ablieferung. Z. T. wurden dadurch irgendwelche näheren Sachbeziehungen weit auseinandergezogen. Vielfach handelte es sich auch bei noch geringer Geschäftsdichtigkeit um isolierte Stücke. Andererseits kamen doch in der Reihe 1. die Behandlung desselben Geschäftsobjekts nach verschiedenen Beziehungen hin, 2. auch die Zusammenhänge gleichartiger Geschäftsfunktionen bereits zum Ausdruck. Schließlich wurde 3. aber auch das einem gleichen, einmaligen Verhandlungsziel zustrebende Material in Unterbrechung der Reihe zusammengefasst, als kleine Zellen gleichsam innersten Lebenszusammenhangs. Keime künftiger umfassender Bildungen. Begünstigt wurde diese Entfaltung durch die überwiegend einheitliche Herkunft des Materials aus der Geheimen Kanzlei, wenngleich – abgesehen von geschlosseneren älteren Beständen märkischer sowie nichtmärkischer brandenburgischer Territorialkanzleien – Einzelstücke aus anderen zentralen brandenburgischen Amtsstellen eingesprengt waren, während ihre Masse gegen die Absicht Schönbecks nicht einbezogen wurde. Er musste, um eine laufende Einordnung auf weite Sicht hin zu ermöglichen, seine sachliche Gliederung begrifflich weit fassen. Das sich deshalb geltend machende Bedürfnis nach Ergänzung des Repertoriums für die Auffindung im einzelnen ließ nach und nach ein System von Hilfsverzeichnissen, Empfangs- (Registratur- und Publica-) und Abgabebüchern (Indices) entstehen. In diesem ganzen Verfahren wird das stetige Herauswachsen aus der Reihe, in der Richtung einer sachlichen Kontinuität, die in der modernen Sachregistratur ihre relative Vollendung findet, unmittelbar anschaulich.

Soweit für das Ordnungsprinzip Schönbecks die Anwendung rein logischer Denkformen in Betracht kam, handelte es sich um eine Mischung von induktivem und deduktivem Vorgehen, wobei das erstere in Verbindung mit Geschäftsnähe und praktischen Gesichtspunkten überwog. Eine solche Mischung ist aber für Sachordnungsprinzipien immer zwangsläufig. Nur ist es ein Unterschied, ob eine Deduktion aus den im besonderen gegebenen Geschäfts-Verhältnissen und Plänen oder aus Auffassungen allgemeiner Art, auch über die besonderen Gesichtspunkte der jeweiligen Geschäftsstelle hinausgehend, schließlich etwa gar aus ganz generellen naturrechtlichen Anschauungen stattfindet. Im ganzen hat sich aber in der Folge an anderen Stellen zunächst ein deduktives Verfahren mehr in der letzten Richtung entwickelt. Die schärfste Ausprägung fand sie in der auch die Eingliederung der Bestände neu zu erwerbender Territorien vorbereitenden Neuen Archivordnung des Markgrafen Karl Friedrich von Baden (Karlsruhe 1801), die generellen und speziellen topographischen Oberrubriken physiographische (die Natur der Geschäftsgegenstände bezeichnende) Unterrubriken in einer Gliederung nach festen Sachstichworten in ABC-Folge unterordnete, deren Abänderung oder Ergänzung zur vermeintlichen Verhinderung subjektiver Willkür der Archivare verboten wurde. Damit war ein ehernes rationales System aufgestellt, das zwar auf eine scharfe begriffliche Zergliederung aller vorkommenden Geschäftskreise in seinem aus der Generalisierung heraus sich eröffnenden Blickfelde ausging, aber zur Festhaltung älterer geschäftlicher wie historischer Zusammenhänge und gar zur Erfassung eines aus neuerem Geschäftsgeiste künftig zu erzeugenden Materials nach seiner individuellen Bedeutung untauglich war.

Wie in den Archiven, näherte man sich in Wechselbeziehung mit ihnen auch in der Anordnung der Registraturen der immer reicher erstehenden neueren Amtsstellen und Behörden dem einen oder anderen Pol in der Mischung von Induktion und Deduktion. Soweit ein einseitiges deduktives Verfahren bevorzugt wurde, hielt man auch mit Vorliebe an einem errungenen Schatz von Sachstichworten in ABC-Folge fest, die aber schon in ihrer rein äußerlichen Anreihung als disjecta membra jenen Zusammenhang einer Gesamtgeschäftsübersicht nicht zu geben vermochten. Zweifellos wurde die Erarbeitung tieferer Sachzusammenhänge in den Archiven durch die fortschreitende Vermischung von Beständen verschiedener Herkunft erschwert. Aber der Gedanke der Herkunftseinheit musste für die Archivbildung von vornherein nach der allmählichen Art der Differenzierung der ältesten Geschäftsstellen fernliegen, und unter den neueren sich ausprägenden → *Archivgestaltungstypen* gab ihm gerade der hervorragendste, der beim Aufstieg des Absolutismus geschaffenen politischen Rüstkammern, bei der ihm eigenen Zusammenfügung von älterem und neuerem Material keinen Raum. So sind denn bis in neuere Zeiten hinein nicht nur Serienregistraturen in den Archiven miteinander vermischt worden (unechte Serien), sondern auch geschlossene, zur Ablieferung gelangte Sachregistraturen nach den verschiedensten Gesichtspunkten auseinandergerissen und neuen Zusammensetzungen unterworfen worden (Haus-, Hof- und Staatsarchiv Wien). Mit Vorliebe hat man auch nach pertinenzmäßiger oder formaler Auswahl aus verschiedenen geschäftlichen oder archivischen Überlieferungen gelöste Teile zu sogenannten „Selekten" zusammengefügt (München, Karlsruhe).

Als ein leitender Ordnungsgedanke ist das → *Provenienzprinzip* zuerst von der französischen, später von der preußischen Archivverwaltung amtlich eingeführt worden, aber aus ganz verschiedenen Bedürfnissen und mit verschiedenen Zielen. Das französische Zirkular von 1841 ordnete die „Respektierung der Fonds", d. h. die Erhaltung der Herkunftseinheiten, nur für die Departementalarchive zum Zwecke ihrer Unterscheidung unter allgemeingültige Oberbegriffe an, wobei es bis zu einem gewissen Grade problematisch werden musste, wieweit sie unter diesen festgelegten Archivabteilungen zum Schluss wirklich ungeteilt bleiben konnten. Für die Untergliederung der Fonds aber wurde die Berücksichtigung jeder älteren geschäftlichen oder archivischen Überlieferung ausgeschlossen und eine Neuordnung nach rein logisch-formalen, die jeweilige Eigenart der Geschäfte nicht berührenden Richtlinien, nach allgemeinen und besonderen Gesichtspunkten, in chronologischer, topographischer und alphabetischer Klassifizierung vorgeschrieben. Fonds waren danach Stamm-Massen, deren besonderer Herkunftscharakter als die natürliche Grundlage ihrer Sachgliederung nicht zur vollen Wirkung kommen konnte, sofern es bei ihrer nur rationalen Bestimmung von außen her blieb. Dieses Fondsprinzip ist auch in den elsäßischen und lothringischen Archiven zur Anwendung gekommen, auch in innerdeutschen unbewusst aufgetreten.

Das preußische Reglement von 1881 führte aus einem im Geheimen Staatsarchiv in Berlin beschrittenen Irrweg heraus. Man hatte dort die alten Reposituren Schönbecks, zu denen laufende Zugänge nach Auflösung der

Geheimen Kanzlei i. J. 1803 nicht mehr gekommen waren, ihr Wesen missverstehend, als dauernd allgemeingültig angesehen und spätere Ablieferungen der Ministerialregistraturen sachlich zerteilt in sie einzuordnen, also unter der Wirkung verschiedener Staatsanschauungen erwachsenes Material des alten Preußen und des neuen von der Reformzeit an mit einander zu verbinden sich bemüht. Eine zunehmende Verwirrung weckte schließlich aus dieser Art dogmatischen Schlummers. Das Reglement ordnete die Schließung der alten Reposituren für nicht als ihre integrierenden Bestandteile sich erweisende Zugänge, eine weitere Aufstellung nur nach der Provenienz der Bestände unter Zuweisung einer neuen Repositur für jede einzelne Behörde und die Beibehaltung der im Geschäftsgange erwachsenen Ordnung samt ihren Signaturen an. Damit war zwar das Provenienzprinzip auch nur in einem besonderen Sinne, nämlich als Registraturprinzip, proklamiert. Soweit aber in solcher auf dem Geschäftswege erwachsenen Ordnung, wie in den preußischen Ministerialregistraturen, wirklich in lebendiger Fühlung mit den Geschäften sachlich gegliedert war, und über andere Formen hinaus jene in Ansätzen in Schönbecks Reposituren sich abzeichnenden drei Arten von sachlichen Kontinuitäten zu möglichstem Ausdruck kamen, [ferner] die Totalität der durch übergeordnete Willensakte bei allem Wandel immer wieder auf einheitliche Ziele gelenkten, mit den verschiedensten fremden Willensakten sich auseinandersetzenden kollektiven Willensakte derselben Geschäftsstelle, Institution, Behörde in allem ihrem einstigen Zusammenwirken im einzelnen in der Zusammenfügung der Verhandlungen stärker sich abprägte [und schließlich] die ehemalige Dynamik von Funktionsgemeinschaften in allen ihren einmaligen Verzweigungen in möglichster Vollendung aufgefangen war, war nun doch an einer solchen Erscheinung evident geworden, dass nur auf dem Boden der Herkunftsgemeinschaft und nicht durch logische Operationen, sondern nur durch Verstehen innerster geschäftlicher Willensverflechtungen und durch Anwendung oder Rekonstruktion solcher Formen für ihre Erfassung nicht nur eine bessere äußere Wiederauffindbarkeit der Vorgänge, sondern die unmittelbarere Ergreifung dereinstiger Lebenszusammenhänge gewährleistet war. Archivkörper konnte man derartige Gebilde in bildlicher Vergleichung mit einem Organismus insofern nennen, als in ihnen eine lebendige Wechselwirkung zwischen dem Ganzen und seinen Teilen deutlich wurde.

Das Reglement von 1881 ist 1896 entsprechend auch für die preußischen Staatsarchive in den Provinzen in Kraft gesetzt worden, aber unter dem Eindrucke praktischer Erfahrungen hat man sich an die Unantastbarkeit der Registraturen und gar ihrer Signaturen nicht mehr gebunden. Mit den Hilfsmitteln der Analyse und Synthese hat man an der Vervollkommnung und Verstärkung des Ausdrucks der erstrebten Zusammenhänge gearbeitet, unkenntlich gebliebene Sachbeziehungen hinzugefügt (Intusvermerke), Cäsuren überbrückt, Verschmelzung getrennter Überlieferungen gleicher Herkunft vorgenommen, nicht geschäftlich eingemischte fremde Bestandteile ausgeschieden, Neuordnungen aus dem Geist der Geschäfte heraus, aber nicht ohne kritische Prüfung älterer Registraturordnungen vollzogen. Unter dem Eindrucke theoretischer Erörterungen ist der Provenienzgedanke weiterhin nach und nach fast in allen Archiven des In- und Auslands zur Herrschaft gelangt.

Über die in der preußischen Praxis noch gebliebenen Bindungen ist dann das Bär'sche Prinzip – nach seinem Erfinder benannt – hinweggeschritten. Ausgehend von einem Bedürfnis der höchsten Steigerung des Tempos in der Aufstellung und Verzeichnung, signierte es die einzelnen Aktenbände unter strenger Scheidung nach Provenienz fortlaufend nach der zufälligen Ergreifung, die damit auch für ihre endgültige Lagerung bestimmend wurde, war aber nun genötigt, für die sachliche Gliederung lediglich in der Verzeichnung grundsätzlich jede Rücksicht auf bisherige Registraturordnungen fallen zu lassen – mit der Nebenbegründung allerdings, dass sie im ursprünglichen Anwendungsbereich überwiegend schlecht gewesen seien. Sachstichworte in alphabetischer Folge – der Geschäftsordnung der jeweiligen Behörde entnommen, jedoch bald weithin in gleichartigen Formulierungen sich wiederholend – fassen in den Verzeichnissen die Einzelbände in ein buntes Durcheinander der Signaturen inhaltlich zusammen, während eine Auffindung lediglich nach letzteren, nicht nach dem sachlichen Betreff durch eine Nummernkonkordanz am Schluss gewährleistet wird. Das System ist überwiegend nur auf Bestände niederer Bedeutung zur Anwendung gelangt. Zwischen der französischen und preußischen Spielart des Provenienzprinzips steht es in der Mitte, ja der ersteren näher.

Ein noch neueres Ordnungsprinzip ist in der sogenannten Dezimalklassifikation zur Ausbildung gekommen. Es besteht in der systematisch festgelegten Bezeichnung von Gegenständen durch die Zahlen 0 bis 9, die also die Rückübersetzung in Begriffe voraussetzt. Bibliothekarischen Ursprungs, ist es auf die verschiedensten anderen Gebiete, darunter auch auf das Registraturwesen, übertragen worden. Je nach Bedarf wird hier bis zu einer Vierzifferung fortgeschritten, wobei die Tausender Hauptgebiete, die Hunderter Gruppen, die Zehner Untergruppen und die Einer Einzelakten bedeuten. Es vermag in verschiedenartiger Abstufung, je nach den Geschäftsverhältnissen, den Bedürfnissen der Behördenregistraturen, im ganzen aber doch nur äußeren, zu dienen und wird durch ihre dortige, bisher allerdings nur beschränkte Verwendung den Archiven, ihren Bedürfnissen weniger entsprechend, aufgezwungen. Auch bei weit vorausschauender Aktenplanung bleibt Unvorhergesehenes und Unzulänglichkeit nicht ausgeschlossen. Besonders in den höheren Einheiten können schwer hebbare Verlegenheiten entstehen, während die vorgesehenen Abhilfen in den unteren – [nämlich] der Spielraum für weitere Einschiebungen und Hinzufügung von Hilfszeichen – die Erreichung des Zweckes der Vereinfachung der Signaturen, z. T. auch ihrer unmittelbaren Allgemeinverständlichkeit, fragwürdig machen. Im ganzen handelt es sich doch wiederum um ein starres Schema, diesmal in Gestalt arithmetischer Rationalisierung und mit uniformierender Tendenz über Einzelregistraturen hinaus, in der sich diese, soweit an der Ausprägung eines bestehenden Einzelcharakters festgehalten werden soll, im ganzen auf die Dauer nur notdürftig pressen lassen.

Eine letzte Ordnungsform, die Sammlung, steht in den Archiven seit der Durchdringung des Provenienzgedankens abseits und wird für Archivalien im engeren Sinne nur ausnahmsweise, mehr für gemischte Einzelstücke angewandt, für die herkunftsmäßig die jeweilige → *Archivische Zuständigkeit* nur beschränkt gegeben ist. Der Einteilung kann dann nicht das Verstehen innerer Zusammenhänge, sondern nur das Mittel weiterer und engerer Gattungsbegriffe unter Zuhilfenahme topographischer Gliederung zugrunde gelegt werden. Lassen sich bei einer Fülle „Kleiner Erwerbungen“, die der inhaltlichen Ergänzung der archiveigenen Bestände dienen sollen, solche gemeinsamen Oberbegriffe nur schwer herausstellen, werden sie wohl auch in ein chronologisches Netz, nach Jahrhunderten und Jahrzehnten signiert, aufgefangen, und es entsteht so äußerlich die Form der chronologischen Reihe, von der die Entwicklung der Ordnung ihren ersten Ausgang nahm, aber in ihrer bunten Herkunftsmischung im äußersten Gegensatz zum Wesen der echten Serie.

Literatur

- Harry Bresslau, Handbuch der Urkundenlehre 1912, 4. Kap.
- R. v. Heckel, Das päpstl[iche] u[nd] sizilische Registerwesen, in: Archiv f[ür] Urkundenforschung, Bd. 1 (1908), S. 371.
- H. Fincke, Acta Aragonensia, Bd. 1 (1908) u[nd] Bd. 3 (1922).
- Wattenbach, Schriftwesen im Mittelalter 1896, Kap. VII.
- Bittner, Gesamtinventar, Bd. 1 (1936).
- Neudegger, Geschichte der bayr[ischen] Archive, I. Landesarchiv, 1881, III b.
- Bayrische Archivrepertorien und Urkundenregister im Reichsarchiv zu München 1314–1812. München 1899/1900.
- Schneider, Zur Geschichte des Württembergischen Staatsarchivs, 1903.
- Wintterlin, Das württembergische Staatsarchiv, in: Korr.bl. 80 Jg. (1932), Sp. 141.
- Müller, Gesamtübersicht über die Bestände der Staatsarchive Württembergs, 1937.
- Lippert, Das Sächsische Hauptstaatsarchiv, 2. Aufl. 1930.
- Inventare des Großherzogl[ichen] Generallandesarchivs in Karlsruhe, 4 Bde. 1901 11.
- L. Erhardt, Die Hauptphasen der Entwicklung des Berliner Geheimen Staatsarchivs, Korr[espondenz]bl[att des Gesamtvereins der deutschen Altertumsvereine], 1904.
- Bailleu, Das Provenienzprinzip, Korr.bl. 1902.
- Max Bär, Das Staatsarchiv zu Danzig, Kap. 5.
- Brecht, Geschäftsordnung der Reichsministerien 1927.

5 Archivische Zuständigkeit

Sie ist weit begrenzter als diejenige aller Sammlungen zu wissenschaftlichen und kulturellen Zwecken, insbesondere auch [als] die von → *Archiven* in einer ihrem eigentlichen Wesen fremden, vagen Auffassung, nämlich als Ablagerungsstätten für allerhand Rohmaterial für Forschungen, als Sammlungen von Wissensstoff überhaupt (in übertragenem Sinne auch für Zeitschriften angewandt). Wirkliches Archivgut kann nur solches Material sein, das entweder zu einer Registratur wirklich gehört hat oder registraturpflichtig, auch nur registraturfähig war. Erkennbar ist es als ersteres an äußeren Merkmalen (Kanzlei-, Registraturvermerken, Art der Zusammenfassung und Tektierung), allgemein an inneren. Dieses Material, das nicht lediglich aus Schriftstücken zu bestehen braucht, muss stets einen geschäftlichen Endzweck und einen rechtlichen im weitesten Sinne gehabt haben. Dabei können in einzelnen Fällen die Entstehungszwecke noch ein durchaus anderes Gepräge getragen haben und gewisse Teile erst nachträglich (etwa als Beweisstücke) in einen geschäftlichen oder rechtlichen Zusammenhang hineingezogen sein. Ein irgendwie verpflichtender Endzweck ist dabei in Verbindung mit jedem Sinnbereich ausschlaggebend; so sind z. B. *libri confraternitatis* und *animarum* oder Nekrologien als Zeugnisse von Gebetsverbrüderungen und Seelgerätsstiftungen an sich zweifellos Archivgut.

Sein Wesen wird letzthin klar am Verhältnis zum Grenzgebiet Bibliotheksgut. Dieses hat literarischen Endzweck im weitesten Sinne, den Zweck der Unterhaltung, Mitteilung, Belehrung. Dabei kann auch der Entstehungszweck ein abweichender gewesen, nämlich ein geschäftlicher, und die Hineinziehung in einen literarischen, etwa einen belehrenden, erst später erfolgt sein. Voraussetzung der Bibliothekszuständigkeit ist eben dann, dass ein zuständiges Archiv für solches ursprüngliche Archivgut nicht mehr existiert bezw. das Interesse des Lehrzwecks dem der Forderung der

Geschäftskontinuität in einem entlegenen, fremden Kulturkreise übergeordnet erscheinen darf, wie das z. B. einerseits für griechische Papyrusurkunden, andererseits für chinesische Urkunden gilt. Freilich sind vor allem die großen westeuropäischen, aber auch die deutschen Bibliotheken mit geschäftlichen Überresten aus der europäischen Kulturwelt angefüllt, für die in zuständigen Archiven sich ein weit geschlossenerer Zusammenhang als ein rein sammlungsmäßiger herstellen ließe. Die hier zugrundeliegenden Zerstreuungen als Voraussetzungen für eine Wiedersammlung sind weithin Folge von Gewaltmaßnahmen, wie etwa von solchen nach den Säkularisationen, gewesen, und sie haben nicht nur den Bibliotheken Archivalien, sondern auch den Archiven Literalien, wenn auch nicht entfernt in einem entsprechenden Umfange, zugeführt. Aber bis in neueste Zeiten hinein ist Sammelwut bis zu amtlichen Registraturen vorgedrungen und hat durch Entnahme an verschiedensten Ursprungsstellen tiefere Zusammenhänge und Erkenntnismöglichkeiten zerstört, für die sie einen bequemeren und umfassenderen gemeinsamen Ersatz zu schaffen wähnte. Gehören also Annalen und Chroniken zum Bibliotheksgut, so die historisch referierenden Staatsschriften und Berichte, auch solche in literarisch geschliffener Form, zum Archivgut. Zweifellos gibt es aber Grenzfälle, in denen die Entscheidung nicht auf den ersten Blick zu treffen ist. Ein Stück eindeutigen Ursprungs kann doch eine spätere Wandlung aufweisen (ein Kalendarium spätere annalistische Aufzeichnungen, eine Bibel oder Gebetbuch die Eintragung wichtigster rechtlicher Behelfe). Noch häufiger besteht schon vom Ursprung her Mischung von geschäftlichem und literarischem Material, dessen Trennung nicht tunlich ist. Vor allem bei schriftlichen Nachlässen. Einer ihrer wesentlichen Bestandteile, der Brief im allgemeinen Sinne, gehört als der reinen Mitteilung dienend grundsätzlich in den Bereich der Bibliotheken. Aber in den Nachlässen von Gelehrten, Dichtern, Musikern, Künstlern findet sich neben ihm, dem Manuskript, dem künstlerischen Entwurf auch die geschäftliche Korrespondenz, der Verlagsvertrag, der oft wichtige Vertrag mit dem Auftraggeber. Überall gilt hier der Grundsatz, dass die Nebensache der Hauptsache folgt, d. h. dass in diesen Fällen der ursprünglich geschäftliche Zweck dem literarischen untergeordnet wird. Daraus ergibt sich, dass das Goethe- und Schiller-, auch das Nietzsche- und ähnliche Archive nicht Archive im eigentlichen Sinne sind, sondern unselbständige Teile von Bibliotheken sein würden. Andererseits kann für Nachlässe von Staatsmännern, hohen Militärs, Politikern, Parteiführern, auch für Fürstenbriefe die Vermutung bestehen, dass in ihnen das Geschäftliche vor den sonst persönlich bedeutungsvollen Bezügen das Übergewicht hat, ja dass in ihnen Aufzeichnungen und Korrespondenzteile sich finden, deren Inhalt nicht selten absichtlich den amtlichen Registraturen entzogen ist und sie in wesentlichen Punkten zu ergänzen vermag. Sie sind daher auch immer als Archivgut in Anspruch genommen.[16] Eine gewisse Grenzüberschreitung, eine aber einer tieferen Begründung nicht entbehrende, seitens der Archive liegt vor, wenn sie auch Nachlässen von Historikern, Rechtshistorikern, Nationalökonomen sich geöffnet haben, deren Werken einerseits die eigenen Bestände zugrunde gelegen haben oder von denen andererseits politische Wirkungen ausgegangen sind bezw. die selbst eine politische Tätigkeit entfaltet haben. Druck oder Schrift können an sich nicht als unterscheidende Merkmale von Archiv- und Bibliotheksgut dienen. Zeitungsarchive, als Sammlung verstanden, sind Spezialbibliotheken. In die Sphäre der reinen Sammlungen gehören auch die Phonogramm-, Lichtbild- und Filmarchive, obwohl es Filme und sonstige Erzeugnisse der Lichtbildkunst gibt, deren Herstellung etwa zu einem politischen Endzweck amtlich veranlasst ist und die daher in einen Registraturzusammenhang hineingehören, auch in Archiven z. T. verwahrt sind, jetzt aber gewöhnlich einer Sicherung zusammen mit nichtamtlichem Material überlassen bleiben.

Jedoch ist archivische Zuständigkeit durch den Begriff „Archivgut" noch nicht eindeutig bestimmt. Auch in einer weiteren Hinsicht ist der Gegensatz zu den Bibliotheken aufschlussreich. Diese können durch Organisation und Vereinbarung eine Begrenzung erfahren, was aber noch nicht ausschließt, dass mehrere Bibliotheken auch auf einen einmaligen Sammlungsgegenstand mit gleichem Recht Anspruch erheben. An sich ist der Bibliothekszuständigkeit eine Grenze nur durch den literarischen Endzweck gesetzt. Dagegen ist für ein bestimmtes Archivale in einem folgerichtig erfassten Geschäftszusammenhang immer nur ein einziges Archiv zuständig. Das heißt allerdings nicht, dass es in dieser Hinsicht niemals Schwankungen und Spannungen gegeben hätte. Sie haben auch nicht gefehlt, seitdem archivische Zuständigkeit, die ebenso wie → *Archivische Ordnungsprinzipien*

[16] Gemeint: „genommen worden".

Gegenstand der Archivtheorien gewesen ist, durch das → *Provenienzprinzip* bestimmt wird. Früher aber dachte man in Pertinenzen, nicht in Provenienzen, und grenzte die Zuständigkeit mehr oder weniger prägnant nach Sachen aus einem bestimmten Kreise von Geschäftsstellen ab. Wenn dabei auch zuweilen ein Wettbewerb der Archive um das Material toter oder lebender Amtsstellen hervorzutreten schien, für die sie sich als zuständig auffassten oder sie auch mehr und mehr anregend und beratend sich geltend machten, im ganzen war doch das geschäftliche, das Verwaltungs- oder politische Interesse der bevormundenden Behörde und ihr Einflussbereich ausschlaggebend, und die Archivalien wuchsen also in irgendeinem überarchivischen geschäftlichen Zusammenhange aus den Amtsregistraturen nach Pertinenz und Provenienz in die Archive hinein, in einem anderen Sinne, als Bibliotheken bereits vorhandene ältere Sammlungen übernehmen. Dieses allmähliche, z. T. periodische Hineinwachsen wird vollends deutlich an dem Verhältnis jetziger lebender Registraturen zu ihrem zuständigen Archiv, deren für den unmittelbaren Geschäftsgebrauch entbehrliche, zeitlich und sachlich unregelmäßig wie nach Zickzackschnitt von einander gelösten Bestände sich zum Teil schon in ihm, zum Teil noch an der Amtsstelle befinden. Gegenstand internationaler Verhandlungen ist archivische Zuständigkeit nach Abtretungen von Ländern und Länderteilen geworden. Auch hier hat es verschiedenste Entscheidungen nach territorialer Pertinenz wie Provenienz gegeben (neben *concernant* und *provenant* auch das unklare Anpassungsmöglichkeiten offen lassende *appartenant*). Aber ein Hineingreifen auch in die Zentralarchive eines Gebiete verlierenden Staates kann ihm Traditionen selbst seines innersten Lebenswachstums entreißen.

Archive sind also ihrem Ursprung und inneren Wesen nach keine Sammlungen. Gleichwohl hat man die Frage aufgeworfen, ob auch sie sammeln sollen, und sie innerhalb gewisser Grenzen bejaht, die im Zusammenhang mit ihrer überarchivisch gewachsenen, d. h. vom Archiv nicht frei gewählten Zuständigkeit stehen. Ein Archiv darf also – etwa neben den Bibliotheken – sammeln, was in einem regionalen Bereich von besonders bemerkenswerten Vorgängen Zeugnis gibt und von dem ein Niederschlag in den Amtsregistraturen nicht vorauszusetzen ist (wie etwa Zeitungsausschnitte, Fachschriften, Jahresberichte, Nachrufe). Man hat diese Forderung so formuliert, dass die Archive Gegenwartsstoff sammeln sollten, d. h. solchen, der nach seiner Entstehung leicht zu erfassen, später aber zerronnen ist. Neben solchem Bibliotheksgut sollten sie vor allem aber Archivgut sammeln, das entweder den in ihnen vertretenen Geschäftsstellen entfremdet ist oder – vielfach durch Sammeleifer oder Autographenhandel – nach Auflösung seiner Herkunftstellen in Bewegung geraten ist. Voraussetzung ist dabei, dass an Stelle einer unmittelbaren archivischen Zuständigkeit die nächsten, unmittelbar ergänzenden Beziehungen zu den eigenen Beständen bestehen. Schließlich hat man gefordert, dass die Archive zeitgeschichtliche Sammlungen und die Sammlung der oben erwähnten Nachlässe pflegen sollten. Zeitgeschichtlich ist hier nicht im Sinne der Gegenwart zu verstehen, sondern als etwas, das für religiöse, kulturelle, wirtschaftliche, politische, Volks-Bewegungen sowohl irgend einer Vergangenheit wie der Gegenwart als besonders charakteristisch erscheint, von dem aber ein Eingang in amtliche Registraturen nicht mit Sicherheit erwartet werden kann. Auch hier kann es sich sowohl um literarisches und Übergangsgut wie um Überreste geschäftlicher Willensakte handeln, für die Registraturzusammenhänge sich nicht herstellen lassen (Briefe, Reden, Flugschriften, Broschüren, Maueranschläge, Plakate, Aufrufe). Aber auch hier ist für die Zuständigkeit des Archivs die nächste unmittelbare Pertinenzverbundenheit mit den eigenen Beständen entscheidend, wobei es für das von einer Einzelperson herrührende Schriftgut nicht auf ihren Geburtsort oder ihre Anfangs- und Nebentätigkeit, sondern nur auf ihren Hauptwirkungsbereich ankommen kann. Soweit Archive auch gesammelt haben, ist es doch schon überwiegend selbständig in einem Eigeninteresse geschehen, nach breiterer Entfaltung → *Archivalischer Forschung* und nach Übernahme auch von Aufgaben einer Forschungsanstalt zu ihren ursprünglichen hinzu.

Haben in diesen Fällen die Archive ihre Zuständigkeit ausgedehnt, so ist sie ihnen nicht ohne ihre eigene Initiative nach einer anderen Seite hin zur Wahrung ihres Charakters als Wertarchive in Vereinbarung mit den Geschäftsstellen eingeschränkt. Für den Prozess der Aktenaussonderung oder der Aktenkassation sind Vorschriften seitens der beteiligten Ressorts wie seitens der Archivverwaltungen ergangen. Zur Vermeidung wechselnder Wirkung von Augenblicksintuitionen hat man die Begründung der Maßnahmen bei diesem wichtigen Geschäft als Erfahrungsmaterial für ähnliche Fälle festgehalten. Schließlich haben auch die Theorien sich dieses Gebiets bemächtigt. Dabei treten als besondere Gesichtspunkte wiederum einerseits die Herkunft der Akten, andererseits ihr sachlicher Inhalt, dazu noch die Vermutung ihrer künftigen Bestimmung in rechtlicher wie wissenschaftlicher Hinsicht hervor. Man kann sich in dem einen Fall mit der Auswahl typischer Vorgänge begnügen, muss im anderen auf die Erhaltung des Einmaligen bedacht sein. Die Bedeutung der Registraturen der Zentral-, Mittel- und Unterbehörden kann sich je nach dem Geschäftsbereich verlagern; die der letzteren liegt nicht zum wenigsten darin, dass sich staatlicherseits ungeleitete Vorgänge in ihnen am frühesten widerspiegeln. Dass durch diesen Prozess der Vernichtung pertinenzmäßig unwichtigen und nur als Ballast sich auswirkenden Materials letzte Spuren von Überresten geschäftlicher Willensakte verschwinden, bedeutet an sich noch nicht die Störung der Provenienz, da durch ihre Integrität immer nur eine Zusammenfassung geschäftlicher Überreste in möglichster Kontinuität, nicht die der Geschäfte selbst in ihren letzten lebendigen Zusammenhängen gegeben ist. Immerhin bleibt es von besonderer Bedeutung, dass die Aufweisung aller wesentlichen Funktionen der die Akten erzeugenden Stelle gewährleistet bleibt.

Literatur

- Ivo Striedinger, Was ist Archiv-, was Bibliotheksgut? (in: Archivalische Zeitschrift, Bd. 36, München 1926, S. 151ff).
- Paul Zimmermann, Was sollen Archive sammeln? (Prot[okoll] d[es] 11. deutschen Archivtags in Graz 1911 u[nd] im Koresp[ondenz]-Bl[att] d[es] Ges[amt]-Ver[eins der deutschen Altertumsvereine], 1911, S. 16ff).
- Armin Tille, Soll das Archiv Gegenwartsstoff sammeln? (Archivstudien z[um] 70. Geburtstag von Woldemar Lippert, herausgeg[eben] von H. Beschorner, Dresden 1931, S. 237ff).
- Helmut Rogge, Zeitgeschichtliche Sammlungen als Aufgaben moderner Archive (Archival. Zeitschr., Bd. 41, München 1932, S. 167ff).
- Hille, Grundsätze bei Aktenkassationen, im Korresp.-Bl. d. Ges.Ver., Bd. 49, S. 26.

- Ernst Müsebeck, Grundsätzliches zur Kassation moderner Aktenbestände (Lippert-Festschrift, Dresden 1931, S. 160).
- L. Bittner, Die zwischenstaatlichen Verhandlungen über das Schicksal der österreichischen Archive nach dem Zusammenbruch (Archiv für Politik und Geschichte, Bd. 4, 1925, S. 58).

6 Archivrecht

Es wurde im aktiven Sinne von den Juristen als Befugnis anerkannt, Archive anzulegen, überhaupt öffentliche Akten unter Verleihung öffentlichen Ansehens und unter Anspruch auf Vermutung der Echtheit zu halten, [und] nur dem Kaiser und den reichsunmittelbaren Ständen, einschließlich der Städte und Ritterschaft, mit Ausschluss aller Landsässigen, beigelegt. Als passives Recht bedeutete es den Vorzug voller Beweiskraft der im Archiv verwahrten Urkunden, nicht nur der öffentlichen, sondern auch der privaten, der allerdings durch einen Gegenbeweis sowie durch Nachweis ihrer nicht absichtlichen, sondern nur zufälligen Aufnahme begrenzt war. Darin kommt ein ursprünglicher Zusammenhang mit der → *Provenienz* bezw. einer nach den Darlegungen in → *Archivgestaltungstypen* durch Organisation näher bestimmten → *Archivischen Zuständigkeit* zum Ausdruck. Man hat diesen Grenzen z. T. in Archiven Rechnung getragen, indem man zeitweise entfremdete Stücke wegen der Möglichkeit inzwischen erfolgter Verunechtung entweder nicht am alten Ort oder nur mit Notiz über vorherigen Verbleib und Rückerwerb wieder einfügte. Wegen seiner Geltung als Ausfluss der Landeshoheit konnte der Landesherr dieses bis ins 19. Jahrhundert hinein an sich in solcher Beschränkung festgehaltene Archivrecht aber auch anderen verleihen. Die gemeinrechtlichen Auffassungen, auf die es sich überhaupt gründet, haben auch in Preußen Aufnahme gefunden. Als nur prozessrechtlichen Charakters sind sie aber durch den Grundsatz der freien Beweisführung in der Zivilprozessordnung beseitigt worden, der zwar seinerseits wieder zu Gunsten der öffentlichen und öffentlich beglaubigten Urkunde durchbrochen wurde, aber ihre vorherige Niederlegung in einem Archiv nicht voraussetzte und damit auch die Privaturkunde der an eine solche geknüpften Vorzugsgeltung beraubte. Fortan war danach der Begriff des Archivs nicht mehr an die öffentliche Sphäre gebunden, sondern auch private Personen und Verbände konnten nunmehr als solche auch rechtlich anerkannte Archive halten, deren Urkunden ihre Beweiskraft in sich selbst, unabhängig vom Aufbewahrungsort, tragen. Als letztes Überbleibsel eines Archivrechts hat man wohl den aus geschäftlichem Interesse sich ergebenden Anspruch angesehen, den Einblick in Archivgut als Überreste geschäftlicher Willensakte im Gegensatz zu dem in das allgemeine Wissensgut der Bibliotheken von einer jedesmaligen Prüfung der Persönlichkeit und der Forschungszwecke des Benutzers abhängig zu machen.

Indessen kann man von einem Archivrecht auch noch in einem anderen Sinne sprechen, nämlich vom Recht des Eigentums an Archiven. Soweit es sich dabei um privates Eigentum und um solches öffentlicher Korporationen handelt, haben für seine Sicherung Archivschutz (im letzteren Falle auch als obrigkeitliche Aufsicht), ferner Denkmalschutz Handhaben geboten. In jedem Falle ist das Archiv als Anstalt nicht selbst Träger solchen Eigentums, sondern nur mit seiner Wahrung beauftragt. Auch die Provenienz bezw. die aus besonderen Verhältnissen erwachsene Regelung → *Archivischer Zuständigkeit* durch Organisation konnten dafür nur Ausgangspunkte sein und geschäftsführende Stellen, zum mindesten begrenzter Art, mit denen sie verknüpft waren, es für sich selbst nicht unmittelbar in Anspruch nehmen. Unter Umständen unterlag seine Festlegung besonderen rechtbegründenden Akten, etwa auch internationaler Art durch Staatsverträge, in Bundesstaaten und Staatenbünden der Auseinandersetzung zwischen Gesamtstaat und Einzelstaaten. Als Teile des Staatsvermögens stets im Eigentum des Fiskus stehend, genossen Archive anfangs den Schutz des Ersitzungsprivilegs nach römischem Recht. Das Bürgerliche Gesetzbuch für das Deutsche Reich hat jedoch die *privilegia fisci*, ihren Vorzug vor dem privaten Recht, beseitigt und fordert bei fehlendem Titel in jedem Fall für eine Fahrnisersitzung, worunter die Archive fallen, nur Nachweis zehnjährigen Eigenbesitzes und guten Glaubens. Die Stellung des Preußischen Allgemeinen Landrechts zum Ersitzungsprivileg haben richterliche Entscheidungen nicht eindeutig zu klären vermocht. Auch das Allgemeine Bürgerliche Österreichische Gesetzbuch hat den römisch-rechtlichen Standpunkt gegenüber dem Staatseigentum (Unveräußerlichkeit und Unverjährbarkeit) aufgegeben. Zur Verhütung einer überall sich wiederholenden Entfremdung regelte, entsprechend auch an anderen Stellen oft eingeschärften Anordnungen, ein österreichisches Gesetz über das Verfahren in Rechtsangelegenheiten außer Streitsachen vom 9. August 1854 die Rückerwerbung von Amtsschriften aus den Nachlässen verstorbener Staatsbeamter, das freilich nur in unmittelbarem Zusammenhang mit der Nachlassabwicklung anwendbar war. Über diese Grenzen hinaus ging eine Verordnung der Gesamtregierung vom 16. Dezember 1858, die Behörden ermächtigte, öffentliche Archivalien, die bei einer Amtshandlung als Privaten gehörig oder zum weiteren Verkehr bestimmt erscheinen oder bezeichnet werden, sofern die Rechtmäßigkeit des Übergangs in Privatbesitz nicht sogleich nachgewiesen werden kann, zur Einleitung der gesetzlichen Amtshandlungen in Obhut zu nehmen, um denjenigen öffentlichen Anstalten, zu denen sie gehören, wieder zu ihrem Recht zu verhelfen.

Literatur

- Vgl. Ahasverus Fritsch über Archivtheorien.
- L. Bittner, Inventare, Bd. 1, sowie Lothar Groß (Archivschutz) unter Archivgestaltungstypen.
- Ernst Müller, Das Recht des Staates an seinen Archivalien, erläutert an zwei Prozessen des Preußischen Staates. Archival[ische] Zeitschr[ift], Bd. 36, München 1926, S. 164ff.
- Max Stois, Das Recht des Staates an privaten Archivalien, Archival. Zeitschr. 41, S. 159ff.
- Ludwig Bittner, Das Eigentum des Staates an seinen Archivalien (in: Festschrift Hans Nabholz. Zürich 1934).
- Artikel „Archive“ von Bornhak, in: Stengels Wörterbuch, unter Archiv.

7 Archivtheorien

Mit der napoleonischen Epoche war in größerem Umfange die Vernichtung der Existenz auf das Mittelalter zurückgehender Körperschaften und territorialer politischer Gebilde zum Abschluss gebracht, für deren herrenlos gewordene Archive sich nunmehr stärker den nach dem Wiener Kongress in ihrem Besitzstand erweiterten deutschen Staaten die Fürsorge aufdrängte.[17] Zugleich war die Auslöschung vieler alter Rechtstitel zu einer einschneidenden Vollendung gediehen, die bisher von den Archiven zur Verwendung bereit gehalten waren. Somit konnte man damals sagen, dass sie viel von ihrem „publicistischen" Charakter eingebüßt hatten. In dieser Lage und in der Auseinandersetzung mit der im Flusse befindlichen Gesamtorganisation des Archivwesens in Preußen unternahmen es drei preußische Archivare, der Geheime Staats- und Kabinettsarchivar L. F. Hoefer in Berlin [und] die Archivare des Provinzialarchivs zu Münster (vorher in Magdeburg) und zu Stettin H. A. Erhard und Fr. L. von Medem, in einer gemeinsam herausgegebenen Zeitschrift, jeder auf seine Weise, sich auf die Bedeutung und Aufgaben der Archive neu zu besinnen.[18]

Erhard hielt erst jetzt eine den Alten fremde wissenschaftliche Begründung des Archivwesens für möglich. Ihm war das Archiv eine „Sammlung" auf dem Wege der Geschäftsführung entstandener und als Belege für geschichtliche Verhältnisse dienender schriftlicher Nachrichten, zwischen zwei verwandten Instituten, den gleichen Zwecken dienenden, aber nicht

[17] Der Artikel beginnt, inhaltlich gesehen, mitten im Thema. Ein erster Teil, der sich mit den älteren Archivtheorie (16.–18. Jahrhundert) befasst hätte, liegt nicht vor. Literaturhinweise fehlen bei diesem unvollständig hinterlassenen Artikel. Sie wurden, soweit ermittelbar, vom Editor an den entsprechenden Stellen ergänzt.

[18] Zeitschrift für Archivkunde, Diplomatik und Geschichte. Hrsg. v. Ludwig Franz Hoefer, Heinrich August Erhard und Friedrich L. Freiherr von Medem. 2 Bde. Hamburg 1834/1836.

von Geschäften herrührenden Sammlungen der Bibliothek und der zwar geschäftlichen, aber keine abgeschlossenen Verhandlungen enthaltenden Registratur – trotz des Empfangs des Materials aus dieser der ersteren näherstehend. Damit war es ihm trotz aller Verwendung für Staatszwecke, die aber auch bei anderen wissenschaftlichen Sammlungen nicht fehlte, lediglich eine wissenschaftliche Anstalt. Möglich wurde eine solche einseitige Heraushebung des wissenschaftlichen Zwecks durch die mit dem Begriffe der „abgeschlossenen Verhandlungen" sich verbindende äußerste Einschränkung, dass sogar ihre Gegenstände nicht mehr fortexistieren dürften. Damit schien dann allerdings ihre nochmalige unmittelbare Hineinziehung in Geschäfte im wesentlichen ausgeschlossen und die Aussonderung eines nach dieser Seite hin im ganzen nur interessenloser Erkenntnis dienenden Materials möglich zu sein. Dazu zählte er im weitesten Umfange die Urkunden, auch die aus neuerer Zeit – für die Ausscheidung der bedeutungslosen unter ihnen Regeln mit stark konservierender Tendenz aufstellend. Auch die Akten schätzte er im Gegensatz zu älteren Auffassungen als historische Quellen hoch ein. Da aber die Kenntnis der Wege zu den Verhandlungsabschlüssen, die sie aufwiesen, nicht immer oder doch nicht stets in aller Ausführlichkeit erforderlich sei, waren seine eingehenden Grundsätze zur Kassation für sie weit einschneidender, wenn auch einen Mittelweg möglichster Vollständigkeit des Bedeutungsvollen erstrebend. Der Gesichtspunkt ihrer Erhaltung im Verwaltungsinteresse an sich kam für ihn wegen der auch für die Zwecke der Staatsverwaltung nur noch historischen Bedeutung des in das Archiv aufzunehmenden Materials in Fortfall. Er überließ es den Behörden, ältere, noch einer Fortführung fähige Verhandlungen der Altregistratur zu überweisen, die er aber nicht als ein Mittelglied zwischen Registratur und Archiv, sondern als einen integrierenden Bestandteil der ersteren, „als eine vom letzteren ganz unabhängige und einem anderen Zwecke dienende Anstalt" ansah (unter Verwerfung auch damaliger Einrichtungen von Filialarchiven oder Archivdepots für nicht der Forschung dienende Bestände).

Bei solchen den Archiven eigentümlichen wissenschaftlichen Zwecken wollte sie Erhard doch nicht nur ausschließlich „gelehrter" Forschung öffnen, auch die Administration, der ihr Stoff entstammte, sie nicht aus dem Auge verlieren lassen und sie deshalb nicht in Verfolgung seines Grundgedankens einer Universität anschließen, sondern unter voller Wahrung ihres

Charakters als freiständiger wissenschaftlicher Staatsanstalten nur der Aufsicht einer möglichst hohen Verwaltungsbehörde unterordnen.

Die historisch gewachsenen vielen Territorial- und Korporationsarchive wollte er nicht an ihren Orten belassen, sondern in großen Archiven zentralisieren, wobei allerdings in den größeren Staaten Zwischenanstalten, wie in Preußen, je ein Hauptarchiv für die Provinzen, eingeschaltet werden mussten, am Sitz des Oberpräsidenten, besser in Universitätsstädten, zumal diese meist alte Territorien geschlossen umfassten, die immer schon in äußeren Verhältnissen zueinander gestanden hatten. Im übrigen sollten alle Archive nach einem Gesamtplan als ein Ganzes eingerichtet, nach territorialer Pertinenz von einander abgegrenzt werden und entsprechend mit einander in Austausch treten.

Auch für die inneren Archivabteilungen war die territoriale Pertinenz nach historischen Landesteilen maßgebend. Jedoch bildete Erhard innerhalb der Urkunden eine besondere Abteilung nach lokaler Pertinenz für alle einzelnen Orte, kirchliche Anstalten, kleine Herrschaften und Ämter. Sie war alphabetisch und chronologisch gegliedert. Dagegen waren die größeren territorialen Abteilungen bei den Akten noch mehr als bei den Urkunden nach den in ihrem Vorkommen überall zu erwartenden Sachbegriffen unterteilt, unter Vorsehung von Einschubabteilungen für individuelle und örtliche Verschiedenheiten. Überhaupt sah Erhard sein für Magdeburg aufgestelltes Schema, das aber weder dort noch in Münster ganz durchgeführt ist, nicht als allgemein verbindlich, aber als zwar richtunggebend, aber variabel an. Wirklich ist es lange Zeit weithin vorbildlich geblieben.

Eine Ordnung nach der Provenienz lehnte Erhard ausdrücklich ab, da aus den gleichen Geschäftsstellen stammendes Material nur bruchstückartig überliefert sei. Soweit dies wirklich zutraf, war diese Entscheidung richtig: jedoch vergaß er dabei, dass seine Grundtendenz an sich die Registraturen lichten und auflösen musste. Er erwartete jedoch ein Heraustreten ganz neuer historischer Gesichtspunkte durch die Zusammenfügung verschiedenster Herkunftsteile nach wissenschaftlichen Betreffen, die bis zur Neuformung gemischter Aktenbände, nach Auflösung der geschäftlich gebildeten alten gehen sollte. Ein erhofftes „organisches Ganzes“ konnte allerdings so durch keine Art geschäftlicher Überlieferung, sondern nur durch den Kopf des Archivars zustande kommen, für den Erhard dann auch vielseitigste Ausbildung fordert. Was so zu entstehen begann, war im Endziel kein eigentliches Archiv, sondern mehr eine nach Auslese für wissenschaftliche Editionen präformierte Sammlung. Solche von Urkundenbüchern behielt Erhard dem Archivar selbst vor, während er weitere Publikationen, Forschungen oder geschichtliche Darstellungen von ihm nicht verlangte, wohl aber, dass er für sie und an seinem Teil auch für die Bedürfnisse der Staatsverwaltung sachkundigster Berater sei.

Auch von Medem wollte die alten Territorial- und Korporationsarchive in Staats-, Reichs-, Landes- und Provinzialarchiven zu neuen Institutionen mit veränderten, aber der Gegenwart zugewandten inneren Einrichtungen zusammenfügen. Sein Schema der Ordnung für das Provinzialarchiv Stettin sah daher die Auflösung der alten Archive und ihre sachlich-systematische Projizierung mit untergeordneter Verwendung der lokalen Pertinenz auf einer Ebene vor, die eine dauernde Aufnahme auch neueren Registraturmaterials nach kritischer Scheidung des Wichtigen vom Wertlosen in diese Zusammenhänge gestattete, wobei gewisse in den alten und neuen staatsrechtlichen Verhältnissen ähnliche Einrichtungen als immerwährend aufgefasst wurden. Er glaubte damit von einer rein theoretischen zu einer praktischen Klassifizierung überzugehen. Immerhin ließ er in den Unterabteilungen individuelle Abweichungen zu, und sein Ordnungsplan, der aber weder ausgeführt noch nachgeahmt ist, war in dieser Gestalt nur auf ein einziges Provinzialarchiv abgestellt. Der Provenienzgedanke trat nicht in seinen Gesichtskreis. Wenn er nun auch eine solche Ordnung als die Seele des Archivs auffasste, so sah er doch nicht die eigentliche und dauernde Tätigkeit des Archivars in ihrer Ausführung, da er von einer fortgesetzten Auflösung bisheriger Zusammenhänge und wiederholter Neuzusammensetzung nichts hielt und in einer Einfügung des neu zuströmenden Materials für sein System einen mehr automatischen Vorgang zu erblicken schien. Vielmehr schien ihm dessen Hauptaufgabe in der Bearbeitung des archivalischen Stoffs zu liegen, und gemäß den ihm hierfür vorschwebenden Zielen verlangte er von ihm neben guten Kenntnissen in der Diplomatik und den verschiedenen Zweigen der Geschichtswissenschaft einen Einblick in die gegenwärtigen allumfassenden Verhältnisse des Staats. Seine wissenschaftliche Forschung dachte er sich aber, abgesehen von diplomatischen Arbeiten, auf verschiedenartigste Monographien oder Vorbereitung für den

Ausbau der Landesgeschichte, besonders aber auf rechtsgeschichtliche Untersuchungen zur Förderung der Zwecke der Verwaltung zugleich mit denen der Wissenschaft gerichtet. Denn er hielt dafür, dass die Archive mit gleichem Recht der Wissenschaft wie der Verwaltung angehörten und also eine „gedoppelte Natur" hätten. Die Zwecke der Verwaltung und die materiellen Bedürfnisse der Gegenwart hielt er aber, wenn auch nicht für die wichtigsten, doch für die vordringlichsten. Die Erwägung eines Anschlusses an Universitäten und Akademien lehnte er nicht als grundlos ab, aber der Einreihung in die Verwaltungsbehörden gab er entschieden den Vorzug, zumal mit ihnen das Archiv seit der Differenzierung von der Kanzlei in gemeinsamer Entwicklung fortgeschritten sei. In der künstlichen einseitigen Abstempelung als wissenschaftliche Anstalten und der Einräumung von Befugnissen an Verwaltungsbehörden sah er einen inneren Widerspruch. Die Beschränkung des Archivs auf abgeschlossene Verhandlungen schien es ihm lückenhaft und der Forschung wenig Gewinn und Genuss eintragend zu gestalten.[19] Er erkannte an, dass viele seiner Teile im Gegensatz zu neuen Registraturen nur noch der Wissenschaft angehörten, aber für eine viel größere Menge stellte er dies als immerhin zweifelhaft hin. Trotz dieses Ineinanderfließens der Zugehörigkeitsbereiche unternahm er doch das „Wagnis" einer Grenzziehung. Die Urkunden sonderte er als eine innere Abteilung, deren Bearbeitung zugleich mit den Amtsbüchern und älteren Briefschaften dem Archivar allein zufiel, von der „Archivregistratur" ab, in der diesem ebenfalls die theoretische Bearbeitung für wissenschaftliche wie für Staatszwecke, die praktisch-materielle aber Archivregistratoren oblag. Die Einzelabteilungen dieser Archivregistratur standen gemäß dem Gesamtordnungsschema in einem planmäßigen Zusammenhang, und sie war den Einzelregistraturen der Behörden dauernd geöffnet. Beide Abteilungen bildeten aber, der Leitung des Archivars unterstehend, wieder ein unteilbares Ganzes, und v[on] Medem lehnte es ausdrücklich ab, das Archiv zum Anhängsel einer Registratur herabsinken zu lassen. Regierungsarchive, wie sie infolge Mangels rechtzeitiger Organisation in Verbindung mit reponierten oder Altregistraturen ausgebaut worden waren, wollte er als Zwischeninstitute nicht dulden. Vielmehr wollte er die Archive entsprechend ihrem komplizierten und von anderen Ressorts abgeson-

---

[19] Sic!

derten Aufgaben als selbständige Verwaltungsbehörden organisiert wissen. Ihrem Vorstand legte er auch bereits Befugnisse über die Archive der Städte, Kirchen, Pfarreien, aller öffentlichen Institute und Stiftungen sowie im Zusammenhange damit der Bereisung seines Amtsbezirks als königlicher Kommissar bei. Die Zweiteilung der Bestände und Zwecke schien ihm ausgeglichen durch die nach einheitlicher Methode sich vollziehende, aber im Staatsinteresse kulminierende Arbeit des Archivars, und wie ein frisches Nationalgefühl landesgeschichtliche Forschung,[20] schien ihm ein verjüngtes Staatsleben auch ein praktisches Interesse der Verwaltung an den Verhältnissen der Vorzeit und den älteren Archivbeständen an Stelle der bisherigen einseitigen Schätzung und Benutzung der neueren Registraturen erweckt zu haben.

Hoefer, der die frühere enge Registraturverbindung des Geheimen Staatsarchivs in Berlin mit dem Geheimen Rat, dem Königlichen Kabinett und dem Kabinettsministerium (späterem Ministerium des Auswärtigen) und seine darauf zunächst folgende Abgeschlossenheit von den lebenden Registraturen kannte, bedauerte nichts so sehr wie die allgemein frühe Loslösung der Sonderregistraturen vom Archiv als der ursprünglichen Einheit überhaupt. Der Missgriff der Trennung des eigentlich Unzertrennlichen habe Übelstände in der Aktenverwaltung, insbesondere Aktenstauung zur Folge gehabt, Abhilfe erwartet er von Anleitungen des Archivars für die Registratur und seiner Kenntnisnahme der später seiner Obsorge anheimfallenden Bestände. Zur sicheren Ermittlung der schon in den Registraturen zu beseitigenden Teile hielt er eine Zusammenarbeit zwischen Archiv und Registratur für nötig, als deren Vorstände er sachkundige Männer ohne Bedürfnis nach weiterer Instanz und Berufung begehrte. Sogar eine Hauptverwaltung des Registraturwesens für das gesamte Staatsgebiet hätte er gewünscht, die die Archivverwaltung in den ungeheueren Schwierigkeiten in der Organisation des Archivwesens besonders in den neu erworbenen Provinzen während der letzten 15 Jahre unterstützt hätte. Gewiss hielt er nunmehr abgesonderte Registraturen für die nicht an die Archive abzuliefernden Akten als Grundlage des Geschäftsganges und wegen Ungewissheit ihrer künftigen Verwendung der in ihnen noch zu erwartenden Bestände nicht für entbehrlich. Aber im übrigen müsse die Registratur als

20 Ergänze zum besseren Verständnis: „erweckte".

ein primäres, dem Archiv als ein ihm eng verknüpftes Institut nach gleichen Prinzipien in die Hände arbeiten, sich als seine wachsame Vorhut, als Unterabteilung für ihr Ressort im Hauptarchiv darstellen, wie denn auch manche nur vorübergehend in Erscheinung tretenden Institutionen Spuren nur als Unterabteilungen in größeren Archiven hinterließen. Eine Trennung in dem Sinne, dass der Gegenwart dienendes Material, überhaupt solches, auf das der laufende Dienst noch einmal zurückkommen könnte, dem Archiv grundsätzlich entzogen bliebe, verwarf er schlechthin. Dadurch würde dieses, in das noch immer Staatsverträge und Generalia innerer Staatsinstitutionen unmittelbar abgeliefert wurden, seiner praktischen Seite ganz beraubt und nur Geschichts- und anderen Forschern als eine Antiquitätenkammer geöffnet werden, was seiner Bestimmung durchaus nicht entspräche. Andererseits böte auch das Alter des Materials keinerlei Kriterium, und da kürzlich noch Karolingische und Ottonische Urkunden zu Verwaltungs- und Rechtszwecken verwendet seien, würde daraus folgen, dass auch diese ehrwürdigen Dokumente noch in die Registratur gehörten. Aber nur Normen für die Ordnungen und Instruktion für die Aufnahme des Materials und die inneren Einrichtungen der Archive hält er für möglich, das Nähere sei den einzelnen Anstalten zu überlassen.

Einigkeit bestand dennoch unter den drei Männern, dass das Archiv nunmehr aus alten Bindungen im Behördenkörper sich löse und als eine selbständige Institution mit eigenem Amtsbereich, einem Archivsprengel, hervortrete. Auch wegen der Ausschließung gewissen Registraturmaterials an sich vom Archiv unter dessen Mitwirkung oder nach seiner Entscheidung waren sie gleicher Meinung. Ihre Differenz über seine Stellung als wissenschaftliche Anstalt oder als Verwaltungsbehörde war in ihrer Diskussion noch von der geringsten praktischen Bedeutung. Zu leugnen war allerdings nicht, dass die Archive in dem Boden, aus dem wissenschaftliche Anstalten wuchsen, nicht wurzelten. Hier waren sie nicht autochthon. Nicht deshalb, weil ihr Inhalt nicht wie derjenige der Bibliotheken aus dem Willen entsprang, Auffassungen, Kunde, Wissen zu vermitteln. Einen der Wissenschaft fremden Ursprung, der nicht hinderte, ihn gleichwohl zu ihrem Stoff zu machen, hatten sie mit allen Überresten, ja mit den Gegenständen der Natur gemein. Aber alle Freigabe in der Benutzung der Archivalien für historische Forschung schon vom Altertum an, die freilich weithin mit politischen Zwecken zusammenhing, die frühe Bezeichnung der Archive als wissenschaftliche Anstalten, ja als literarische Institute, die Tatsache, dass sie nicht zu den Behörden mit obrigkeitlichen Befugnissen gehörten, dass sie wegen der Verwaltung von öffentlichem Vermögen sich in der gleichen rechtlichen Lage wie andere öffentliche wissenschaftliche Sammlungen befanden, auch die Unterstellung unter [das] Kultusministerium, der Anschluss an Universitäten und Akademien konnte etwas daran ändern, dass sie, auch die Auslese-Archive unter ihnen, nicht wie sonstige Sammlungen von Überresten als wissenschaftliche Sammlungen entstanden waren und im wesentlichen sich fortbildeten. Selbst Erhard hatte die letzten Bindungen an Verwaltungsbehörden und Registraturen nicht abstreifen können. Aber sie waren in eine Region hineingewachsen, in der wie eine Krönung ihrer Jahrhunderte alten Aufbauarbeit und der nicht eigentlich aus der staatlichen Sphäre heraus zuerst angeregten Aneignung kritisch-historischer Methoden ihrer Beamten für den inneren Dienst zu der juristisch-dogmatischen hinzu allmählich in steigendem Maße → *Archivalische Forschung* allgemeiner, aber nicht ohne weitere Fesselung durch die Staatsräson freigegeben wurde. Es handelte sich um einen Akt der Übertragung, als eine neue glückliche Kulmination in ihrer Entwicklung. Aber deshalb war die Überordnung des Staats- oder sonstigen geschäftlichen Zwecks nicht aufgegeben. Sie konnte lange für dies oder jenes Gebiet zurück-, aber schließlich weithin auch wieder hervortreten.

Praktisch bedeutsamer war, dass hier zum ersten Male → *Archivische Zuständigkeit* zum Gegenstand theoretischer Erörterungen gemacht war. Für Erhard war sie durch abgeschlossene Verhandlungen über jetzt tote Gegenstände bestimmt, für von Medem und Hoefer durch Registraturen, die lebendige geschäftliche Zusammenhänge in sich bergen konnten. Deren Wahrung durch ihre Aufstellung als selbständige Archivabteilungen sah von Medem nicht vor. Bei Hoefer wurde eine Entscheidung darüber letzthin nicht deutlich; jedenfalls wurde sie im Geheimen Staatsarchiv zunächst nicht durchgeführt. Denkbar blieb immer, dass Zuständigkeit und Gliederung in Archivabteilungen, überhaupt → *Archivische Ordnungsprinzipien,* in sich verschieden nach Provenienz oder Pertinenz ausgerichtet waren.

Die Ordnungsschemen Erhards und von Medems waren von historischen Auffassungen nicht unberührt, brachten aber als solche einen grundsätzlichen Fortschritt kaum. Das → *Provenienzprinzip* ist also ohne nähere theoretische Vorbereitung praktisch eingeführt worden. Zwar war es vorher als solches nicht unerkannt geblieben und auch wohl beachtet, aber in seiner vollen Bedeutung nicht erfasst worden. Nachdem dies im Geheimen Staatsarchiv geschehen war, machte doch der Überschwang, dass nunmehr an Stelle des lange gesuchten allgemeingültigen Ordnungsschemas eine allgemein gültige Norm gefunden sei, schließlich wieder einer gewissen Ernüchterung Platz. Nicht nur, dass es sich für die alten Bestände, etwa solche großer gemischter Sachrubriken, die man in der Literatur wohl als einer Schubfachtheorie entsprungen bezeichnete, in vollem Umfange nur schwer durchführen ließ. Es war im Falle ihrer unlöslichen Bindung an eine volle Erschließung durch älteste Registratur- oder Archivbehelfe auch technisch nicht immer anwendbar. Überhaupt ist es in seinem unveränderten Fortbestehen von der Weiterentwicklung des Registraturwesens nicht völlig unabhängig. Theoretisch wäre vorstellbar, dass eine durchgängige Anwendung der Dezimalklassifikation in vertikaler Richtung zu einer Zusammenfügung gleichartiger Betreffe über- und untergeordneter Stellen des gleichen Ressorts in gewissem Umfange führen würde. Dass das Provenienzsystem in seiner innerlichsten Auffassung sich aber auch bei einer Umordnung ältester, in genügender Fülle vorliegender Aktenmassen vom 16. Jahrhundert ab voll bewähren konnte, ist praktisch erprobt worden. Grundsätzlich war also auch kein alter Archivbestand nur um der Erfüllung einer älteren Ordnungsschicht von seiner Anwendung ausgeschlossen, wenn sie sich auch notgedrungen in engen Grenzen hielt. Denn immer wiederholte Neuordnungen gehörten längst als Etappen zur Archiv- wie Registraturgeschichte, und die Festhaltung eines archivischen oder vorarchivischen Urzustandes konnte kein schlechthin maßgebliches Prinzip sein. Andererseits ist man aber schließlich auch nicht ohne Grund zu theoretischen Erörterungen darüber gekommen, in welchen Fällen eine grundsätzliche Abweichung von der Provenienz für den praktischen Archivdienst nützlicher sei.

Einen sehr glücklichen Gedanken für die theoretische Begründung des Provenienzprinzips schienen die Holländer Muller, Feith, Fruin 1898 in scharfer Absetzung von künstlichen und mechanischen Ordnungsgrundsätzen gefunden zu haben, indem sie das Archiv (oder eine Archivabteilung) als einen Organismus bezeichneten, der nicht geschaffen sei und zu dessen Einrichtung die Regeln nicht vom Archivar von vornherein aufgestellt werden könnten, sondern den er studieren müsse, um die Regeln festzustellen, nach denen er sich gebildet habe.[21] Dieser Gedanke schien in der Richtung eines Vorschlags zu liegen, den Theodor von Sickel schon um die Mitte des 19. Jahrhunderts einer Archivkonferenz in Wien ergebnislos unterbreitet hatte, nämlich die Archivkörper so zu ordnen, wie sie sich entwickelt hätten.

Wie weit nun allerdings eine Archivabteilung vergleichsweise als ein Organismus ein Ganzes sein konnte, dessen Teile so unzertrennlich mit ihm verbunden waren, dass sie nur in und mit ihm begriffen werden konnten, hing sehr von der Fülle ihrer Überlieferung und ihrer Form ab. An sich bestand sie nur aus Überresten von Willensakten, die aber nie lückenlos die Totalität aller mit ihnen dereinst verbundenen Vorgänge enthielten. Insofern waren sie selbst im besten Falle weniger als ein Ganzes. Andererseits konnte eine lange Zeit fortgeführte Registratur mehr zum Ausdruck bringen als die einfachsten Erfordernisse eines Organismus, nämlich einen Wandel von Willensakten einander folgender oder mit einander wirkender Individualitäten in ihrem eigensten Sein und ihren Zielen ebenso wie den der sie bestimmenden Ideen, der überpersönlichen und sittlichen Mächte. Die Frage war allerdings, wie weit der Fortbau der Registratur auch ausdrucksvolle Formen für solchen Wandel geschaffen hatte. Jedenfalls enthielt jede Registratur in ihrem Inhalt wie in ihren Formen irgendeine Entwicklung, allerdings eine solche, die nicht von ihren Anfängen aus und aus ihrer geschäftsführenden Stelle allein, sondern auch von anderen Kräften bestimmt worden war. So war freilich nicht die Auffassung der Holländer. Sie setzten voraus, dass aus den Bedürfnissen der ersten Begründer einer Geschäftsstelle allein auch der passendste Ordnungsplan für ihre Registratur sich hätte bilden müssen, mit dem ihre weiteren Formen im voraus gegeben worden seien. Damit handelte es sich hier nicht um den Gedanken der historischen Entwicklung, sondern um den selbst für die pflanzlichen Organismen nicht unbeschränkt zutreffenden einer Entfaltung ausschließlich aus dem ersten Keim heraus.

---

[21] Samuel Muller/Johan Adriaan Feith/Robert Fruin: Handleiding voor het ordenen en beschrijven van archieven. Groningen 1898 (Übersetzung ins Deutsche: Anleitung zum Ordnen und Beschreiben von Archiven, bearb. v. Hans Kaiser. Leipzig 1905.).

Hier setzte 1930 die Kritik des schwedischen Archivars Carl Gustaf Weibull ein.[22] Er war nicht der Meinung, dass die ursprüngliche Ordnung immer die beste gewesen sei, dass man vielmehr oft ohne ein durchdachtes System begonnen habe. Er warf den Holländern vor, dass es ihnen nur um Rekonstruktionen und Restaurieren ginge, wie nach ihrem eigenen Vergleich dem Paläontologen um die Wiederherstellung des Skeletts eines vorweltlichen Tieres. Darüber traten bei ihnen die Benutzbarkeit, die Möglichkeit schneller Beantwortung vielseitiger Fragestellungen zurück. Es zeigte sich in der Auseinandersetzung, dass es sich für Weibull wie für die Holländer überwiegend noch um Serien handelte, die ja die wirklichen Vorzüge einer Provenienzwahrung gar nicht zur Erscheinung zu bringen vermochten, auf die aber die letzteren die Grundsätze des preußischen Registraturprinzips nach dem Regulativ von 1881 zur Anwendung gebracht hatten. So sehr Weibull die Erhaltung der Herkunftsgemeinschaft durch die Holländer lobte, so starke Einwände hatte er gegen die Verknüpfung alter Normalzellen der ersten Ordnung mit ihr. Die Holländer erkannten zwar die Überlegenheit der Sachakten, der Dossiers, gegenüber den Serien an sich an, hielten aber daran fest, dass das Gerippe einer Registratur, die festen Bände, für die Ordnung wenigstens der Hauptabteilungen der losen Stücke, abgesehen von den Unterabteilungen mit Sonderbetreffen und Teilen ohne erkennbare Ordnung, entscheidend sein müssten. An feste Serien von Protokollbüchern könnten sich als Hauptabteilungen auch nur ebensolche loser Art anschließen. Selbst bei Abweichung einer alten Registraturordnung von der Behördenordnung sollte die erstere maßgebend sein. Eine völlige Neuordnung wollten sie nur zulassen, wenn kein älteres System überliefert wäre. Weibull sah darin einen doktrinären Gesichtspunkt der Stilreinheit. Er gab zwar zu, dass nicht alle Serien, insbesondere nicht die gebundenen, nach dem Dossiersystem sich umwandeln ließen, empfahl dies aber dort, wo es möglich war, für die losen und die Herstellung besonderer Behelfe für die in Serienform bleibenden Teile.

Was nun den anderen Partner des „preußisch-holländischen Systems“ anlangte, so wies Weibull auf die weitgehende Ausschließung der alten Bestän-

---

[22] Carl Gustav Weibull: Arkivordningsprinciper. Lund 1930. In dt. Spr.: Archivordnungsprinzipien. Geschichtlicher Überblick und Neuorientierung. In: Archivalische Zeitschrift 42/43 (1934), 52–72 (mit einer Stellungnahme von Robert Fruin).

de von der Anwendung des Regulativs von 1881 und die durch praktische Gründe bedingte, 1897[23] angeordnete Ausnahme vom Provenienzprinzip in der Abgrenzung der Staatsarchive in den Provinzen gegeneinander hin (nach dem Grundsatz: Registraturen dürfen, aber nach ihrer territorialen Pertinenz, geteilt, aber nicht vermischt werden, was neuerdings modifiziert worden ist). Im Übrigen stellte er auf Grund dessen, was Bailleu noch 1902 über das preußische Prinzip öffentlich ausgeführt hatte, fest, dass es sich auch im deutschen Archivwesen nur um Herstellung ursprünglicher Ordnung handele, der Forschungsgesichtspunkt aber nicht zugrunde gelegt sei.

Seinerseits empfahl Weibull als Vorbild das rationelle und einheitliche, jedoch die Herkunft berücksichtigende Klassifizierungsprinzip der Franzosen, obwohl er zugab, dass diese Respektierung der Fonds nicht mit wünschenswerter Strenge nach dem Zirkular von 1841 durchgeführt und auch sonstige Ausstellungen[24] an ihrem Verfahren nicht abzulehnen seien. Wie sie wollte er die Fragestellung als richtunggebenden Grundsatz ansehen, den Forschungsgesichtspunkt nicht durch den einer Widerspiegelung des Lebens und der Entwicklung einer Behörde als Selbstzweck zurückdrängen lassen. Deshalb kam es ihm auf die Aufstellung eines Schemas nach dem Dossiersystem mit logischer Schärfe an, unter Ausschließung der Konkurrenz der verschiedenen Sachgruppen untereinander und der Offenhaltung weiteren Ausbaus für Zuwachs. Die Hauptsachgruppen wollte er alphabetisch einander folgen lassen, die Reihenfolge der Untergruppen nach der Weise der Franzosen im Fortschreiten vom Allgemeinen zum Besonderen, vom Wesentlichen zum Unwesentlichen bestimmen und sie, je nach dem eine Fragestellung an sie zeitlich, örtlich oder personell bedingt wäre, chronologisch, topographisch oder alphabetisch klassifizieren. Das hieß nun allerdings, die Akten logisch in Gattungen zerlegen, nicht ihre Bildung und Ordnung durch in ihren Ausprägungen individuelle geschäftliche Willensakte bestimmen lassen.

---

23 Sachlich richtig ist: 1907. – Durch das „Regulativ“ von 1881 wurde das Provenienzprinzip in der strengen Form des Registraturprinzips im Geheimen Preußischen Staatsarchiv Berlin eingeführt. Das hier erwähnte Territorialprinzip ergänzte im Jahr 1907 einen Runderlass von 1896, der den preußischen Provinzialarchiven empfohlen hatte, die für das Geheime Preußische Staatsarchiv gefundene Regelung zu beachten.

24 Gemeint: „Ausnahmen“.

Fruin, als Überlebender der holländischen Theoretiker erwidernd, sah eine Gruppierung nach dem Betreff der Fragestellung immer als willkürlich und von der persönlichen Ansicht des Archivars abhängig an und bemerkte dazu, dass dabei immer irgendwelche Kategorien von Fragestellungen zum Nachteil anderer bevorzugt werden müssten. Auch an einen zeitlichen Wandel in diesen Kategorien hätte man hierbei denken können. Nach ihm waren die Archive in erster Linie für die Aufklärung der Verwaltungstätigkeit da, wofür ihre Einteilung von der frühen Verwaltung selbst erprobt sei. Für andere Bedürfnisse müssten Verzeichnisse und Indices geschaffen werden. Ein Dossiersystem könne niemals vollständig durchgeführt werden, und die Forschung müsse wegen der Möglichkeit des Verlustes loser Stücke doch immer erst von festen Serien, etwa von gebundenen Sammlungen der Beschlüsse und Rechnungsbände aus und von da zu den losen übergehen. Eine äußerste Sachordnung schien ihm die Gefahr einer neuen Provenienzmischung heraufzuführen und den Herkunftsgrundsatz ins Wanken zu bringen.

Seitens des Preußischen Geheimen Staatsarchivs betonte Georg Winter, dass man 1881 in den Ministerialregistraturen Körper von feinster sachlicher Differenzierung von den Arbeitsgebieten der Behörde entsprechenden Abteilungen über Hauptgruppen, Untergruppen, Sektionen, Titel bis zu den Akten der einzelnen Betreffe herab habe erhalten wollen, wie sie in keinem Dossiersystem besser ausgedacht werden könne.[25] Die Beibehaltung der Signaturen habe den Verkehr mit den Behörden, besonders aber die Forschung durch die damit ermöglichte Benutzung der wichtigen Registraturbehelfe, der Geschäftstagebücher und der zu ihnen gehörenden Indices erleichtert. Was Weibull an logischen Gliederungen forderte, meinte Winter, würde in solcher Registraturordnung wie selbstverständlich sich einstellen, wenn es im Verwaltungsmäßigen wirklich begründet sei. In der Aufstellung solcher Grundsätze an sich sah er einen Widerspruch zu dem, was jener sonst noch über einen organischen Anschluss der Sachgruppen an die Tätigkeit der Behörde gesagt hatte. Jenes preußische Registraturprinzip verfolge aber gerade den Zweck, der archivalischen Forschung und der historischen Erkenntnis die sichersten Grundlagen, mit den registratur-

[25] Georg Winter: Archivordnungsprinzipien. In: Korrespondenzblatt des Gesamtvereins der deutschen Geschichts- und Altertumsvereine 78. Jg. (1930), Sp. 138–147.

mäßigen Zusammenhängen in der Behandlung politischer Fragen oder Vorgängen der inneren Verwaltung möglichst die Übersicht und die Zusammenschau, die vordem in der lebenden Behörde bei den handelnden Personen selbst vorhanden war, vergleichbar zu geben. Auch Winter [nennt] eine derartige Registratur mit besserem Recht als die Holländer die ihrige einen Organismus, dessen Verletzung ihm lebendige Kräfte entziehen würde. Jedoch sah er die archivarische Ordnungstätigkeit nicht auf seine Konservierung in der Aufstellung beschränkt, sondern als weitere Aufgabe Zustandsbeschreibungen und eine große wissenschaftliche Analyse der Bestände an.

Andererseits gab er zu, dass die Anwendung eines derartigen Prinzips eine gewisse Höhe technischer Registraturvollkommenheit voraussetze. Falls sie nicht vorliege, sei zu erwägen, ob eine Aufgabe des alten Ordnungszustandes und eine Neuordnung und die Ersetzung der alten Registraturhilfsmittel durch einen Index zu den Betreffen der Einzelvorgänge sich lohne. Er wies aber auch auf die dauernde Bewegung einer großen modernen Registratur hin, die neue Sachgruppen heraustreibt und andere wieder verschluckt oder modifiziert. Wie weit sich Weibulls Dossiersystem, das er auch auf die Registraturen in den Behörden, nicht nur auf abgeschlossene angewandt wissen wollte, sich gegenüber solchen Verhältnissen praktischer Anforderungen anpassen müsste, war eine weitere Frage. Er schien Winter nicht alle Probleme des Registraturprinzips in der Tiefe gepackt zu haben. Jedenfalls konnte ein Zuwachs an Geschäften, ein Verlust von Ressorts und ein Tausch von Zuständigkeiten ein Wandern der Akten von Referat zu Referat, Zerreißung ehemaliger Zusammenhänge und Unübersichtlichkeit zur Folge haben. Dann war nicht Erhaltung des vorgefundenen Zustandes, sondern eine zwar nicht freischaffende, sondern im engsten Anschluss an die Systematik der Registraturgruppen vorgefundene Neugliederung am Platze. In diesem Zusammenhange gedachte Winter auch des Bär'schen Prinzips, dessen Anwendung er besonders für gelichtete und zersplitterte Bestände, auch für ältere Registraturen von Provinzialbehörden empfahl, bei deren Benutzung Journale und Indices nicht von großer Bedeutung sind. Die Zweifel Weibulls an der Unbedingtheit der Wiederherstellung oder Erhaltung ursprünglicher Ordnung gegenüber den Holländern hielt Winter für berechtigt. Auch für besonders geartete preußische Sachregistraturen wollte er, so fasste er zusammen, in Bezug auf die Anwendung dieses Registraturprinzips Ausnahmen und innerhalb gewisser Archivkörper streckenweise Abweichungen zulassen; sonst hielt er es aber in seiner berlinisch-holländischen Auffassung als Ausgangspunkt archivarischer Überlegung weiterhin für unerschüttert.

Indessen konnte Weibull Fruin gegenüber auf eine an anderer Stelle später gegebene Formulierung Winters hinweisen, wonach es besonders aus älterer Zeit so systemlose, törichte und unbrauchbare Registraturen gäbe, dass man mit deren Erhaltung das System nicht zu Tode reiten dürfe; dann käme nur eine Neuordnung in Frage. Winter aber hielt er vor, dass demnach die Einführung des Provenienzprinzips in Preußen nicht durchgängig zu dem Idealzustand geführt habe, den er selbst gezeichnet hatte. Nach allem konnte es scheinen, als ob man hier über ein System von Aushilfen nicht hinausgekommen sei. In Wahrheit lag aber ein Gegensatz grundsätzlicher Art zwischen beiden Teilen vor. Die Preußen und Holländer wurden, wenn auch in verschiedener Weise und mit verschiedenem Ergebnis, vom Entwicklungsgedanken bestimmt, die Franzosen und Weibull aber durch ein ihm fremdes normatives Denken.

Hier wäre es nun die Frage, ob nicht auch für ein von dem französischen abweichendes, aber gleichfalls neu schaffendes Verfahren eine Norm aufgestellt werden könne und müsse. Das Registraturprinzip, soviel war nach dieser Auseinandersetzung klar, könnte weiterhin nur kritischer Ausgangspunkt sein. Die Erhaltung der Provenienz hatte nicht um ihrer selbst willen, sondern nur um gewisser Auswirkungen willen ihren hohen Wert in ganzer Tragweite. Wies eine überkommene Registratur solche Auswirkungen wenig oder gar nicht auf, so war ihre Erhaltung mehr oder minder von geringerer Bedeutung oder an sich selbst wertlos, unter Umständen, besonders bei Zersplitterungen, den Archivdienst erschwerend und hemmend. Wenn in ihr nachträgliche Ausgleiche keine Abhilfe schaffen konnten, sie vielmehr völlig umgeordnet oder als ohne Ordnung überliefert neu geordnet werden musste, so galt es in einem einmaligen neuschöpferischen Akte Formen zu finden, die sich nicht entwickelt und die niemals existiert hatten, aber deren Auswirkungen gleichwohl denen der aus einem langen Entwicklungsprozess hervorgegangenen hochwertigen Registraturen völlig gleichen mussten. Sie konnten nur nach einem an Registraturen nicht mehr gebundenen freien, innerlichen Provenienzprinzip geschaffen werden. Wie sind die Normen zu formulieren, durch die dieses bestimmt wird?

Hier wäre nur die Besinnung auf eine längst für ein weit allgemeineres Gebiet errungene, zu den bisherigen Auffassungen nicht in Widerspruch stehende, aber von den französischen Prinzipien sich absetzende Methode möglich. Nicht eine logische Gliederung einer aus ihren überlieferten Bindungen gelösten Masse – von den Problemen des Gebrauchs der Dossiers Weibulls in den Behördenregistraturen abgesehen –, je nach der Gattung der Archivalien unter Berücksichtigung der jeweilig für diese gegebenen, aber nicht aus einem vorangegangenen individuellen Verlauf der Geschäfte notwendig sich ableitenden, sondern ihrem Wesen nach immer von außen herangebrachten Fragestellung könnte sie lehren. Nicht logisch das in allem Wandel Bleibende, sondern genetisch das auch im Bleiben sich Wandelnde gilt es herauszuheben.

Solche aufgelösten Registraturbestände sind Überreste menschlicher, individueller, geschäftlicher Willensakte, die in ihrem besonderen Sein und in der sachlichen Ausprägung ihrer Ziele nicht durch logische Kategorien, sondern nur durch die Erkenntnismittel für die menschliche geschichtlich-sittliche Welt, durch ein kongeniales Verstehen des Ganzen aus dem Einzelnen und des Einzelnen aus dem Ganzen voll ergriffen werden können, wobei ein logischer Mechanismus nur untergeordnet und unbewusst mitwirkt. Ordnen heißt dann Zusammenfügen dieser Überreste nach möglichst erfasster Kontinuität der von ihnen überlieferten Willensakte und der Betreffe ihrer Ziele und nach ihren in möglichster Feinheit aufgespürten Differenzierungen, nach inneren individuellen und genetischen Zusammenhängen. Eine nur in so allgemeiner Fassung mögliche Methodologie für die Kritik an den Registraturen und für deren weitere Behandlung kann freilich innerhalb gehäufter praktischer Schwierigkeiten, zu denen auch die Frage der Ersetzung der Registraturbehelfe gehört, nur richtunggebend sein und wird ein abgestuftes Verfahren nach besonderen praktischen Anweisungen neben dem eigensten zulassen müssen.

Bei der Anwendung solcher Grundsätze kann es aber keine Spannungen zwischen dem Forschungsgesichtspunkt und der Widerspiegelung des Wesens der Geschäftsstellen geben, von denen diese Überreste stammen. Beides fällt ineins zusammen. Auf dem Wege über das Verstehen geschäftlicher Willensbildung und aus ihr ermittelter geschäftlicher Wege und Pläne für die Verhandlungen sowie einer hiernach aufgestellten sachlichen Ordnung müssen auch alle richtigen Fragestellungen jeder Art ohne Bevorzugungen und Benachteiligungen der einen oder anderen, ausnahmslos auf gleichen, nicht auf getrennten Wegen, zu dem überhaupt erreichbaren Ziele führen.

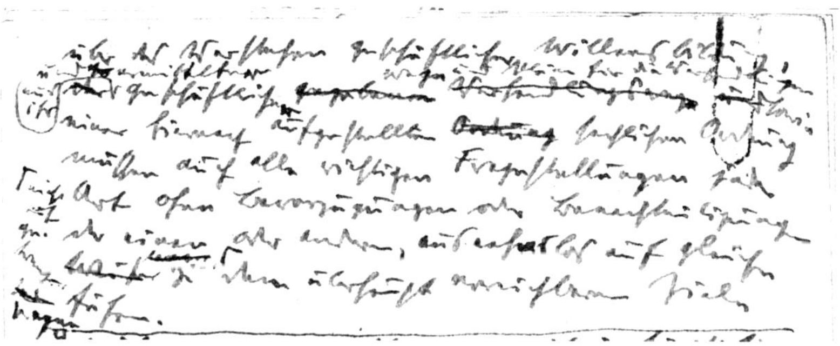

Abbildung 4: Adolf Brenneke: Artikel „Archivtheorien". Manuskript, letzte Seite Auszug zum freien Provenienzprinzip.

8 Provenienzprinzip (archivischer Herkunfts- oder Erwachsungsgrundsatz)

Archivalien, deren Gattungen die → *Archivarische Terminologie* unterscheidet, werden als Überreste einstmaliger geschäftlicher Willensakte in ihrer jeweiligen Besonderheit nach zwei Seiten hin festgelegt. Einmal durch die Individualität der geschäftsführenden Stelle – Einzelperson oder Institution –, aus der diese Willensakte in ihrer Begegnung mit fremden Willensakten hervorgingen, durch ihre Provenienz. Sodann durch die Gegenstände ihrer Geschäfte (letztere als Möglichkeiten, Geschichte zu werden, verstanden), auf die diese Willensakte hinzielten, ihren Betreff, ihre Pertinenz.

Einheitliche Provenienz liegt vor, wenn die Archivalien, die bei derselben Geschäftsstelle entstanden sowie als Niederschlag nach außen von ihr verlautbarter Willensakte verblieben oder die an sie als Empfänger gerichtet waren, beisammen gehalten sind. Ferner können zu solcher Einheit auch Archivalien ursprünglich fremder Herkunft gehören, wenn sie zu geschäftlichen Zwecken mit oder ohne deren förmliche Bekundung an jene Geschäftsstelle gelangt waren. Gestört ist solche Provenienz dagegen, wenn derartige Archivalien ohne geschäftlichen Zusammenhang nachträglich eingemischt sind.

Die Pertinenz konnte in verschiedener Weise bezeichnet werden, durch das Mittel der Personen oder Institutionen, ferner der Örtlichkeiten (lokale, topographische Pertinenz), an die sich geschäftliche Zwecke knüpften, schließlich unmittelbarer, jedoch mit geringerer oder größerer Treffsicherheit durch Sachbegriffe (sachliche Pertinenz), am vollkommensten, wenn durch diese die Geschäftsziele in der durch die Überlieferung zugelassenen Kontinuität der geschäftlichen Willensakte zum Ausdruck kommen.

Das Provenienzprinzip fordert, Archivalien in dem Zusammenhang zu belassen, in dem sie im Geschäftsgang erwachsen sind, und ordnet also den Gesichtspunkt der Pertinenz dem der Provenienz unter, in der durch die

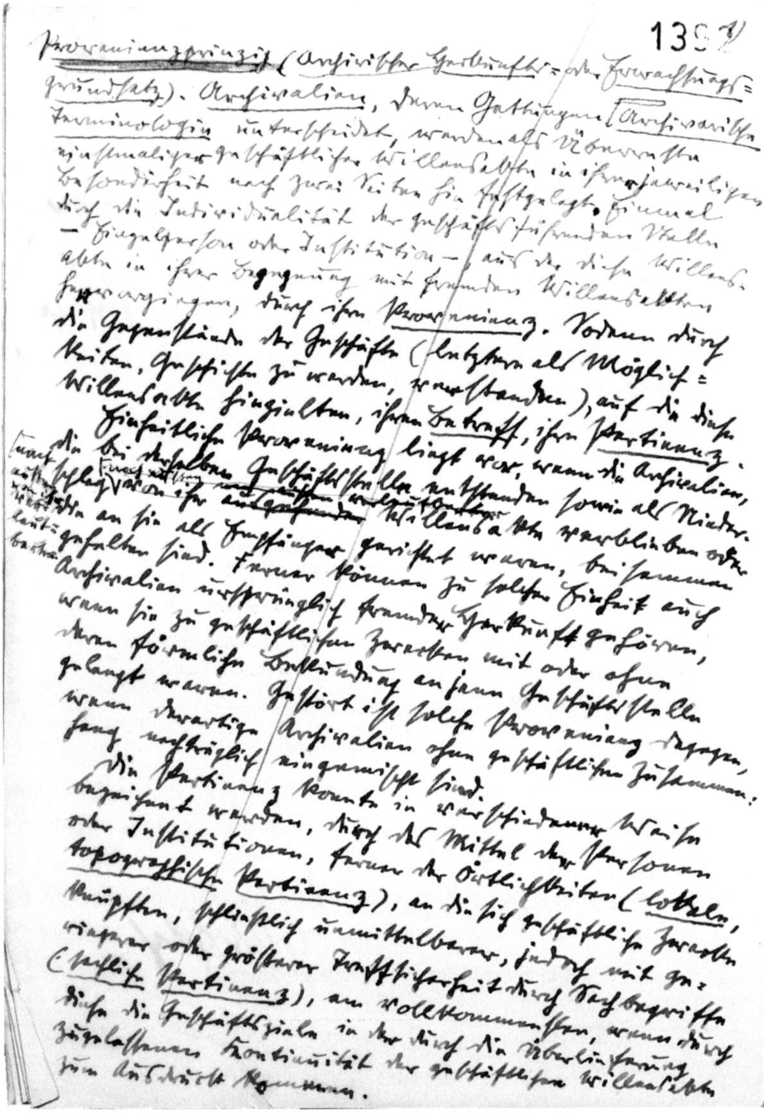

Abbildung 5: Adolf Brenneke: Artikel „Provenienzprinzip". Manuskript, erste Seite.

→ *Archivtheorien* begründeten Erkenntnis, dass sich eine Kontinuität geschäftlicher Willensakte immer nur jeweilig und wechselweise vom Standpunkt einer unvermischten Herkunft aus gewinnen lässt. Die mannigfaltigst hervorgetretenen Beziehungen zwischen Provenienz und Pertinenz weist die Entwicklung der → *Archivischen Ordnungsprinzipien* nach. Jedoch ist das Provenienzprinzip nicht nur ein Ordnungsgrundsatz. Vielmehr ist das Verhältnis zwischen Provenienz und Pertinenz durchgängig grundlegend für den jeweiligen Stand des Archivwesens überhaupt. Auf dem Wege über die Bestimmung der → *Archivischen Zuständigkeit* wird dies Verhältnis nicht minder entscheidend für die jeweilige Abgrenzung der Archive gegeneinander, für die Herausbildung verschiedener → *Archivgestaltungstypen*, mithin auch für Organisationsgrundsätze.

Aber auch für → *Archivalische Forschung* ist die Frage der Provenienz sowohl nach der Seite der Organisation wie der inneren Ordnung hin von Bedeutung, da ihre Erhaltung am sichersten zu dem vollständigsten Überblick über die Forschungsgegenstände führt und der nur durch den Herkunftszusammenhang unmittelbar mögliche Weg über den Verlauf der Geschäfte und die in ihm mehr oder weniger gegebene Kontinuität geschäftlicher Willensakte die vollkommenste Erfassung der Forschungsziele erleichtert. Bemühung sonstige historische Arbeiten vorbereitender Forschung ist es daher auch gewesen, den Verbleib und den Zusammenhang weithin durch geschichtlichen Verlauf zerstreuter Teile einheitlicher Herkunft aufzuweisen (z. B. der Kanzlei-Registraturen Kaiser Karls V.).

Literatur

– Vgl. die unter „Archivtheorien“ angeführten Schriften über das Provenienzprinzip.

9 Dynastische Archive

Dynasten und weltliche Fürsten, welchen Ursprungs auch ihre Gestalt war, wenngleich nicht so schutzbedürftig wie die kirchlichen Anstalten und die Städte in ihren Anfängen, konnten sich, je mehr ihnen von den verschiedensten Seiten her eine rechtliche Fixierung ihrer Stellung aufgenötigt wurde oder Rechts-, politische und wirtschaftliche Entwicklung das Interesse, ihrerseits eine solche zu erzwingen, an sie heranbrachte, nicht so lange unabhängig von urkundlichem Empfangsmaterial fühlen wie die Reichsherrscher. Ihre Privilegien und Lehnsbriefe vom Reich, alle ihre Beziehungen zu geistlichen Stiftern und Klöstern, Kirchenfürsten, ihren Standesgenossen und weltlichen Nachbarn, Reichsstädten, ihrer Herrschaft unterworfenen Städten und aus ihr heraus gebildeten Städten, ihr Allodialbesitz, Patrimonialregiment, eigenkirchliche Rechte und ihre Nutzungen, ihre Erb- und sonstigen Auseinandersetzungen im eigenen Hause angehende Urkunden und Verträge, vornehmstes Empfangsmaterial überhaupt, abgesondert sicherzustellen, konnte auch sie nicht unbekümmert lassen.

So haben sich denn die Keime der Archive weltlicher Fürsten zwar weit später entfaltet als die des → *Kirchlichen Archivwesens*, an dessen Einrichtungen solche geistlicher Fürsten sichereren Anschluss finden konnten, und sind darin auch z. T. erheblich hinter den → *Stadtarchiven* zurückgeblieben, den wirklichen Anfängen von Reichsarchiven allerdings weit zuvorgekommen. Auch als sie vom 12. Jahrhundert ab etwa schon aus eigener Kapelle heraus sich geistliche Notare, Hofnotare, Protonotare, Kanzler zur Verfügung hielten und nach den Bischöfen als Aussteller die Privaturkunden neben dem päpstlichen und kaiserlichen Urkundenwesen zu neuer Geltung brachten, nicht nur durch Siegelung und Fertigung von Empfängerherstellungen oder solchen dritter Hand, sondern auch der[26] einer eigenen Kanz-

[26] Gemeint: „von Herstellungen".

lei, als sie in solcher Form Rechte nicht nur nehmend, sondern auch gebend hervortraten, vermochten sie doch jene Empfangsstücke in Ermangelung eines festen Sitzes nur eben dem Wanderleben ihres Hofhaltes, ihrer Kapelle, Kanzlei und ihres Schatzes zu entziehen. Sie bevorzugten dabei zunächst den Schutz des Friedens geistlicher Anstalten (z. T. auf Grund eigenkirchlicher Verhältnisse), insbesondere der Klöster (Herzöge von Babenberg in Verbindung zu Klosterneuburg, Habsburger zu Kloster Lilienfeld, brandenburgische Markgrafen zum Domkapitel Brandenburg, Hohenzollern zum Grauen Kloster in Berlin und zum Dominikanerkloster zu Cölln an der Spree), aber auch den Städten vertraute man hinter ihren festen Mauern derartige Schätze an (Markgrafen von Brandenburg dem Rat zu Frankfurt a.O.), wenn man nicht die eigenen Burgen bewusst als Schutzverwahrsam, nicht mehr im Sinne einer zufälligen Hinterlassungsstätte, vorzog (Burgen zu Brandenburg und Tangermünde, Karl IV. auf dem Karlstein). Eine dauernde Sicherheit und Gewähr der Sorgsamkeit für die Erhaltung war freilich damit noch nicht gegeben, und eine kontinuierliche Entwicklung solcher dynastischen Empfangsdepots geht meist nicht über das 15. Jahrhundert zurück. Für sie war eine dauernde Erhaltung der Herrschaft in langer Geschlechterfolge die Voraussetzung an Stelle eines schnellen Wechsels, der etwa in Brandenburg den Zollern die meisten Urkunden ihrer wittelsbachischen und luxemburgischen Vorgänger entzog und als Erbschaft in deren außerterritoriale Archive brachte. Damit aber [war] der wirkliche Vollzug des Wandels eines personalen Herrschaftsverhältnisses in eine Gebietsherrschaft [Voraussetzung], wie er auch in der Verbindung der Kanzlei mit einer Zentralverwaltung nicht nur durch Hofämterträger, sondern auch durch Räte von Haus aus (aus dem Lande heraus von Fall zu Fall berufen), schließlich durch Einbeziehung ständiger rechtsgelehrter Räte unter weltlichem Kanzler an festem Ort einen letzten Ausdruck fand. Ermöglicht wurde dadurch überall die Konzentrierung noch zerstreuter Depots in der Nähe der Kanzlei in Schatzgewölben (Innsbruck, Wien, Graz, im Hohen Hause in Berlin, später im „Grünen Hut", dem Turmgewölbe im Stadtschloss in Cölln a.d. Spree, im geheimen inneren Gewölbe im alten Hof zu München, der Hofregistratur im Schloss zu Stuttgart). Zugleich gingen damit die dynastischen Rechtstitel (z. B. über Ländererwerbungen, Erbverbrüderungen und Lehnsexpektanzen, Länderteilungen, territoriale Leibzuchtverschreibungen) eine unlösliche Verbindung mit territorialen ein und verwandelten sich solche dynastischen Depots und Kronarchive auch in eine ursprüngliche Form von Territorial- oder Landesarchiven, besser Länderarchiven (zur Unterscheidung von Landesarchiven als Landschafts- oder landständischen Archiven), später Staatsarchiven, wie denn auch das böhmische Kronarchiv in Prag wie alle noch unter der Aufsicht von Hofstuben in der Wiener Staatskammer beruhenden Betreffe des Hauses Habsburg insgesamt in das Wiener Haus-, Hof- und Staatsarchiv bei seiner Begründung aufgenommen sind.

Als Urkundenaussteller vom 14. Jahrhundert ab (z. T. in Verbindung mit Kopialbüchern über Empfangsstücke) auch Register führend, die in gewissen Grenzen und in grober Differenzierung sogar gesondert für einverleibte Territorien fortgesetzt wurden (Cleve–Mark 1356 bis 1803), gelangten durch jene Verlagerung zu einer Gebietsgewalt die Fürsten mit der schrittweisen, in mannigfachen Rechtsverbindungen sich vollziehenden Durchbildung einer Lokalverwaltung nach und nach zu einer intensiveren Herrschaftsführung gegenüber der Extensität im Reich und damit auch zu einem allmählichen weiteren Ausbau eines landesherrlichen Amtsbuchwesens (Lehnsregister, Lehnsbücher, Zins- und Steuerregister, Urbarien, Landtafeln, Landbücher, Erbregister), wenn es auch in seiner Dichtigkeit hinter den Stadtbüchern zurückblieb. Zu einer Fortbildung ihrer Archivverwahrung darüber hinaus zwang sie jedoch meist erst die unter → *Archivarischer Terminologie* dargestellte weitere Entwicklung amtlichen Schriftwesens insbesondere in der Gestalt der neueren Akten in Formen, wie sie unter → *Archivischen Ordnungsprinzipien* und → *Archivgestaltungstypen* ersichtlich werden.

Wie aber die Stände der Länder die schriftlichen Zeugnisse über ihre Sonderrechte, besonders die den Landesherren gegenüber errungenen Privilegien, in den eigenen kirchlichen und städtischen Archiven, etwa als gemeinsame auch in Ritterkästen, verwahrten, so gab es auch weiterhin Überreste unmittelbarer fürstlicher Provenienz, nicht nur solche einer Familien- oder überhaupt dynastischen und sonstigen persönlichen, z. T. nur zeremoniellen Korrespondenz, sondern auch solche einer eigensten geschäftlichen Betätigung, die nicht immer nur eine politische zu sein brauchte, und damit fürstliche Nachlässe, zugleich in ihnen freilich oft eine Mischung von Haus- und Staatsbetreffen. Demgegenüber gehörten Hofverwaltung und eine etwa mit ihr verknüpfte oberste Verwaltung der Haus- und Hausrechtsangelegenheiten in neuerer Ausdehnung und auch einer gesonderten Verwendung von Kron- und Domanialgütern zweifellos vorerst weiterhin zum Bereich der Gesamtterritorialbetreffe, wie denn auch in Hoforganen (Land- oder Obersthofmeistern) sich die oberste Spitze einer territorialen Zentralverwaltung in ihren Anfängen zu repräsentieren pflegte. Verwandte Betreffe solcher Art konnten verschiedener Provenienz sein und auch getrennte archivische Verwahrung finden (Oberhofmeisteramt und Geheimes inneres Archiv sowie Herzogskästen des Geheimen Rates und Geheime Staatsregistratur in München, Geheimer Rat und Geheimes Archiv, Registratur der geheimsten Staatsakten und Archivkabinett in Berlin), aber trotzdem eine gesamtstaatliche. Das 1799 unter gewaltsamer, künstlicher Lösung dynastischer und territorialer Betreffe in München gebildete Geheime Hausarchiv war, obwohl auch Wittelsbachische Privatsachen in sich bergend, immer noch ein Hausarchiv des Landes. Hausarchive als fürstliches Privateigentum waren erst möglich, als mit der Einführung konstitutioneller Einrichtungen Haus- und Krongüter für die Dynastie aus dem Domanium ausgeschieden und die Hof- von den Staatsbehörden grundsätzlich getrennt wurden. Für solche Archive war in konstitutionellem Rechtssinne nur eine Zuständigkeit für die geschäftlichen Überreste einer derartigen neuen Hausgüterverwaltung und der nunmehrigen Hofbehörden einschließlich der fürstlichen Privatsachen aus älterer Zeit gegeben. Gleichwohl ist in Berlin das Brandenburgisch-Preußische Hausarchiv bis 1852 noch nach Zerreißung alter Kontinuitäten in der Geschichte der Dynastie wie des Staates und nach ungleichmäßiger Aufteilung des Archivkabinetts lediglich unter Betreffsgesichtspunkten zusammengefügt und der preußischen Archivverwaltung entzogen worden. In Wien dagegen, wo das neue Außenministerium von 1848 die Zuständigkeit für die Angelegenheiten des kaiserlichen Hauses behielt, sind in das ihm angeschlossene Haus-, Hof- und Staatsarchiv nicht nur weiterhin die Akten der Hofstäbe, sondern auch der Verwaltung des Privatgutes des Hauses bis November 1918 gelangt. Anderswo sind ausgeschiedene Hausarchivalien in Anlehnung an altes historisches Material den Länderarchiven inkorporiert geblieben (im Generallandesarchiv in Karlsruhe das Großherzogliche Familienarchiv als besondere Lagerung über einem z. T. künstlich gebildeten historischen Haus-

und Staatsarchiv und dem Landesarchiv, ähnliche besondere Archivabteilung in Dresden). Sonstige in deutschen Staaten ausgeschiedene Hausarchive neuer Provenienz sind auch als selbständige Institutionen z. T. im Zusammenhang mit der Landesarchivverwaltung geblieben, haben im Falle der Trennung von ihr in kleineren Ländern aber bisweilen auch alles ältere territorialgeschichtliche Material an sich gerissen.

Über die begrenzte besondere Verwendung der Begriffe Haus- und Staatsarchiv sowie Landesarchiv und des sie innerlich zusammenfassenden Begriffs Reichsarchiv (als desjenigen einer Zentralstelle außer dem Außeninstitute in München sowie die ähnliche im Generallandesarchiv in Karlsruhe, in Berlin nur beschränkt auf den erstmaligen Gebrauch des Begriffs „Staatsarchiv", in Wien Hausarchiv, Hofarchiv und Staatsarchiv dagegen nicht nur in ihren Sonderzuständigkeiten, sondern an Stelle der zeitweise als Ziel vorschwebenden Begriffe „Universalarchiv", Centralinstitute, Reichsarchiv, zugleich als Ausdruck einer historisch gewachsenen Einheit angewandt) vergl. → Archivgestaltungstypen, über Hausarchive als Bezeichnung für reponierte Registraturen → *Archivarische Terminologie*.

Ein dritter Typ dynastischer Archive stellt sich in den sogenannten Standesherrlichen Archiven oder Herrschaftsarchiven verschiedenen Ursprungs dar. Es konnte sich bei Standesherrschaften um Standeserhebungen und Sonderausstattungen mit Gütern und Rechten oder um abgestufte Mediatisierung von Fürstentümern und Grafschaften vom 17. Jahrhundert oder von früherer Zeit ab, denen nur eine begrenzte Hofverwaltung und etwa ein von der Reformationszeit her behauptetes Kirchenregiment blieb, sonst um von alters her landsässige Herrschaften oder um kleinste Territorien handeln, deren nach Abtretung letzter Hoheitsrechte an größere noch übrig bleibender geringfügiger Domanialbesitz unter Umständen sogar mit dem „Archiv" nach Veräußerung in bürgerliche Hand geraten konnte. Danach waren in ihren Pertinenzen solche Archive verschiedenartig. Sie sind z. T. in Länder- oder Provinzialarchive (ein junges Beispiel Waldeck) übergegangen, z. T. selbständig geblieben. So vielfach diejenigen[27] der in napoleonischer Zeit der Mediatisierung unter Belassung gewisser Vorzugsrechte verfallenden noch souveränen kleinen Fürstentümer, Graf- und Herrschaften, von denen die der kurz vorher nach der Eroberung des linken Rheinufers durch die franzö-

[27] Hier (wie im Folgenden) gemeint: „die Archive".

sischen Revolutionsarmeen im westlichen und südlichen Münsterlande entschädigten kleineren westlichen Landesherren sogar diejenigen der unter ihrer kurzen Regierung säkularisierten Klöster behielten.

Literatur

- W. Wattenbach, Das Schriftwesen im Mittelalter, 3. Aufl. Leipzig 1896, unter VII.
- Gustav Wolf, Einführung in das Studium der neueren Geschichte, Berlin 1910, S. 696ff.
- Vgl. ferner Harry Bresslau, Handbuch der Urkundenlehre, 5. u. 4. Kapitel, Neudegger, Bittner und die sonstige unter „Archivgestaltungstypen“ und „Archivische Ordnungsprinzipien“ angeführten Schriften über die Länder- und Staatsarchive.

10 Heeresarchive

Wie sich aus → *Archivgestaltungstypen* ergibt, konnten aus Herkunftsstellen (Provenienzen) auch Geschäftsziele (Pertinenzen) hervorbrechen, die über den engeren Bereich der ursprünglichen geschäftlichen Herkunftsindividualität hinausschossen und für die erst später – unter Umständen neben jenen – Provenienzen eigenster Art und geschäftlicher Sinngebung organisatorisch notwendig wurden. Solche Erweiterung der Pertinenzen und eine ihr erst später folgende der sogar möglicherweise sich in den Betreffen weiter überschneidenden Provenienzen war unter den Typen der aus Überresten von Machtakten erwachsenen archivischen Organisationen für die Heeresarchive Voraussetzung, die denn auch, abgesehen von Wien, wo ein Kriegsarchiv schon vor der besonderen archivischen Form eines politischen Arsenals, wenn auch keineswegs vor politischen Herkunftsstellen überhaupt, geschaffen worden ist, als die jüngsten in Erscheinung treten. Mehr als bei Geschäftsakten anderer Art war der Versuch, durch die physische Gewalt dem Gegner seinen Willen aufzuzwingen, durch ein Hervorwachsen, unter Umständen sehr allmähliches Hervorwachsen aus der Verfolgung allgemeiner geschäftlicher Willensziele, zum mindesten aber durch irgendwelche vorbereitenden Akte bedingt, auch wenn sie Überreste geschäftlicher Willensbekundungen überhaupt nicht hervorgebracht oder hinterlassen oder sich bis zu gewissem Grade mehr eruptiv als in weitausschauender Planung (gewaltsame Erhebungen in den Städten, Bauernkriege) vollzogen hätten.

So tritt als isolierte Erscheinung – etwa auch in Stadtarchiven – der Fehdebrief auf; in Länderarchiven können sich Korrespondenzen über Bündnis- (Bundes-) und Fehdewesen, über Verhandlungen mit Kriegsunternehmern und über Werbungen finden. Als der Urgrund, aus dem Kriegshandlungen immer wieder von neuem hervorgehen konnten, ist aber der ganze Komplex außenpolitischer Verhandlungen, der Negociationen, Traktate, Allianzen, der Verfolgung dynastischer und territorialer Ansprüche, der Friedensschlüsse und des Wiederauftauchens alter oder neuer Differenzen, des aktiven und passiven Gesandtschaftswesens anzusehen. Danach war der Kriegsaktion ihrem Wesen nach die ständige Unterbrechung, der Mangel selbständiger Kontinuität eigen. Im Laufe der Entwicklung fügte sich die ihrige immer stärker und unzertrennlicher in eine politische Kontinuität auf längere Sicht ein, die ihre eigene immer wieder aufhob oder von neuem nur als Instrument zu politischem Ziel wieder belebte. Andererseits traten aber als Gegenpole in kriegerischen Zeiten an Stelle übereinstimmender, auf gegenseitiger Wechselwirkung beruhender beiderseitiger geschäftlicher Willenszusammenhänge eine unter Umständen schädliche Verabsolutierung militärischer Ziele, die politische Vernichtung der einer allgemeinen Lage besser entsprechenden Eigenwerte von Kriegsaktionen oder umgekehrt, ein einseitiges Übergewicht der militärischen Instanz über die politische hervor. Jedenfalls konnte der Anschein einer Verdichtung rein militärischer Kontinuitäten dazu führen, als Archivabteilungen in unorganischer Trennung „Selekte" etwa des 30jährigen Krieges aus politischen oder anderen Registraturen (u. a. „Kriegsakten" sowohl aus der Staatskanzlei wie Reichshofkanzlei vermischt im Haus-, Hof- und Staatsarchiv Wien) auszuscheiden.

Die Überreste der nur von Fall zu Fall unregelmäßig sich vollziehenden Akte einer Kriegsvorbereitung durch Werbung und mit Hilfe der Kriegsunternehmer sind in ihren dem Material der Länderarchive korrespondierenden Teilen in → *Sippenarchiven* zu suchen, in die vielfach allerdings auch später amtliche militärische Nachlässe, ja Teile von Akten ganzer Kommandobehörden geraten sind. Auch die dauernde, auf alten Grundlagen beruhende, aber immer bedeutungslosere Kriegsbereitschaft der Länder an sich wurde im ganzen nur periodischen Prüfungen unterzogen, die in geschäftlichen Überresten der obersten Landesbehörde ihren Niederschlag fanden (Huldigungen, Lehns- und Landesaufgebote, Musterungen).

An Heeresarchive als eigenen Archivgestaltungstyp konnte erst gedacht werden, als sich nach dem 30jährigen Kriege stehende Heere in vollem Umfange überhaupt [gebildet], als sie die letzten Reste eines noch eingegliederten Unternehmertums ausgeschieden hatten, ferner als damit Organisationen einer dauernden staatlichen Kriegsverwaltung, mithin abgesonderte Heeresinstitutionen, erwachsen waren. Von diesen Organen einer Kriegsverwaltung und Kriegsbereitschaft, von ihren Registraturen und den aus ihnen gebildeten Ressortarchiven, von Kriegsräten, Hofkriegsräten, Kriegskanzleien, später Kriegsministerien und Generalstäben ist denn auch die Gestaltung der Heeresarchive in weiterem Umfange ausgegangen. Wenn auch mit jenen eine gewisse Regelmäßigkeit gegeben war, so hörte doch darum auch jetzt der unregelmäßige Rhythmus, der mit dem Kriegswesen nun einmal verbunden war, noch nicht auf. Auch bei vorbereiteter Planung schwemmten Rüstung, Mobilmachung, Heeresversammlung, Demobilmachung eine derartige Fülle von Detail heran, deren übersichtlicher, registraturmäßiger und später archivischer Einordnung die darauf nicht von vornherein eingestellten Einrichtungen von einer z. T. nur kürzeren Lebensdauer nicht immer gewachsen waren. Andererseits schloss die Organisation einer Kriegsverwaltung eine Zuständigkeit für Kriegshandlungen und Kriegsberichte (neben politischen Stellen) nicht aus, und was die Stetigkeit einer Kriegsbereitschaft anbelangte, konnten über jene hinaus an der Fürsorge für sie nicht nur politische Ämter (nicht zum geringsten mit ihren Akten über das Subsidienwesen), sondern auch die inneren, die finanziellen und die wirtschaftlichen Verwaltungen beteiligt sein (in Preußen General-Oberfinanz-Kriegs- und Domänendirektorium und die mit dem Militärwaisenhaus in Potsdam als weitere Keimzelle des Staates Friedrich Wilhelms I. verknüpften merkantilistischen Unternehmungen).

Der Ausgangspunkt für die Wertung des Materials der Heeresinstitutionen selbst und seine Organisation zu Archiven bezw. seine Belassung in den Geschäftsstellen konnte verschiedener Art sein. Man konnte einerseits Gewicht auf die Möglichkeit einer fortdauernden Heranziehung für die Verwaltung, die Technik und alle sonstigen Maßnahmen legen, andererseits die rein kriegsgeschichtlichen Betreffe, die Sonderung der Überreste unmittelbar kriegerischer Aktionen, des strategischen, operativen und taktischen Materials einseitig bevorzugen. Die letztere Zwecksetzung entsprang schon einem gemischt theoretisch-praktischen Interesse, dessen Verbundenheit mit Heeresarchiven dauernd charakteristisch geblieben ist, dem der Benutzung für Aufgabenstellung, Schulung, Übung bezw. dem der Belehrung durch die Kriegsgeschichte im ganzen, nicht zum wenigsten zur Vertiefung praktischer Erfahrung und einer nachhaltigen Einwurzelung einer Fähigkeit der Vergleichung früherer und gegenwärtiger ähnlicher Lagen wie zu ihren Fehlgriffen nicht unterliegenden richtigen und schnellen Ausnutzung. Die amtlichen Ausarbeitungen der Geschichte einzelner Kriege, die mit solchen Bestrebungen sich verbanden, konnten dann aber unter Umständen dazu führen, dass eine erhalten gebliebene ursprüngliche sachliche Kontinuität in den Überresten geschäftlicher Willensakte über andere Stadien hinaus zuletzt noch völlig aufgelöst wurde und hier noch etwas als Archiv erschien, was in Wahrheit eine Sammlung von Quellen war in einer Aneinanderreihung, wie sie der Gewinnung von Endergebnissen kriegswissenschaftlicher Forschung am besten dienlich gehalten worden war. In allen Arten von Heeresarchiven pflegen stärker als sonst Karten-, Bild- und Filmabteilungen als besondere Archivaliengattungen vertreten zu sein.

Die Einrichtung eines Archivs der Hofkriegskanzlei bezw. des Hofkriegsrats zu Wien war 1711 auf Antrag des Prinzen Eugen von Savoyen durch Kaiser Joseph I. dekretiert worden, das sich zu einem umfassenden, allgemeinen Kriegsarchiv erweitert hatte, dem aber die Feldarchive und die in Familienbesitz übergehenden Archive der Kommandeure nicht immer einverleibt wurden. Es war 1817 unter Zurückgabe der übrigen Archivalien an die in Frage kommenden geschäftsführenden Stellen bezw. nach ihren Weisungen auf das rein kriegsgeschichtliche Material beschränkt, 1876 aber in seiner alten Zuständigkeit wiederhergestellt worden. Militärwissenschaftliche Studien waren hier schon intensiv vordem zu Zeiten des Erzherzogs Karl betrieben worden. Nach 1918 wurde es in ein Zivilinstitut umgewandelt und wie die anderen beiden in der Verwaltung des Gesamtstaates stehenden großen Archive (Haus-, Hof- und Staatsarchiv und Hofkammerarchiv) dem österreichischen Bundeskanzleramt angegliedert. Es übernahm damals, z. T. schon früher, die Militärakten des Kaiserlichen Kabinetts, Registraturen des Kriegsministeriums und aller militärischen Behörden, Anstalten und Formationen von der Brigade aufwärts, während die der übrigen Truppenkörper den zuständigen Landesarchiven zugewiesen wurden. Die Akten des Landesverteidigungsministeriums der österreichischen Reichshälfte gingen in das Archiv des Innern und der Justiz über.

Die Gründung des bayerischen Kriegsarchivs in München 1885 ging ganz von kriegsgeschichtlichen Interessen aus. Neuere Registraturen blieben beim Kriegsministerium und den Truppenteilen. Als 1920 die Entmilitarisierung der Anstalt erforderlich und schließlich die Akten der militärischen Reichsarchivzweigstellen München und Würzburg dauernd mit ihm vereinigt wurden, ergab sich zwar ein Gesamtarchiv der bayerischen Armee von 1650 bis 1920, das aber in seinen Abteilungen sehr ungleichmäßig war. Nur die älteren Teile der Registraturen des Kriegsministeriums und der obersten Waffenbehörden waren in einem „archivreifen und archivwürdigen Zustande". Anderes war weithin in Unordnung, und das neueste hatte überstürzt eingeliefert werden müssen. Eine Durchführung des → *Provenienzprinzips* war so nicht möglich, sondern nur d[ie] Aufstellung eines Schemas für Ordnung registraturloser Aktengruppen in Gestalt von Referaten nach Waffengattungen. So musste hier das alte kriegshistorische Auslesearchiv nach Überflutung mit neuesten Akten vorwiegend als laufende Abwicklungs-, Verwaltungs- und Zentralauskunftsstelle dienen.

In Dresden war nach Einverleibung des Ressortarchivs der Kriegskanzlei in das Hauptstaatsarchiv noch ein neueres Sächsisches Kriegsarchiv 1897 begründet worden, mit dem gleichfalls die dortige, Akten der sächsischen Armee von 1867 ab aufnehmende Reichsarchivzweigstelle endgültig verbunden wurde. Eine weitere Reichsarchivzweigstelle, die in die spätere Heeresarchivorganisation einbezogen wurde, beließ man in Stuttgart.

Das zunächst als Heeresarchiv des Weltkriegs von 1914 bis 1918 (einschließlich von Akten der Kriegsgesellschaften) in Gestalt eines Zivilinstituts organisierte → *Reichsarchiv* in Potsdam hat dagegen die noch für laufende Verwaltung und Abwicklung nicht entbehrlichen Akten aufgenommen, sah sich aber deshalb gezwungen, anders als das mit ihm zunächst verbundene moderne Zentralarchiv der Politik und Verwaltung, außer den oben genannten noch andere Außenstellen vorerst einzurichten, die aber bis auf die Reichsarchiv-Zweigstelle Spandau nach und nach aufgelöst werden konnten. Neben ihr blieb für die Personalabwicklung ein Zentralnachweisamt bestehen. Die älteren Akten der preußischen Armee wurden im wesentlichen von 1867, die des Generalstabs von 1859 ab, dem Reichsarchiv Potsdam einverleibt. Jedoch verblieben die noch für Geschäftszwecke zur Verfügung zu haltenden des Kriegsministeriums in Absonderung als

Reichsarchivabteilung Berlin. Alle sonstigen preußischen Heeresarchivalien einschließlich der der älteren militärischen Behörden und Truppenkörper (mitsamt den noch erhalten gebliebenen, für Personalgeschichte und Genealogie ergiebigen Stammrollen), die bisher im Geheimen Archiv der Kriegskanzlei, dem Geheimen Archiv des Kriegsministeriums und dem Kriegsarchiv des Großen Generalstabes verwaltet waren, wurden dem Preußischen Geheimen Staatsarchiv überwiesen und dort als ein gesamtes preußisches Heeresarchiv aufgestellt. Der Gliederung des Potsdamer Heeresarchivs war überwiegend das → *Provenienzprinzip* zu Grunde gelegt, soweit nicht bei den Archivabteilungen geringerer Bedeutung sachliche Erwägungen (schneller Wechsel der Institutionen, auch die Aussonderung des noch Abwicklungszwecken dienenden Materials) davon Abstand nehmen ließen. Diese Aussonderung bot den Vorzug einer stärkeren Pflege der → *Archivalischen Forschung* im eigentlichen Sinne, für die, soweit sie amtlich betrieben wurde, zunächst im Bereich des gesamten Reichsarchivs, besondere Organe geschaffen wurden, die jedoch zuletzt alle wieder von ihm losgelöst sind. Nach der Trennung der Verwaltung des Potsdamer Heeresarchivs vom modernen Zentralarchiv des Reichs wurde jenem das gesamte preußische Heeresarchiv im Geheimen Staatsarchiv in Berlin einschließlich der Akten des Militärkabinetts und der militärischen Nachlässe ausgeliefert und es gemeinsam mit den genannten deutschen Kriegsarchiven durch Unterstellung unter einen Chef der Heeresarchive zu einer Gesamtorganisation zusammengeschlossen, während alle sonstigen Heeresarchivalien in den betreffenden Länder- (bezw. Provinzial-)Archiven verblieben. Neben den verbundenen Heeresarchiven entstanden je ein Wehrmachtsarchiv der Kriegsmarine und der Luftwaffe.

Literatur

- Vgl. Müsebeck, Rogge, Zipfel unter Reichsarchive, Neudegger, Bittner, Seidl unter Archivgestaltungstypen.
- Ferner Max Leyh, Organisation und Aufgaben des Bayerischen Kriegsarchivs, Archival[ische] Zeitschr[ift] 37, München 1928, S. 142.

- Ernst Nischer-Falkenhof, Die Kartensammlung des österreichischen Kriegsarchivs, Archival. Zeitschr. 36, München 1926, S. 27.
- Herm. Müller, Das königlich sächsische Kriegsarchiv nach der Entstehung und Zusammensetzung seiner Bestände, Neues Archiv f[ür] sächs[ische] Gesch[ichte] 41, 1920, S. 74.
- Curt Jany, Die preußischen militärischen Archive, Forschungen z[ur] brandenburg[ischen] u[nd] preuß[ischen] Gesch[ichte] 36, S. 67.

Seine Vorbilder konnte es nur von der römischen Kirche empfangen, durch deren Vermittlung auch auf diesem Gebiete antike Traditionen weiter wirkten. Früheste christliche archivische Einrichtungen haben jedenfalls die diokletianische Verfolgung nicht überdauert, jedoch scheinen älteste Zeugnisse die Herausbildung eines päpstlichen Archivs schon in Jahrzehnten nach Kaiser Konstantin zu erweisen.

Verwahrt sind in ihm neben Empfangsmaterial (Briefe und Urkunden), das besonders in der Frühzeit für die Rechtsstellung des päpstlichen Stuhles von Wichtigkeit sein musste, alsbald auch eigenes Kanzleimaterial, Rechnungen und Akten über die Verwaltung des Patrimonium Petri, der Synoden und Konzile und die in Nachahmung altrömischer Verwaltungsorganisation von den staatlichen römischen Oberbehörden übernommenen Amtsbücher, insbesondere die Register über die ausgegangene päpstliche Korrespondenz, wenn sie auch anfangs noch nicht wie später (nachgewiesen in → *Archivische Ordnungsprinzipien*) eine Differenzierung der zeitlichen Reihen aufwiesen, von der schon in den altrömischen, wesensgleichen commentarii durch die sie führenden commentarienses etwas zur Anwendung gekommen war. Spuren päpstlicher Register sind bis in das 4. Jahrhundert zu verfolgen, aber erst von Innozenz III. ab sind ihre Reihen überwiegend geschlossen erhalten. Ferner ist im Archiv die Bibliothek der Päpste niedergelegt worden, eine Zusammenfassung, die jedenfalls den besonderen Bedürfnissen eines geistlichen Regiments, einer z. T. eng mit geistiger Bewegung sich verquickenden und erfüllenden Geschäftsführung dienlich gewesen zu sein scheint (Gebrauch beider Teile auf Konzilen, Verbindung zwischen Lehre und Recht). Archiv wie Bibliothek wurden vom Chef der Kanzlei, dem primicerius notariorum, geleitet, der später in charakteristischer Wertung der Teile den Titel Bibliothekar, seit Mitte des 11. Jahrhunderts den Kanzlertitel führte. Neben allgemeiner örtlicher Veränderung (S. Lorenzkirche, Lateran, Domkapitel S. Petri) fanden Sonderniederlegungen von Depots statt (Anfang d. 8. Jhdts. in der confessio beati Petri in der Krypta der Peterskirche, neben anderem besonders für den Primat bedeutungsvolle Stücke, wichtigstes Empfangsmaterial, ferner in einem Turm am Palatin Ende des 11. Jhdts. Register der Urkunden, schließlich um 1125 ein drittes am Berge Soracte, vermutlich in einem Kloster). Nach Loslösung von der Kanzlei wurden Archiv und Bibliothek Teil des Schatzes; ihr Chef wurde unter Innozenz III. der Kämmerer, und verwaltet haben sie gegen Ende des 13. Jahrhunderts zwei thesaurarii (1295 erste Inventarisierung). Auf Reisen der Päpste mitgeführt, wurden Teile in verschiedenen italienischen und südfranzösischen Städten niedergelegt. Nach Plünderung und Verlusten kam der Hauptteil von 1339 ab nach Avignon. Nach Rückkehr der Päpste wurden in Rom an verschiedenen Stellen Depots gebildet. Eine nicht vollständige Rückführung der Außendepots, abgesehen von weiteren großen Verlusten, hat sich von 1441 ab über Jahrhunderte erstreckt. Sixtus IV. ließ in der Vatikanischen Bibliothek die bibliotheca publica (Bücherhandschriften) von der bibliotheca secreta (Archivalien) räumlich trennen und gesondert verwalten, aber die wichtigsten Privilegien zu einem älteren Depot hinzu 1475 zur besseren Sicherung in die feste Engelsburg bringen. Soweit bei päpstlichen Behörden noch lagernde Archivalien den Hauptbeständen angeschlossen wurden, kamen sie z. T. in die bibliotheca secreta, z. T. in die Engelsburg (Teilung des Archivs der Kammer 1616). Die eigentliche Organisierung des päpstlichen Geheimen Vatikanischen Archivs vollzog sich unter Paul V. (1605–1621). Es kam 1759, zusammen mit den Beständen in der Engelsburg, unter die einheitliche Verwaltung eines Präfekten, der jedoch dem Kardinalbibliothekar untergeordnet blieb. Räumlich im Vatikan vereinigt wurden beide Teile 1798. Der abermaligen Wanderung nach Frankreich (Überführung durch Napoleon I. nach Paris) folgte 1817 die Rückkehr an den alten Ort. Bis in die neueste Zeit sind päpstliche Behördenarchive mit dem durch übereinander geschichtete frühere Ordnungen schwer übersichtlichen Hauptarchiv vereinigt worden, so die wichtigen Nuntiaturberichte und Korrespondenzen des Staatssekretariats. Auch Archive römischer Adelsfamilien sind hineingelangt. Andere Behördenarchive und römische Kongregationsarchive (der Propaganda, des heiligen Officiums usw.) sind selbständig geblieben. Leo XIII. ernannte einen Kardinalarchivar und stellte damit erst der Bibliothek das Archiv gleich, das er 1881 allgemein nach bisheriger strenger Abgeschlossenheit der Forschung öffnete. Von dem einstigen mittelalterlichen Universalarchiv kam damit freilich nur noch ein Torso, aber im ganzen eine archivische Erscheinung von überragender Bedeutung ans Tageslicht.

Bischofskirchen, Stifter, Klöster, ganz wehrlos, nur auf den rechtlichen Erweis ihrer Existenzgrundlagen angewiesen, haben in Deutschland überhaupt das erste Beispiel der Archivbildung gegeben. Bei solcher Abhängigkeit musste für sie dauernd das Hauptgewicht der Wertung auf den bedeutungsvollsten Überresten, die im ganzen überhaupt noch von ihnen vorliegen, den empfangenen Urkunden, ruhen, auch noch zu einer Zeit, als sie nicht mehr nur nehmend, sondern auch gebend, zuerst die Bischöfe vom 11. Jahrhundert ab, unter den Wiederherstellern der Privaturkunde auftraten (auch in Beglaubigung fremder Rechtsgeschäfte, in Transsumpten vom 13. Jhdt. ab und in Offizialatsurkunden). Als Anstalten mit festem Sitz haben sie ihr Empfangsmaterial früh in örtlich unveränderter und sorgfältiger Sicherung in der Form des Depots, des ältesten der → *Archivgestaltungstypen*, in Übereinstimmung mit karolingischen Anordnungen, aber wohl schon aus eigener Initiative, niedergelegt. Daher kommen in romanischen Teilen des alten Frankenreichs schon eigene Baulichkeiten vor (*domus chartarum, tutissima edificia*). Sonst dienten besonders sichere Teile der Kirche, Turmgewölbe und Sakristei (Segerer), für Bischofsarchive – soweit nicht an ihre Empfangsstücke sich die des späteren Domkapitelsarchivs (etwa auch mit Kapitelsstatuten) anschlossen und von Kapiteln die Verfügung auch über jene behauptet wurde –, besonders auch Gewölbe in Burgen und Schlössern, dieser Aufbewahrung – z. T. in Verbindung mit Kleinodien, kirchlichen Gewändern (*vestigarium*), auch Handschriften. Derartige Depots erscheinen aber als *cartilogia* oder unter den sonst für → *Archive* üblichen Bezeichnungen, in der Kathedralkirche unter Aufsicht des Domkustos, auch wohl des *librarius* oder unter Verschluss zweier Kapitulare als Schlüsselherren. Der für Klosterarchive bestellte *custos armarii* ist wohl zugleich auch Schatzmeister und Bibliothekar. In solchen vom 10. und 11. Jahrhundert ab bezeugten kirchlichen Depots pflegten auch Laien, Dynasten und Fürsten, ihre Empfangsstücke zu bergen, die aus älterer Zeit überhaupt nur auf diesem Wege, z. T. auch als Vorurkunden von Veräußerungen, von vornherein nicht in eigenen Archiven erhalten geblieben sind. Die Ordnung dieser Depots – vielfach auf Betreiben verständnisvoller Prälaten erst spät durchgeführt, wobei hie und da das Verfahren schon in Handschriften theoretisch vorgeschrieben und erörtert wurde (z. B. in Aquileja: *thesauri claristas*) – weist z. T. im Anschluss an die sonst schon vom 9. Jahrhundert ab vorliegenden Kopialbücher (oder Chartularien), die in →*Archivische Ordnungsprinzipien* allgemein dargelegten Formen auf. Daneben finden sich in den Domkapitels- und Kollegiatstiftarchiven besondere Gruppen für einzelne Offizien und Pfründen, auch wohl abgesonderte Propsteiarchive neben den mit den Kapiteln gemeinsamen Teilen. Zur Verwahrung in den Sicherungsräumen dienten etwa eine *cista ecclesiae* oder *cistuli, archae, loricae, cedulae, capsae, capsuli, capsella*, letztere aber für Gesamtrubriken, unterteilt z. T. durch Schubladen (*scrinium, scrineus*). Die Signierung geschah für ganze Gruppen häufig durch Buchstaben (auch durch geometrische Figuren oder sonstige Merkmale, z. B. *caput artium*), mit oder ohne Zusatz von römischen oder arabischen Ziffern für Einzelstücke, die die gleiche Bezeichnung als Dorsualnotiz oder auf angehefteten Pergamentstreifen trugen. In Zeiten des Verfalls des Klosterlebens lösten sich auch Sicherung und Ordnung auf und mussten in den Klosterreformen – zuletzt unter Aufsicht weltlichen Fürstentums – wiederhergestellt werden. Aus eigener Geschäftstätigkeit musste bald vom Empfängerarchiv abgesondertes, in Kanzleien und Schreibstuben aufbewahrtes, meist aus Amtsbüchern bestehendes Material erwachsen (Register aus eigener Beurkundung vom 14. Jahrhundert ab, aus Empfang Kopialbücher, darunter Traditionsbücher, in Bayern zeitweise mit Beweisprotokollen in Empfängerhand ohne entsprechende Originalausfertigungen, Archivinventare, Repertorien, aus kirchlichen Verbindlichkeiten Nekrologien und ähnliche Bücher, aus geistlicher Jurisdiktion Synodalakten und sonstige Aufzeichnungen, aus dem Pastoral- und Kirchenwesen der Kapitel Aufschwörbücher zum Nachweise stiftsfähigen Adels und Kapitelsprotokolle, Rezessbücher über allerhand Rechtsabschlüsse, aus Wirtschaftsführung Urbare, Lagerbücher, Zinsbücher, Heberollen, Rechnungen). Soweit die Bischöfe die Verfügung über das eigene Empfangsmaterial nicht festhalten konnten, bildeten sich bei ihnen spätestens vom 14. Jahrhundert ab eigene Kanzleiarchive, den Niederschlag ihrer verschiedenartigsten Geschäfte in sich bergend; in ihrer Eigenschaft als geistliche Territorialherren gelangten sie wohl auch zur Bildung von Behördenarchiven. Geistliche Gerichtsbarkeit, die in Verbindung mit Kapitelspfründen geraten war, prägte sich wohl auch im Anschluss an Propstei- oder Kapitelsarchive, in Archidiakonats- oder Offizialatsarchiven aus. Kanzleien im amtlichen Sinne bildeten auch die reichsunmittelbaren kirchlichen Anstalten. In den Schreibstuben der übrigen häuften sich neben allen solchen Stücken urschriftliche Briefsammlungen, auch nichtgeschäftliches Material, etwa in den Klöstern Annalen und Chroniken, an. Hinzu kamen die Rechtsstellung zu den Territorien, die Landesstandschaft betreffende Dokumente.

Die im Anschluss an die Reformation und später besonders als Folge der französischen Revolution sich vollziehenden Aufteilungen und Säkularisationen der Güter brachten in weitem Umfange die Bestände – Bistums-, Kapitels- und Klosterarchive, Archivgut von Ritterorden u[nd] erloschenen oder in ihrer Bestimmung geänderten Stiftungen, zum mindesten die auf die Güter sich beziehenden Teile – durch Kammer- und Domanialverwaltungen hindurch in die staatlichen Archive. Was zurückgelassen wurde, blieb etwa im alten Raum in der Kirche oder gelangte in das zuständige Pfarrarchiv oder zerstreut in mehrere benachbarte, ferner in Stadtarchive, in Adelsarchive, in private Hand, in Bibliotheken oder verschiedene Staatsarchive, zuweilen auch geschlossen mit den Gütern in privaten Besitz. Private Sammlungen solcher zerstreuter Teile sind z. T. von Staatsarchiven erworben,[28] z. T. als Ganzes in kirchliche Obhut gekommen. Teilweise ist bis zur Aufhebung ein Dualismus, ursprünglich Empfangs- und sonstiges Geschäftsmaterial trennend, mit Verschiebungen erhalten geblieben. Nach den Säkularisationen Kaiser Josephs II. findet sich innerhalb der Klausur der Klöster das Prälatenarchiv mit den Privilegien in der Sakristei oder Zelle des Klosteroberen, seine Korrespondenz über die geistliche Leitung, die Professbriefe und Testamente der Konventualen enthaltend, außerhalb der Klausur das bei den Wirtschaftsverwaltern erwachsene Wirtschaftsarchiv; im ganzen handelte es sich jetzt also um einen Dualismus nach Spiritualien und Temporalien. Alte Benediktinerabteien etwa, denen ununterbrochenes Fortbestehen vergönnt war, vermochten ein auch für die neuere Zeit reichhaltigeres und einheitlicheres Archiv ihrer Wirtschafts-, Lehr- und Seelsorgetätigkeit auszubauen. Die als Gottesdienst- und Versorgungsanstalten fortbestehenden Klöster und Domkapitel, deren Pfründen Dotationszwe-

28 Gemeint: „erworben worden".

cke mit oder ohne kirchliche Bindung annahmen, behielten ihre Archive als Stiftungsgut; Hospitalsarchive treten in Deutschland gegenüber den romanischen Ländern zurück. Älteste Urkunden, die bei Aufhebung von Klöstern und Stiften der Beschlagnahme entgingen, sind auch wohl in den aus früher Regelung des Registraturwesens geistlicher Leitung und Jurisdiktion erwachsenen Ordinariats- (Generalvikariats-) und Diözesanarchiven am Sitz der bischöflichen Kurie geborgen worden, die auch sonst Sammlungen kirchlicher Archivalien älteren und fremden Ursprungs (Offizialatsprotokolle, Akten über Kirchenvisitationen, Pfründen und Abgaben, auch Archivalien von Domkapiteln) aufnehmen, aber auch sonst sich die Fürsorge für kirchliches Archivgut angelegen sein lassen und in denen Doppelstücke der Vermögensinventare und Kirchenbücher der Pfarreien, Inventare und Urkunden der Bruderschaften und frommen Stiftungen hinterlegt werden müssen. Über die grundsätzlich erforderliche Ortsgebundenheit der Pfarrarchive beider Konfessionen herrscht kein Zweifel. Jedoch hat die hier durch die Verhältnisse unabwendbar gegebene Unsicherheit der Erhaltung zu gewissen staatlichen wie kirchlichen Aufsichtsmaßnahmen, auch Inventarisationen durch heimatgeschichtliche Verbände, zur Entwicklung einer kirchlichen → *Archivpflege* im Anschluss an eine staatliche und schließlich zu Plänen einer Zentralisation wertvollsten Archivguts in kirchlichen wie staatlichen Archiven, insbesondere der älteren Kirchenbücher, geführt, die z. T. auch in der Form der Leihgabe oder Deponierung zur Ausführung gekommen ist. Die Frage der Erhaltung der Akten kirchlicher Aufsicht, der Dekanats- und Ephoral- (Superintendantur-)Archive, als Zellen landschaftlicher kirchlicher Archive oder ihre Einbeziehung in eine Zentralisierung ist verschieden gelöst bezw. weiteren Erwägungen vorbehalten geblieben.

Auf evangelischer Seite entstand als älteste umfassendere Bildung 1767 das Archiv der Herrnhuter Brüderunität. Dem 1853 gegründeten rheinischen evangelischen Provinzialkirchenarchiv (in Koblenz, seit 1928 in Bonn) folgten ältere und neuere Landeskirchenarchive als eigenständige Anstalten. Verschiedenen Charakters, dienen sie z. T. der Beratung, dem Schutz, der Sammlung, z. T. haben sie die Akten der Organe des landesherrlichen Kirchenregiments, die Konsistorialarchive, die sonst entweder als zum landesherrlichen Behördenwesen gehörend in die Staatsarchive gelangt oder als Behördenarchive bei ihren Ursprungsstellen, Konsistorien oder Landeskirchenämtern verblieben sind, ferner Dekanats- oder Superintendanturarchive an sich gezogen, wertvolle Teile von Pfarrarchiven wegen ihrer Gefährdung aber nur als Deposita aufgenommen (z. B. Landeskirchenarchiv Nürnberg).

Darüber hinaus sind sogar Teile rein staatlicher Akten ministerialer Kultusdepartements abgetreten worden (Landeskirchenarchiv Eisenach). Als Zwecke sind ausdrücklich Dienst für die kirchliche Verwaltungsarbeit, insbesondere das Kirchenregiment der Landeskirchenämter, ferner aber für die kirchengeschichtliche und kirchenrechtliche wissenschaftliche Arbeit vorgesehen. Von der Aufsicht über den Schutz der Kirchenbücher ausgehend, ist es schließlich zur Einsetzung eines Beauftragten für Kirchenbuchwesen (1934), dann für das evangelische Archiv- und Kirchenbuchwesen, ferner eines Archivamts bei der Deutschen Evangelischen Kirchenkanzlei (für den Bereich der Altpreußischen Union Archivamt des Evangelischen Oberkirchenrates 1939) gekommen. Daraus erwuchs die Planung einer einheitlichen Archivbetreuung der Deutschen Evangelischen Kirche in einer den größten staatlichen Archivverwaltungen entsprechenden Gliederung. Die fachliche Schulung kirchlicher Archivare durch Lehrgänge bei staatlichen Archiven wurde angebahnt. Schließlich ist im November 1939 noch die Grundlegung eines „reichskirchlichen Archivs der Deutschen Evangelischen Kirche“ erfolgt, nicht im Sinne eines Behördenarchivs und in strenger Wahrung der zentralen Sphäre, wenn auch mit Bereitschaft zu Sicherheitsgewährung darüber hinaus in der Form des Depositums. Als Bestände, für die es zuständig war und die bisher nicht selbständig archivisch verwaltet waren, ergaben sich die Akten der Kirchenkonferenzen (von 1852 ab) und der Kirchentage, des Deutschen Evangelischen Kirchenausschusses (seit 1900) und des Deutschen Evangelischen Kirchenbundes (seit 1922) und die archivreifen der 1933 eingesetzten Kirchenregierung. Verbunden damit wurde als größter Teilzentralkörper das Archiv des evangelischen Oberkirchenrates für die altpreußische Union. Ferner erschienen die nicht in den Bereich der Landeskirche gehörenden Akten des Zentralausschusses und der hervorragendsten Anstalten für die Innere Mission, des Gustav-Adolf-Vereins, des Evangelischen Bundes und der Organisationen und Korporationen der evangelischen Liebestätigkeit hier an ihrem Platze.

Literatur

- Bresslau (5. Kap.) und Wattenbach (unter VII.), vgl. Archivische Ordnungsprinzipien.
- Löwenfeld, Gesch[ichte] d[es] päpstl[ichen] Archivs, in: Raumers Hist[orisches] Taschenbuch, Bd. 6 u[nd] 7 (1886–1887).
- Paul Kehr, Archivwesen Italiens, Artikel in: Beilage zu Allgem[eine] Zeitung 1901, Nr. 172/173, 181, 185, 194: 4. Abschnitt: Die vatikanischen Sammlungen.
- Bittner, Gesamtinventar des Wiener Haus-, Hof- und Staatsarchivs (vgl. Archivgestaltungstypen), Bd. 3 (1938), S. 319.
- Buchberger, Lexikon für Theologie und Kirche, Bd. 1 (Freiburg i. Br.) 1930, Sp. 618ff.
- Die Religion in Geschichte und Gegenwart. 2. Aufl. Tübingen 1921, Bd. 1, Sp. 520f.
- Wetzer und Welte's Kirchenlexikon, 2. Aufl. Bd. 1 (Freiburg i. Br. 1882), Sp. 1259ff.
- Germania Sacra, 1. Abt. Die Bistümer der Kirchenprovinz Magdeburg, 1. Bd. Das Bistum Brandenburg, bearb. v. Gustav Abb und Gottfried Wentz (Berlin, Leipzig 1927), 2. Bd. Das Bistum Havelberg, bearb. v. Gottfried Wentz (1933), 3. Bd. Das Bistum Brandenburg, 2. Teil, bearb. v. Fritz Bünger. [2. Abt.: Die Bistümer der Kirchenprovinz Mainz], [Das Bistum] Bamberg, bearb. von Erich Freiherrn von Guttenberg (1937). 3. Abt. Die Bistümer der Kirchenprovinz Köln, 1. Bd. Das Erzbistum Köln. Archivdiakonat Xanten, 1. Teil, bearb. v. Wilhelm Classen (1938) (überall unter „Archive").
- Walther Lampe, Das kirchliche Archivwesen, Archival[ische] Zeitschr[ift], Bd. 44 (München 1936), S. 164.
- Helmut von Jan, Das Archivwesen der Deutschen Evangelischen Kirche (Archiv f[ür] ev[angelisches] Kirchenrecht, Bd. 5, 1941, 3/4, S. 173.

12 Reichsarchive

Der in → *Archivische Ordnungsprinzipien* dargelegten Übernahme der Registerführung sowie geordneter → *Archive* aus dem alten römischen Reich durch die Päpste sind von den germanischen weltlichen Herrschern die Ostgoten gefolgt, wie die Formelsammlung Cassiodors, die Variae und besondere Wendungen in ihr erweisen. Bei den Langobarden finden sich verstreut Edikte am Königshofe und Urkunden gelegentlich in den Pfalzen, jedoch von einem Registerwesen weder bei ihnen noch bei den Westgoten und den Merowingern eine Spur. Immerhin haben die letzteren wichtiges Kanzleimaterial wie Steuerrollen und Doppelausfertigungen ihrer Königsurkunden in Schatzkammern aufbewahrt. Unter den Karolingern taucht der Begriff des Pfalzarchivs (*archivium sacri palatii*) auf – während der festen Residenz Karls des Großen und Ludwigs des Frommen als dauernde Einrichtung, von der eine Verbindung mit der Hofbibliothek vermutet wird, in Aachen erscheinend, die aber unter den Spätkarolingern noch eine ähnliche Fortführung in Regensburg gefunden zu haben scheint.

Im Pfalzarchiv, unter Aufsicht des Kanzlers stehend, wurden wichtigste Kanzleimaterialien wie Gesetze, Konzilsbeschlüsse, sowie Empfangsstücke, Verträge und Schreiben auswärtiger Fürsten, ferner Abschriften bedeutungsvoller ausgegangener Königsurkunden verwahrt. Andere hervorragendere Dokumente, wie etwa Doppelausfertigungen von Königsurkunden, wurden außerdem noch in der königlichen Kapelle niedergelegt. Register wurden nicht geführt. Während der nun folgenden Wanderungen des Hofs von Pfalz zu Pfalz ließ man, unbekümmert um die daraus sich ergebenden Verzögerungen und Schwierigkeiten der Geschäftsführung, Archivalien am Ort, wo sie erwachsen, zurück, sie damit schließlich der Vergessenheit und dem Untergang preisgebend. So bleibt unter Ottonen und Saliern der Begriff eines Reichsarchivs unerfindlich, und im 12. Jahrhundert dunkel und unbestimmt als *archivum imperii* hervortretend, unverwirklicht. Formel- und Briefbücher, ob man sie als private Sammlungen amtlichen Materials zu Lehrzwecken oder als amtliche Produktionen auffasst, vermögen seine Existenz kaum zu erweisen, und jedenfalls sind größere Anhäufungen etwa in den Zeiten bewegterer Reichspolitik immer wieder zerronnen. Die Kanzlei, aus Mitgliedern der königlichen Kapelle gebildet, nimmt nur allmählich festere Formen an, und der Kaiser bediente sich zunächst wechselnder Ratgeber. Noch ist so sehr nur in seiner Person das Reich verkörpert, dass nicht seine Amtsnachfolger, sondern seine natürlichen Erben auch die der Reichsarchivalien sind – wie die Staufer die des Geschäftsmaterials Heinrichs V. unter Umgehung Lothars. Eine solche Auffassung gewann noch eine besondere Bedeutung unter den später auf eine Hausmacht ihre Reichsgewalt stützenden Herrschern, und nach dem plötzlichen Tode Heinrichs VII. blieben jene, abgesehen von einigen mit dem Schatz verbundenen Urkunden sogar völlig unbeansprucht in Italien (Pisa und Turin) zurück. Rechtliches Empfangsmaterial mochte relativ eine geringere Bedeutung für die grundsätzlichen Ansprüche einer universalen rechtsetzenden Gewalt und Oberherrschaft, deren Tätigkeit in Gericht und kriegerischer Exekution ohne eigentliche Verwaltungstätigkeit sich erschöpfte, als allgemeiner im → *Kirchlichen Archivwesen* haben. Aber der Verzicht auf Kontrolle der eigenen Rechtsakte und der durch sie gegebenen Sicherung, verbunden mit dem auf Registerführung, mutet, obwohl verschiedenartig politisch bedingt, an wie eine großzügige Unbekümmertheit aus universaler Stellung und Fülle heraus um Vergebung und Schwund von Reichsgütern und Reichsrechten.

Voraussetzungen für die Bildung eines Reichsarchivs waren in dieser Lage nicht gegeben und konnten sich erst einstellen mit einer größeren Stetigkeit und Ausdehnung der Geschäftsführung nach Form und Inhalt, ihrer Bürokratisierung, der Sonderung von Geschäftsüberresten einer Nebengewalt in der Hand des Reichsoberhauptes, neuerer Zentralisierung an festem Ort und der Durchsetzung eines rechtlichen Anspruchs auf einen kontinuierlichen Übergang des Reichsgeschäftsmaterials auf den Amtsnachfolger. In ersterer Hinsicht vermochte die über das Erzkapellanat heraus zunächst nur als Ehrenstellung sich erhebende Würde des Erzbischofs von Mainz als Erzkanzler, in der ihm bald andere Kirchenfürsten in Bezug auf die Kanzleien der äußeren Reichsteile gleichgestellt waren, die er dann über den einzigen Reichshofkanzler mit ihnen, getrennt nach den Reichsstellen, gemeinsam innehatte, aber über das deutsche Reich selbst dauernd behauptete und aus der er schließlich immer hartnäckigere Ansprüche auf maßgebende Leitung der Kanzleigeschäfte herleitete, vorerst einen dauernden Einfluss nicht auszuüben. Anregungen aus der Archivorganisation der Amtsbucher und der Registerführung der Normannen Heinrichs VI. und Friedrichs II. in Sizilien sind auf die Reichskanzlei nicht übergegangen. Was Heinrich VII. nach seinem Tode in Italien hinterließ, waren nur Manualakten begrenzten Umfangs, keine Registratur noch Archiv, die aber doch schon mannigfaltigste Formen des Materials der Kanzleiproduktion wie des Empfangs, aber keine Register aufwiesen. Inzwischen war er aber tatsächlich über bürokratische Sonderorganisationen (Kammernotariat, Verzeichnung geordneter Amtsakten in Amtsbüchern, Protokolle des Geheimen Rates, Register über Gesandtschaftsinstruktionen, Schatzamt in ähnlichem Umfange), die immerhin länger schon gewisse Vorläufer hatten, aber später ähnliche Fortführung und Einfluss auf Reichsarchivbildung nur unter Karl IV. gefunden haben, schon 1311 zur Führung geordneter Register auch bei der Kanzlei übergegangen. Von ihm gar nicht, sind Registerfragmente seiner Nachfolger z. T. erhalten und bei der Verquickung ihrer Hausmacht- mit ihrer Reichspolitik in Territorialarchive geraten, auch soweit eine Trennung von Reichs- und Territorialregisterführung bestand. Selbst die Errichtung einer besonderen österreichischen Hofkanzlei unter Friedrich III. 1442 brachte ebensowenig eine eigentliche Reichsarchivbildung wie die dauernde Zuweisung fester Sitze für Hofbuchhaltung bezw. Hof- und Reichsregistratur durch Maximilian in Innsbruck und Wien. Der Begriff eines Reichseigentums an Archivalien war inzwischen schon am Anfang des 15. Jhs. zum ersten Male formuliert worden, als Ruprecht vergeblich die „zum Reiche gehörenden" Briefe und Register von Wenzel forderte. Seine eigenen sind nur z. T. durch seinen früheren Kanzler an Sigismund überantwortet worden und kamen mit dessen Hinterlassenschaft an die Habsburger, sowohl seine tatsächlichen Erben wie Amtsnachfolger. Die reichsständische Opposition unter Berthold von Mainz verlangte 1495 die Verwaltung eines endlich zu organisierenden Reichsarchivs durch den Reichsrat, dessen eigenes Archiv damit noch als eine Sonderorganisation hinzutreten musste. Wenn auch diese Forderung unverwirklicht blieb, so gestand doch Maximilian damals die Verpflichtung zur Hinterlegung der doppelt auszufertigenden bezw. zu kopierenden Reichsarchivalien bei der Reichskammer in Frankfurt zur Nutzung durch das Reich neben einer in seiner eigenen römischen Kanzlei grundsätzlich zu, und erkannte damit, obwohl auch diese unausgeführt und das Reichskammergericht auf die Verwahrung seiner eigenen Akten beschränkt blieb, ein Rechtsverhältnis an, aus dem im 18. Jh. der Anspruch Karls VII. auf die Herausgabe des Reichsarchivs durch Maria Theresia hergeleitet werden konnte. Karl V. ließ später ohne Anknüpfung an die Innsbrucker Bestände und ohne Rücksicht auf die Mainzer Ansprüche trotz ihrer formalen Anerkennung d[ie] Reichsgeschäfte durch seinen Reichsvizekanzler innerhalb seiner Großkanzlei führen, aus der dann die Überreste nach seinem Tode nur trümmerhaft den Anschluss an das Reichsmaterial der alten Zentralstellen fanden.

Erst die Verwirklichung der Leitung der Reichshofkanzlei durch den Erzbischof von Mainz als Reichsorgan im Jahre 1559, in ihrer Dienstleitung sowohl für die durch den Reichsvizekanzler auszuführenden Geschäfte des Reichsoberhauptes wie für die des Reichshofrates, wie er 1498 in Konkurrenz mit dem Reichskammergericht und im Gegenzug gegen den Reichsrat konstituiert worden war, und in dem der Erzkanzler bei gelegentlicher Anwesenheit in Wien den Vorsitz führte, schuf eine große eigenständige Reichsbehörde mit fester Organisation, die ihre letzte Verselbständigung freilich erst durch Loslösung der ihr als Abteilung erstmals angegliederten österreichischen Hofkanzlei im Jahre 1620 erfuhr. Erst nunmehr wurde die Bildung eines Behördenarchivs und seiner inneren Registraturverbindung mit einer ausschließlichen Reichsbehörde möglich. Als eigentliches Archiv sind in ihr nur neuere Urkunden und rechtswirkendes Empfangsmaterial ausgesondert worden, wie Reichs- und Deputationshauptschlüsse, kaiserliche Wahlinstrumente, Vollmachten zu den Reichsfriedensschlüssen, Staatsverträge mit Reichsgliedern und fremden Staaten. Alles übrige blieb durch die Jahrhunderte hindurch in Registraturen, wie sie durch die Geschäftseinteilung im großen gegeben, die aber alle nach lateinischen und deutschen Expeditionen unterteilt waren. Im wesentlichen scheinen sie nach Serien geordnet gewesen und der im 18. Jh. auftauchende Plan einer Neugliederung nach der *species actorum* (Sachakten) nicht mehr zur Durchführung gekommen zu sein. In der aus der unmittelbaren Geschäftsführung des Reichsvizekanzlers erwachsenen *registratura actorum publicorum*, welche alle reichsoberhauptlichen Weisungen an die kaiserlichen Gesandten, die Reichsministerialkorrespondenz mit der kaiserlichen Prinzipalkommission am Reichstage, die Reichstags-, Reichsdeputations- und reichskammergerichtlichen Visitationsakten, die Kreisassoziations- und Reichskreisakten, die Reichsfriedensunterhandlungen, die Akten über die Wahlen der geistlichen Kur- und der Reichsfürsten, ferner die über die Angelegenheiten der katholischen Kirche in Deutschland und Kollisionen mit dem päpstlichen Stuhl, die Originalkonzepte zu den Vorträgen des Reichsvizekanzlers an den Kaiser, die vertraulichen Kommunikationen mit den Hofstellen und die Wahlakten der römischen Kaiser und Könige in sich schloss, scheint das Korrespondentenprinzip vorherrschend gewesen zu sein. Da es aber Behelfe zwar zum Archiv, aber nicht zu ihr[29] gab, ist ihre ursprüngliche Formung nicht überliefert.

Sie wurde mit dem Archiv 1807 nach dem Zusammenbruch des *Heiligen Römischen Reichs deutscher Nation* im Jahre 1806 dem Haus-, Hof- und Staatsarchiv einverleibt, aber z. T. 1809 zusammen mit Akten der Staatskanzlei, mit denen sie schon früh vermischt war, von Napoleon I. (ebenso wie Akten des Vatikanischen Archivs und des spanischen Kronarchivs zu Simancas) zur Konstituierung eines Universalarchivs und Zentralisation der historischen Studien nach Paris überführt. Ihre dortige Verzeichnung scheint ihrem ursprünglichen Zustand am nächsten zu kommen. Jedenfalls wiesen diese und andere 1815 und 1819 dem Haus-, Hof- und Staatsarchiv wieder zur Verfügung gestellten Bestände überwiegend keine systematische Durchgliederung auf. Sie enthielten auch mit der Reichs- und österreichischen Politik zusammenhängende Archivalien anderen Ursprungs (z. B. des Reichsregiments, schwäbische Bundesakten und solche der Württembergischen Kanzlei) sowie die aus Aktenbeute herrührenden (solche des schmalkaldischen Bundes, ähnliche Beute schon im 12. Jh. vorkommend, vgl. ferner die Akten Heinrichs des Jüngeren von Wolfenbüttel im Politischen Archiv des Landgrafen Philipp von Hessen in Marburg, Nördlinger Aktenbeute in der Staatskanzlei), wurden aber weiterhin im Archiv mit verwandten Akten der österreichischen Hofkanzlei, der Gesandtschaften und vor allem der

[29] Id est „registratura actorum publicorum".

Staatskanzlei, ebenso wie deren eigene mit solchen der Reichshofkanzlei vermischt. Auch die großen reichshofrätlichen Registraturen (neben denen noch einige die Rechts- und Dienst-, Gebühren- oder Taxverhältnisse der Reichsbehörde betreffende Nebenregistraturen bestanden), die Lehns- und Gratial- (einschließlich der Standeserhöhungen) und die Judizial- (Prozess-)registratur, für die im ganzen eine Personalgliederung geschäftsmäßig gegeben war, gingen durch Neuordnungen zunächst einer sie für den Gebrauch der Instanzen deutscher Länder verwaltenden reichshofrätlichen Aktenkommission hindurch; deren Funktionen übernahm nach ihrer Auflösung 1840 das Haus-, Hof- und Staatsarchiv und 1849 die Bestände als eigene Filiale. Sie unterlagen aber auch umfangreichen, schließlich jedoch eingestellten Extraditionen an deutsche Bundesländer nach Betreffsprinzip. Die Reichsregisterbücher bis Franz II. (nur die ausdrücklich zu Registrierung bestimmten Sachen enthaltend, in ihrer Vollständigkeit an den „Reichstagebüchern" kontrollierbar) waren als Ausdruck der Minderung einer ursprünglich umfassenden Bedeutung der Lehns- und Gratialregistratur angenommen worden, nachdem die Ausfolgung der ältesten von Ruprecht ab aus Innsbruck 1627 der Reichshofkanzlei verweigert, sie 1751 aber – immer noch als Austriaca angegeben – dem Haus-, Hof- und Staatsarchiv angebildet wurden. So ist das erst spät aus Registraturverbindung und Provenienzzusammenhang erwachsene Reichsbehördenhauptarchiv schließlich nach Untergang des Reichs auf dem in → *Archivgestaltungstypen* dargelegten Wege einer Gesamtwertung und Archivorganisation unter Provenienzmischung und nach Verstümmelung in ein österreichisches Behördenhauptarchiv übergegangen und in strengstem Sinne nicht einmal in Gestalt einer Archivabteilung rein als Reichsarchiv erhalten geblieben.

Das aus der Leitung der Reichshofkanzlei und seiner Reichsgeschäfte erwachsene Mainzer Erzkanzlerarchiv (Wahltagsakten, Sukzession- und Vikariatsakten, Kurvereins- und fürstliche Kollegialtagsakten, Reichsdeputationsakten, Einigungs-, Bundes- und Allianz-, Friedens-, Reichskriegswesens- und Reichstagsakten u. a.) ließ der Erzbischof anfänglich, wenn auch in getrennten Serien, gemeinschaftlich mit seinem Landesarchiv in Mainz verwalten, hielt sich aber daneben eine Geheim- oder „Kammerdienerregistratur" (1626), insbesondere die von seiner landesfürstlichen Politik zu trennende hochpolitische Korrespondenz mit den Kreisen umfassend, zur Verfügung.

Die Verwaltung des gemeinschaftlichen Archivs wurde 1740 mit der Ernennung eines wirklichen Hofrats zu seinem Vorstand von der Kanzlei getrennt, 1782 aber auch von dem „inneren Regierungsarchiv“ das „Reichsarchiv“ abgesondert, mit eigenem Personal versehen und im Schlosse in eigenen Räumlichkeiten untergebracht. In der mit den französischen Revolutionskriegen neu einsetzenden Periode der Archivflüchtungen (deren Geschichte – besonders seit dem 30jährigen Krieg hervortretend – bis in die neueste Zeit hinein ebenso wie die der Archivkatastrophen durch Feuchtigkeit oder Brand, vielfach mit ihnen verbunden, in die Einzelgeschichte verwoben [ist][30]) gerieten beide Archive auf großen Umwegen schließlich nach Aschaffenburg, von wo sie nach Aussonderung der das vormalige Mainzer Oberamt, das spätere Fürstentum Aschaffenburg (Dalberg) betreffenden Bestände infolge seiner Zuweisung an Bayern unter Vorbehalt weiterer Verfugungsrechte durch dieses ohne scharfe Trennung gegeneinander in den dauernden Schutz der Präsidialmacht des deutschen Bundes nach Frankfurt a.M. (Deutschordenskommende zu Sachsenhausen) kamen. Nach unvollständiger Auslieferung auf das Eichsfeld bezüglicher Teile aus dem Landesarchiv schon 1818 und 1820 an Preußen übergab Österreich beide Archive 1852 nach Zustimmung Bayerns und des weiteren Erben Mainzer Territorialgebietes, des Großherzogtums Hessen-Darmstadt, unter anfänglichem Widerspruch Preußens unter Hinweis auf seine Eigenschaft als „rechtlicher Depositar“ dem Haus-, Hof- und Staatsarchiv zu besserer Verwahrung, dem sie schließlich einverleibt wurden. Dort wurden beide Archive z. T. wieder planlos durcheinander geworfen. Nach abermals unvollständiger Herausgabe der nach Territorialpertinenz zu Hessen gehörigen Stücke 1858 wurden schließlich 1884 die Mainzer Landesarchivalien der deutschen Botschaft zur Teilung unter Preußen und Hessen übergeben; ein untrennbarer Bestand blieb im Berliner Geheimen Staatsarchiv. In Wien verblieben aber außer dem Reichskanzlerarchiv vom Landesarchiv die Ecclesiastica, die geistlichen Akten des Erzbischofs von Mainz, zurück.

Das Reichsarchiv der Reichserbmarschälle von Pappenheim – aus ihrer Jurisdiktionsgewalt über das Gesinde der Reichstagsgesandten am letzten ständigen Reichstagssitz in Regensburg von 1663 an erwachsen – ist, soweit überhaupt erhalten und nicht dem Pappenheimischen Familienarchiv einge-

30 Im Manuskript versehentlich: „sind“.

gliedert, gleichfalls in das Haus-, Hof- und Staatsarchiv in Wien gelangt, ebenso die Akten der dortigen ständigen kaiserlichen Prinzipalkommission.

Anders die Akten des Reichskammergerichts (1497 Frankfurt a.M., 1527 Speyer), deren Verwaltung unter Aufsicht des Erzbischofs von Mainz stand. Nachdem 1683 ein Teil von ihm nach Frankfurt a.M. geflüchtet, der Rest aber – 1688 in die Hände der Franzosen gefallen, nach Straßburg gebracht, jedoch nach dem Frieden von Reyswyk[31] zurückgegeben – weitere Aufnahme im mainzischen Schloss zu Aschaffenburg gefunden hatte, konnten beide Bestände nicht mehr vor Auflösung des inzwischen nach Wetzlar verlegten Gerichts dort zugleich mit den neuen Akten archivisch vereinigt werden. Von Preußen als dem neuen Inhaber des Wetzlarer Gebiets beschlagnahmt, wurden die nach Vorinstanzen und Klägern pertinenzmäßig zu deutschen Bundesstaaten gehörigen Teile nach langwieriger Verzeichnung 1855 an diese ausgeliefert, die die altpreußischen Provinzen betreffenden Bestände aber zu preußischem Eigentum erklärt und dem Justizministerium unterstellt, endlich 1888 aber noch als 17. preußisches Staatsarchiv konstituiert (als Quelle für Reichsrechtsgeschichte und prozessuales Verfahren wie als Fundgrube für Familiengeschichte). Im Jahre 1924 aber zog man die Konsequenz aus dem Vorgehen von 1855 und verteilte die noch beisammen gebliebenen Bestände nach gleichem Prinzip auf die Staatsarchive der altpreußischen Provinzen. Ein untrennbarer Rest des damit aufgelösten Reichskammergerichtsarchivs (Protokolle, Urteilsbücher, Unterhaltsakten, Prozesse aus ehemaligen Reichsteilen) wurde unter der Obhut des inzwischen gegründeten neuen deutschen Reichsarchivs mit dem in Frankfurt a.M. zurückgebliebenen Material des Deutschen Bundes vereinigt.

Sonstiges Außenmaterial der Reichsgeschäfte (Reichsvikariate, Reichstagsgesandtschaften, Reichskreisdirektionen und Kreistage) kam z. T. nach Wien, überwiegend in deutsche Länderarchive. Über Behördenarchive, unter sich nicht zusammenhängend, ist das Archivwesen des alten Reichs nicht hinausgelangt, abgesehen davon, dass ein Torso des Reichskammergerichtsarchivs eine Zeit lang selbständiges Archiv der einheitlichen preußischen Archivverwaltung gewesen ist.

---

31 Id est Rijswijk.

Der Gedanke eines neuen gemeindeutschen Archivwesens ging aus der Revolution von 1848 hervor, kam jedoch in seiner zunächst an das Geschäftsmaterial des Bundesparlaments anknüpfenden Fassung aus der Kommission nicht mehr in das Plenum zurück. Auch die Akten der Frankfurter revolutionären Institutionen sind wie die der Bundesversammlung nach deren Auflösung zunächst von der Stadt Frankfurt verwahrt, später von der Abteilung Frankfurt des neuen Reichsarchivs in Potsdam verwaltet worden. Ein den Reichstag des Norddeutschen Bundes beschäftigender Plan, wohl in einseitiger wissenschaftlicher Einschätzung und in Anbetracht des als historisch angesehenen Materials, das gesamte deutsche Archivwesen unitarisch zur Bundessache zu machen in Vereinigung mit der für die Auseinandersetzung mit Österreich allerdings verspäteten Forderung einer Konzentrierung aller Trümmer der alten Reichsarchive, musste als mit dem föderativen Charakter der Bundesverfassung schwer vereinbar 1868 aufgegeben werden. Die Bildung eines Reichsarchivwesens rein aus den Geschäften des Bismarckschen Reiches selbst heraus ist an den Spannungen zwischen dem unitarischen Reichsgedanken und der preußischen Vormachtstellung und einem sich hinter ihm verbergenden Partikularismus trotz Überfüllung der Reichsämter mit ihren Akten gescheitert. Eine zwar zwischen dem Reich und Preußen selbst zustande gekommene Einigung, ein Reichsarchiv durch das Preußische Geheime Staatsarchiv verwalten zu lassen, wurde von Zentrum und Sozialdemokratie 1912 verworfen. Auch ein neuer Entwurf, es als selbständige Abteilung mit diesem nur formal unter einheitlicher Leitung zu verbinden, wurde 1914 in der Kommission von der gleichen Opposition abgelehnt.

Das Reichsarchiv, das dann am 1. Jan[uar] 1920 in Potsdam wirklich eröffnet wurde, war in seinen Anfängen ausschließlich ein → *Heeresarchiv*, und zwar zunächst vor allem des Geschäftsmaterials der Kommandostellen des Feldheeres aus dem Weltkriege 1914 bis [19]18, für das sich diese einzige Möglichkeit der Unterbringung bot. Es war aber von vornherein vorgesehen, die Akten der Reichszentral- und Reichsmittelbehörden mit ihm zu vereinigen, sowohl zum Zwecke geschichtlicher Forschung wie archivamtlicher Auskunft und Aktenermittlung für die Wissenschaft und praktischen Bedürfnisse insbesondere der Reichsbehörden. So hat sich hier wohl ein einziges Mal der Fall ergeben, dass ein großes politisches und Verwaltungsarchiv im Rahmen eines Heeresarchivs sich herausbildete, während sonst umgekehrt Heeresarchive wohl aus politischem Geschäftsmaterial sich lösten bezw. erst als in der Linie seiner Fortführung liegend erwuchsen bezw. es zur Voraussetzung hatten. Infolge mancherlei Schwierigkeiten, insbesondere auch räumlicher, hat sich jene Vereinigung nur allmählich vollzogen, und es ist unter dem Einfluss von Sonderbedingungen zur archivtheoretisch sonst abgelehnten Bildung von Zwischenarchiven, wie der des Politischen Archivs des Auswärtigen Amtes, gekommen (weniger berechtigt Reichspostarchiv). Die Akten auch der Reichsbehörden in den Ländern und ihrer Unterorgane in Potsdam zu zentralisieren, erwies sich als ebenso unmöglich, wie die Begründung besonderer Reichsarchive in den Ländern für sie als untunlich. Ihre entschädigungslose Übernahme konnte aber den Länderarchiven zugemutet werden, als die Liquidation der Länder feststand und ihre finanzielle Selbständigkeit aufhörte. Im Geheimen Staatsarchiv in Berlin war dafür seine Abteilung III (Staatsarchiv für die Provinz/Mark Brandenburg) die zuständige Stelle, für die sich auch allein eine Aussicht auf dauernde Ergänzung ergab. Neben der schon immer für neuen Zuwachs geschlossenen Abteilung I (altes Zentralarchiv) konnte auch die Abteilung II (neues Zentralarchiv) nach der auch sachlichen Vereinigung preußischer Fachministerien mit Reichsministerien lediglich noch zur Aufnahme ihres bis dahin erwachsenen Geschäftsmaterials und desjenigen der zunächst noch weiter bestehenden preußischen Ministerien (Staats- und Finanzministerium) zuständig bleiben und musste gleichfalls ihrer künftigen Abschließung zu einem historischen Archiv entgegensehen. Es war aber geplant, diese beiden Zentralabteilungen als großen historischen Hintergrund mit dem überwiegend erst mit dem Stichjahr 1867 (bis dahin auch Übernahme der Akten des Auswärtigen Amtes an das Preußische Geheime Staatsarchiv, der preußischen Staatsministerien darüber hinaus und des Königlichen Zivilkabinetts bis 1918) einsetzenden Reichsarchiv zu vereinigen, zumal da trotz nicht unberechtigter Tendenzen auf Erhaltung einer ungeteilten Totalität eines Reichsarchivwesens von ihm als politischem und Verwaltungsarchiv nach Wiederergreifung der Wehrhoheit das Heeresarchiv Potsdam als neues Facharchiv verwaltungsmäßig gelöst wurde, wenn auch zwangsmäßig mit ihm noch räumlich vereinigt blieb. Das so reduzierte Reichsarchiv Potsdam ist organisatorisch nach Sachgebieten gegliedert worden, die aber die Provenienzgrenzen nicht durchschnitten und deren strenge Berücksichtigung bei der Aufstellung von Archivabteilungen nicht ausschlossen. Eine Beschränkung des neuen Reichsarchivwesens auf das eine zentrale Reichsarchiv Potsdam war aber nicht beabsichtigt. Ihm trat als ebenbürtige Schöpfung das verwaltungsmäßig zusammengeschlossene Reichsarchiv Wien gegenüber; auch alle dem Reich wieder eingegliederten Archive mit nichtneutralem Material, darunter die der infolge des Versailler Friedens in fremden Besitz übergegangenen ehemaligen preußischen Staatsarchive, wurden Reichsarchive benannt, ebenso wie die Länderarchive an Stelle verschiedenartiger älterer Bezeichnungen Staatsarchive. Angebahnt war eine an das Reichsministerium des Innern angeschlossene einheitliche Reichsarchivverwaltung, die außer den isolierten Reichs- und Länderarchiven auch die schon lange bestehenden preußischen und bayerischen Gesamtarchivorganisationen umspannen sollte.

Über eine sonstige Verwendung der Bezeichnung Reichsarchive ohne unmittelbare Beziehung zum alten oder zum neuen Reich enthalten → *Archivgestaltungstypen* Angaben.

Literatur

- Unter Archivische Ordnungsprinzipien und Archivgestaltungstypen:
- Bresslau, Kap. 4 u. 5.
- Wattenbach, Schriftwesen.
- Bittner, Gesamtinventar Bd. I, S. 275 unter Reichsarchiv.
- Ferner: Hans Kaiser (mit Zusatz von W. Fürst), Die Archive des Alten Reiches bis 1806. Archival. Zeitschr. München 1925 Bd. 35, S. 204ff
- Lothar Groß, Geschichte der deutschen Reichshofkanzlei, Wien 1933.
- Paul Wiegand, Wetzlar (aus dem Archiv von Wetzlar Gesammeltes). Leipzig 1854.
- Goecke, Das 17. Preußische Staatsarchiv Wetzlar, Archival. Zeitschr. 10, 1885, S. 117.

- H. Hoogeweg, Die Entstehung des Staatsarchivs zu Wetzlar, Archival. Zeitschr. Bd. 37, 1928, S. 132.[32]
- E. Müller, Die Auflösung des preußischen Staatsarchives zu Wetzlar, Archival. Zeitschr. 37, 1928, S. 132.
- E. Müsebeck, Der systematische Aufbau des Reichsarchivs, Preuß. Jahrb. 91, Berlin 1923, S. 294.
- Helm. Rogge, Das Reichsarchiv, Archival. Zeitschr. 35, S. 119.
- E. Zipfel, Die Organisation des Reichsarchivs bis zur Bildung der Wehrmachtsarchive (nur Einteilungen), Archival. Zeitschr. 45, 1939, S. 1.

32 Versehentlich wiederholt Brenneke hier die Angaben zum Erscheinungsort des thematisch anschließenden Aufsatzes von E. Müller.

13 Sippenarchive

Eine den Sippen und Familien im wesentlichen eigentümliche Geschäftssphäre kommt aus ihrem ursprünglichen, aus dem Dunkel der Vorzeit heraus hervortretenden organisatorischen und rechtlichen Zusammenhang mit Geschlechtern, Stämmen, Volk im Übergang zur Siedlungsgemeinschaft zur Ausbildung. Ihre geschäftlichen Willensakte erstreckten sich danach sowohl auf die Aufrechterhaltung eigener innerer Rechtsordnung (väterliche Gewalt, Seniorat) wie einer erblichen Stellung innerhalb solcher Gemeinschaften, darüber hinaus in Gemeinden, Stadt, Staat, Kirche (Werkgenossenschaft, Patriziat, Immunität, Gerichtswesen, ritterlicher Wehrdienst, Lehnswesen, Landstandschaft, Kapitelspfründen, Kirchenpatronat), überhaupt auf eine Auseinandersetzung mit allen vornehmlich gleich ihnen aus Macht- und sozialen Akten in Verbindung mit der Rechtssphäre erwachsenen Institutionen. Dazu kam bei ihnen eine mehr ihre Gesamtstellung tragende als schon auf Gewinn und Unternehmung gerichtete erbliche und gleichmäßiger dauernde wirtschaftliche Grundlage, wenn auch nicht als unveränderliche Voraussetzung an sich. Sie stellte sich im Anfang in ländlichen Grundrechten dar, blieb aber darauf nicht beschränkt, und ebenso früh wie machtvolle nichtfürstliche Adelsgeschlechter haben patrizische Familien (Stromer und Tucher in Nürnberg, 14. Jahrhundert) ihre Geschäftsdokumente in eigenen Archiven verwahrt.

Im besonderen charakteristisch war für diese soziale Sphäre aber die Pflege einer überlieferten Blutsverwandtschaft und Bewahrung einer mit ihr gegebenen Ebenbürtigkeit. Jedoch ist dabei nicht außer acht zu lassen, dass diese als Geschäftsziele ihrer gesamten Geschäftsführung nur eingegliedert, nicht eigenständig sein konnten. Archive ganzer Sippenverbände wie die enger begrenzten Familienarchive sind denn auch keineswegs auf die Materialien von Geschäftsakten beschränkt, die mit einer gleichförmigen natürlichen Kontinuität von Geschlechterfolgen zusammenhängen, und brauchen den Nachweis einer solchen Kontinuität nur je nach besonderen vorliegenden Bedürfnissen und Zwecken, aber nicht lückenlos zu enthalten. Familien waren schon von altersher nicht lediglich das Ergebnis einer nur in Blutsverbundenheit verlaufenden Entwicklung, sondern vor allem langer Stadien gemeinsamer, sie in ihrem ganzen Wesen formender Geschichte. Nunmehr fand in den Überresten geschäftlicher Willensakte vor allem der Fortgang einer solchen Geschichte ihren greifbaren Ausdruck, in der die Generationen in ihrer Aufeinanderfolge nicht nur als in den Überlieferungen verharrend, sondern als aus ihrem nur ihnen eigenen inneren, sich ständig wandelnden Wesen wie aus den Veränderungen ihrer geschichtlichen Umwelt heraus Neues hinzufügend sich darstellten. Innerhalb der persönlichen Bindung so geschaffener Geschäftsobjekte konnte aber sehr wohl die Blutsgemeinschaft unterbrochen und neu geknüpft werden (Neuverlehnung, Adoption, Erbschaft), ohne dass sie selbst auseinanderfielen und ihre ferneren Kontinuitäten in ihren Archiven abrissen. Soweit in neuester Zeit gebundener Grundbesitz (Fideikommisse) aufgelöst wurde, ist doch das dem damit getrennten Sippenverbande gemeinsame hervorragendere und überhaupt geschichtlich wertvollere bis dahin überlieferte Archivmaterial als unzerteilbar und willkürlicher Vernichtung entzogen unter Schutz und Aufsicht gestellt worden (richterliche Entscheidungen der Fideikommiss-Senate in Verbindung mit den Staatsarchiven).

Andererseits sind zur Ergänzung rein genealogischen Ablaufs in den Sippenarchiven meist entsprechende Überlieferungen aus anderen Archiven unentbehrlich. So etwa die Lehnsregistraturen der Staats- und Länderarchive, die Kirchenbücher der Pfarrarchive, die Aufschwörungen zum Nachweise der zur Pfründenverleihung erforderlichen Anzahl adliger Ahnen in Stifts- und Kapitelsarchiven. Unter den Unterlagen adliger Abstammung zur Adelsverleihung und Adelsnachprüfung bietenden Stellen sind die 1841 mit den Adelsakten der österreichisch-böhmischen Hofkanzlei verbundenen Reichsadelsakten aus der Gratialregistratur der ehemaligen Reichshofkanzlei (mit ihnen dann beim Ministerium des Innern in Wien als Adelsarchiv gesondert verwaltet, später unter dem Namen „alte Gratialregistratur" als eine juristische Abteilung dem Bundeskanzleramt unterstellt) und die Akten des preußischen Heroldsamts (in ihren die Feststellung der Adelsqualität betreffenden Teilen zuletzt beim Reichsjustizministerium verwahrt) unter entsprechenden Akten der Länderarchive die hervorragendsten Erscheinungen. Überhaupt aber gewähren die Materialien anderer → *Archivgestaltungstypen*, besonders die der Staats- und Länder- wie der Stadtarchive die Möglichkeit einer Ausschöpfung genealogischer Zusammenhänge bis in die kleinsten Verästelungen hinein und allgemein wie örtlich sind für ihre Durchführung in einer umfangreichen Literatur Anweisungen gegeben worden. So stellt sich denn das sogenannte „Familienarchiv" nicht selten lediglich als eine zu beliebigen Zeiten vervollständigte Sammlung genealogischer Tatbestände, mit zerstreuten sie berührenden anderen Nachrichten verbunden, aus den verschiedensten Archiven dar, ohne dass in ihm eigene Willensakte für geschäftliche Zwecke solcher Zusammenstellungen zum Ausdruck kämen. Überhaupt ist zu unterscheiden [zwischen][33] einer immer wieder an die Sippenarchive anknüpfenden, der Wahrung gesunder Familienverbundenheit geltenden Wertung sippengeschichtlichen Materials, die, soweit auf höherer Ebene sich bewegend, sittlichen Idealen zu dienen und ohne eigene Verfallserscheinungen das öffentliche Wesen zu stützen vermöchte, und dem rein genetischen, wenn auch mit solchen Tendenzen verflochtenen, aber durch mannigfachste geschäftliche Willensakte überhaupt bedingten Wachstum der eigentlichen Sippenarchive an sich.

Als die ältesten und in ihrer geschichtlichen Überlieferung an Spannweite als umfassendste treten unter ihnen die Adelsarchive hervor, und zwar als so sich voneinander abhebende Erscheinungen, wie etwa die der westfälischen adligen Häuser – zeitweise im adligen Archivverein zu gemeinsamer Verwaltung, unter Belassung an den alten Orten ihrer Entstehung, aber auch zur Veröffentlichung ihrer Dokumente im Adelsblatt als wertvolle Beiträge zu den verschiedensten Forschungsgebieten zusammengeschlossen – und die der östlichen Patrimonialherrschaft, in denen nach Aufhebung der Patrimonialgerichtsbarkeit die Gerichtsakten in weiterem Umfange wider die Bestimmung verblieben sind. In solchen Typen finden die verschiedenartigsten vorstaatlichen sozialen und herrschaftlichen, gerichtsherrlichen und agrarrechtlichen Verhältnisse (Grundherrschaft und Gutsherrschaft) neben mancherlei anderen ihren Ausdruck.

Die obigen nur die allgemeinsten Umrisse der Geschäftssphäre der Sippe umschreibenden Darlegungen lassen noch für die mannigfachsten Besonder-

---

[33] Im Manuskript versehentlich: „von".

heiten Raum; und zu den geschäftlichen Materialien in ihren Archiven konnten auch noch Sammlungen auf eigensten wie auf anderen Sinngebieten, vor allem aber der einer Geschäftsführung selbst nicht entsprungene Brief, an erster Stelle die sie intimer ergänzende Familienkorrespondenz treten. Weiter konnten aber außer den Zeugnissen einer durch Generationen hindurch aufgebauten gemeinsamen Geschäftswelt in ihnen noch die Überreste von Willensakten aller anderen möglichen geschäftlichen Sinnrichtungen Platz finden, die nur individual von einzelnen Sippengliedern vollzogen waren, auch solche aus einer nur auftragsweise ausgeübten geschäftlichen Tätigkeit, die, wie etwa Akten der Politik, der Verwaltung und des militärischen Kommandos (in größerem Umfange und von hervorragender Bedeutung wie in Adels- auch in Herrschaftsarchiven vorkommend), in den Händen ihrer Träger verblieben und nicht in die amtlichen Registraturen geleitet worden waren.

Literatur

- Harry Bresslau, Handbuch der Urkundenlehre für Deutschland und Italien I, 2. Aufl. Leipzig 1912, S. 184. – H. Glasmeier, Sicherung und Erschließung der nichtstaatlichen Archive mit besonderer Berücksichtigung Westfalens, in: Korresp[ondenz]-Bl[att] des Gesamtvereins [der deutschen Altertumsvereine] 1925, S. 3–6 (vergl. auch Archival[ische] Zeitschrift, Bd. 36, München 1926, S. 256).
- Heinz Friedrich Deininger, Zur Geschichte des fürstlich und gräflich Fuggerschen Familien- und Stiftungsarchivs zu Augsburg, in: Archival. Zeitschrift Bd. 37, München 1928, S. 162.
- Jakob Seidl, Das Staatsarchiv des Innern und der Justiz in Wien, in: Archival. Zeitschrift Bd. 36 (1926), S. 86
- L. Bittner, Gesamtinventar des Wiener Haus-, Hof- und Staatsarchivs, Bd. 1 (1936), S. 285 (Reichsadelsakten) und S. 55ff. (Adels- und Herrschaftsarchive).
- Ed. Jacobs, Zur Geschichte der Kirchenbücher, in: Korrespondenz-Bl. des Gesamtvereins 50. Jg., 1902, S. 44.

Sie hatten mit dem → *Kirchlichen Archivwesen* im Gegensatz zu → *Dynastischen Archiven* und → *Reichsarchiven* von vornherein eine feste örtliche Bindung, die Möglichkeit geschützter Unterbringung und dauernder Überwachung und damit Vorzüge einer Sicherung gemeinsam, die bei einem Wandern der Geschäftsstellen mit ihrem Material oder einem[34] oft die Preisgabe bedeutenden Zurückbleiben desselben an den von ihnen verlassenen Stätten nicht gegeben war. Und wie den kirchlichen Anstalten bedeuteten den Städten in ihren Anfängen die empfangenen Dokumente Existenzgrundlage und Rechtssicherheit für fortschreitendes Wachstum.

Es bestand das elementarste Interesse an sorgfältigster Behütung alles als Etappen auf dem Wege zur städtischen Autonomie sich darstellenden Empfangsmaterials – der von den alten römischen und unter bischöflicher Herrschaft stehenden städtischen Siedlungen in ihrem Emporringen zu Städten im Rechtssinne nicht minder als der von Gründungsstädten im Kampfe um ihre Emancipation vom Stadtherrn erworbenen Freibriefe und Privilegien,[35] ja auch seiner[36] Verbriefungen für die von ihm freier geförderten, aus der Initiative von Unternehmerkonsortien hervorgehenden[37] und überhaupt für alle späteren Gründungen und Stadtrechtsverleihungen. Dazu kamen die Regelung der Rechtsstellung zum Reich oder zu den sich bildenden Territorien, die Vertrags- und Bündnisurkunden mit umliegenden sonstigen kirchlichen und weltlichen Gewalten und Städten und später die Abmachungen mit den kirchlichen Anstalten und Stiftungen wie genossenschaftlichen Gliederungen innerhalb der eigenen Mauern. Nach den Kirchen sind dann auch

[34] Gemeint: „bei einem".

[35] Um die Satzkonstruktion zu verstehen, ist zu lesen: „der [...] Freibriefe und Privilegien".

[36] Id est des Stadtherrn.

[37] Gemeint: „hervorgehenden Städte".

die Städte mit geringen Ausnahmen am frühesten und sorgsamsten, solange und soweit die Gefahr einer Anfechtung ihrer Rechtsstellung bestand, auf die Erfassung derartigen Empfangsmaterials z. T. schon vom Ende des 11. und vom 12. Jahrhundert ab bedacht gewesen. In ihren Einrichtungen dafür konnten sie aber – obschon ihr eigenes amtliches Schriftwesen zunächst mit Hilfe geistlicher Stadtschreiber ausbauend – in Deutschland weniger [un]-mittelbar an antike Vorbilder anknüpfen als die Kirchen, und als sie im Laufe der Entwicklung dazu übergingen, in ihrer Hand verbleibende protokollarische Verlautbarungen mit Rechtskraft auch über die Geschäfte zwischen Parteien zu schaffen, mußten sie doch die Formen dafür erst aus ihren eigenen Verhältnissen heraus entwickeln und konnten unmittelbar ebensowenig die dafür überlieferten altrömischen *acta municipalia* oder *codices publici* wie allgemein die Verwahrungseinrichtungen für Archivalien in gleicher Weise wie in italienischen und südfranzösischen Städten fortbilden.

Ihr Empfangsmaterial rechtlicher Natur bargen sie wohl zunächst, abgesondert von sonst hinzutretenden Schriftstücken, etwa in einer eisenbeschlagenen Kiste im Rathause (cista civitatis oder civium in Hamburg, Breslau), alsbald auch in Räumen, die unter Aufsicht der Kämmerei standen (Urkundenkammer in Lüneburg, Losungsstube in Nürnberg, in Truhen, Bankkästen, Kisten, *cedulae, scrinei*), eine Sonderauslese wichtigster Stücke außerdem noch in Kirchen niederlegend (Sakristei der Sebalduskirche in Nürnberg) oder insgesamt in den Gewölben hinter den Ratskapellen der Stadtkirchen (in der Lübecker Marienkirche bis in die jüngste Zeit getrennt vom übrigen Archiv), jedenfalls in besonders gesicherten Tresekammern gewöhnlich gemeinsam mit Kleinodien und Geldvorräten (Tresen der Hansestädte, *tresela-ria consilii* im Sinne von *thesauraria*), aber auch im Gewölbe des Turmes des Stadtvogts, später eines eigenen beim Rathause errichteten Turms (Köln), sie in den Fällen der Entfernung aus dem Schutz der Kämmerei der Aufsicht von Ratskommissionen (Gewölbeherren) unterstellend. Als Archivbehelfe blieben dafür in der Ratskanzlei Kopialbücher etwa in der in → *Archivische Ordnungsprinzipien* gekennzeichneten Anordnung oder besondere Archivinventare oder Repertorien etwa mit Hinweisung auf die betreffenden Laden durch rote Zahlen bei Hinzufügung weiterer Ziffern für die Urkunden zurück. Auch die Laden selbst waren dann mit entsprechenden Signaturen versehen, bei Buchstabenbezeichnung mit unterscheidenden Merkmalen für wiederholte Anwendung des Alphabets (7-farbiges Alphabet in Nürnberg). Später trat hierin Vernachlässigung ein, und in Verbindung damit führte schließlich unsorgsame eilige Benutzung der nur umständlich zugänglichen Originale zu völliger Unordnung in diesen Depots.

Nach den Kirchen begannen auch die Städte unter ihrem Siegel eigene Rechtsgeschäfte zu beurkunden, auch fremde zu bezeugen und zu beglaubigen. Die emporwachsenden größeren unter ihnen erweiterten aber auch sonst ihre Ausstellertätigkeit bei frühem intensivem Ausbau ihrer politischen und wirtschaftlichen Beziehungen durch Korrespondenz. An das Registerwesen knüpften sie dabei insofern an, als sie Abschriften ihrer Briefe in Missivbüchern festhielten. Aber auch das entsprechende Empfangsmaterial begannen sie in zeitlicher Sonderung etwa nach Amtsjahren der Bürgermeister in Säcken zu verwahren und, wenn auch getrennt von den Privilegien, ihm mit sonstigem Kanzleimaterial zuweilen eine ähnliche Sicherung angedeihen zu lassen.

Im übrigen vollzog sich in einem früh reich entfalteten Geschäftsleben die gesamte Weiterbildung ihrer inneren Rechtsordnungen, ihrer Verwaltung, ihrer Rechtshandlungen, Finanz- und Wirtschaftsführung bis in neuere Zeiten hinein fast ausschließlich in Amtsbüchern von so unerschöpflichen Formen, dass die Erforschung der Typen der Stadtbücher sich zu einem Spezialzweige der Rechtsgeschichte entwickelt hat (Rehme), etwa in Statuten, Willküren, Ratsprotokollen, Morgensprachen, Bürgerbüchern, Verfestungsbüchern (Ausweisungen), Eidbüchern (für Ratskommissionen und Ämter), Zinsbüchern, Schoßbüchern, Zollbüchern, Rechnungen, Schöffenbüchern, Erbbüchern, Rentenbüchern usw. Für die Verteilung der Rechte am Grundbesitz erwuchs an Stelle der Eintragung von Akten freiwilliger Gerichtsbarkeit nach sonstigen Anordnungen (Lübeck) aus der Form des Zinsbuches in Danzig gegen Ende des 14. Jahrhunderts das Realfolium als Vorläufer des modernen Grundbuches (in Hannover im 15. Jahrhundert Hausverlassungsbücher) mit der einfachen Bezeichnung der Eigentümer und Art der Grundstücke und der sie belastenden Renten nach örtlicher Reihenfolge (straßenweise) unter Hinzufügung auch sonstiger Belastungen (Servitute). Da bei Änderungen Ungültiges durch Rasur getilgt wurde, überliefern diese Danziger Erbbücher allerdings nur die Querschnitte zur Zeit ihres Abschlusses.

Zunächst noch fortlaufend dem Gebrauch dienend, blieben derartige Materialien der Kanzleiproduktion, aber auch die Empfangsstücke ohne abschließende Rechtswirkung zunächst in geordneter Verwahrung in den Geschäftsstuben, lagen später aber überwiegend unbeaufsichtigt und ohne Ordnung auch in benachbarten Räumen umher, nach Differenzierung verschiedener geschäfts- und buchführender Stellen auch der Provenienzmischung und zumal nach Untergang städtischer Selbständigkeit sogar gemeinsam mit den Depots fremdem Zugriff, völliger Verstreuung und Vernichtung ausgesetzt. Andererseits erscheinen vom 17. Jahrhundert ab Registratoren als besonders mit der Ordnung des Archivmaterials betraut oder etwa die jeweiligen jüngsten Senatssekretäre mit ihrer Herstellung, Erhaltung und Fortführung beauftragt. Selbst zur Verschreibung eines Rechtsgelehrten von der Universität (Dreyer aus Kiel in Lübeck) dafür ist es einmal gekommen. In Frankfurt a[m] Main stand das Archiv, hier früh festere Formen gewinnend, zeitweise 1720 unter einheitlicher oberster Leitung, wurde aber hinterher wieder der Kanzlei unterstellt, später unter Einwirkung wissenschaftlichen Forschungsdrangs wie Wahrung geschäftlicher Interessen in ein historisches und ein Verwaltungsarchiv zerlegt. Was bei allen derartigen Bemühungen zustande kam, war meist nur die geordnete Vereinigung von Depots und Kanzleiarchiven, von Urkunden und Stadtbüchern, verbunden etwa mit Auslese sonstiger älterer Geschäftsüberreste von historischer Bedeutung, auch sie zuweilen erst im 19. Jahrhundert auf Anregung etwa des hansischen Geschichtsvereins, zuletzt unter neben- oder hauptamtlicher wissenschaftlicher Leitung.

Die regelmäßige Hereinziehung des Schriftmaterials neuer Form, der Akten in ihren neueren Registraturen, in solche Hauptarchive gelang auch in größeren Archiven sehr häufig erst spät, jedenfalls vor der jüngsten Zeit nicht ohne Mischung der Provenienz aus verschiedenen Stadtämtern (Lübeck). Auch in manchen großen Städten ist man bis zuletzt nicht soweit vorgedrungen und steht noch vor dem Problem der Bewältigung moderner Aktenmassen. Auf der anderen Seite machten sich Spannungen mit dem staatlichen Archivwesen und ein Drang nach Rückerwerb solchen Archivguts, das mit der Übernahme älterer städtischer Funktionen durch den Staat in seinen Besitz übergegangen war, auch der nach Ausdehnung der

Zuständigkeit für die Akten lokaler staatlicher Geschäftsstellen überhaupt geltend, die vorwiegend auf den eigenen Bereich sich erstrecken.

Literatur

- Vgl. Bresslau 5. Kapitel und Wattenbach, Schriftwesen, unter Archivische Ordnungsprinzipien.
- Ferner: H. Boos, Zur Geschichte der weiland freien Reichsstadt Worms, Archival[ische] Zeitschr[ift] IX (1884), S. 99.
- Joh. Petz, Der Reichsstadt Nürnberg Archivwesen, Archival. Zeitschr. X (1885), S. 158.
- Ennen, Geschichte des Kölner Stadtarchivs, Archival. Zeitschr. II (1877), S. 89.
- R. Jung, Das Frankfurter Stadtarchiv. Seine Bestände und seine Geschichte, Frankfurt a. M. 1909.
- Joh. Kretzschmar, Die Geschichte des Lübecker Stadtarchivs. Prot[okoll] des 8. deutschen Archivtags. Berlin 1908, S. 64.
- Wilh. Reinecke, Das Stadtarchiv zu Lüneburg, Archival. Zeitschr. Bd. 36, S. 134.
- Paul Th. Hoffmann, Die Zukunft der Stadtarchive. Archival. Zeitschr. Bd. 45, 1939, S. 168.
- Dazu als Korreferat: Reinhold Schaffer, a. a. O., S. 177, ferner von demselben: Das Massenproblem bei den Stadtarchiven, ebd., S. 208.

15 Wirtschaftsarchive

Private wirtschaftliche Betätigung, die eigene schriftliche Überreste geschäftlicher Willensakte hinterlassen hat, blieb, auch in ihren Richtungen wechselnd, eher länger und stärker an den sozialen Verband der Sippe als ihren Träger enger gebunden, als daß sie in selbständigen Institutionen verdinglicht sich ganz oder mehr oder weniger von ihr gelöst hätte. So sind Gutsarchive (auch Bauernhofarchive, etwa nur aus wenigen Dokumenten bestehend) z. T. noch in der Verbindung, aber auch in Trennung vom zugehörigen Grundbesitz und wenn auch nicht ausschließlich, so doch vielfach als Bestandteile von Familien- und → *Sippenarchiven* verschiedenster Betreffe überliefert. Nicht anders die Archive von Handels- und Bankhäusern älterer und neuerer Zeit, die nicht selten später einen Pertinenzwechsel in Grundbesitz und Herrschaft hinein aufweisen und von denen das Fürstlich und gräflich Fuggersche Familien- und Stiftungsarchiv in Augsburg nur in seinen früheren Teilen das hervorragendste ältere des Handels und der Unternehmung in Darlehnsgeschäften ist. Sonst sind wohl Archive etwa von Handelsgesellschaften städtischer Geschlechter oder Reste von ihnen (Handelsbücher) in → *Stadtarchive* gelangt, die auch die Spuren ihrer privaten Grundbesitz- und Rentenvermögensbildung übermitteln. Ebendort finden sich Archive der ältesten Vertretung wirtschaftlicher Interessen, der Zünfte und Gilden (meist Buchmaterial). Neuere Innungsarchive sind in Fühlung mit den Handwerkskammern Gegenstand staatlicher → *Archivpflege* gewesen. Jüngere wirtschaftliche Vertretungen und Verbände sind, wenn überhaupt, erst spät den Problemen der Archivbildung nähergetreten.

Aus der öffentlichen Wirtschaft bergen die Stadtarchive ihre Kämmereibestände über Finanz- und Schuldenwesen und das z. T. hochbedeutende Material über eigene wirtschaftliche Unternehmungen und die Wirtschaftspolitik der Städte (Hanse), während eine archivische Erfassung der Akten aus ihren modernen technischen Betrieben meist bislang weniger gelungen ist. Nicht minder unterrichten die Kammerarchive als Bestandteile der Staats- und Länderarchive über die Verwaltung des Domanialgutes wie die gesamte finanzielle Haushaltsführung und erweisen z. T. eine frühe technische Durchbildung des Rechnungswesens, einer Buchhaltung und Gliederung in Haupt- und Nebenbücher (Gedenkbücher des Hofkammerarchivs in Wien). Dazu kommen in Akten weiterer Finanz- und Wirtschaftsstellen die geschäftlichen Überreste über eigene industrielle Unternehmungen und sonstige wirtschaftliche Maßnahmen der Staaten vom Frühmerkantilismus bis zum Absolutismus. Dagegen klaffen vielfach Lücken in der schwierigen archivischen Erfassung des Geschäftsmaterials moderner staatseigener Betriebe, insbesondere des Verkehrs, die z. T. kaum noch schließbar, z. T. noch der Ausfüllung zugleich mit den noch nicht eingefügten Beständen moderner Planwirtschaft harren. Daneben finden sich schon in den Staatsarchiven vertreten die Registraturen der neueren staatlichen Organe für die Weiterbildung ihres Finanzwesens, ihrer Wirtschafts- und Handelspolitik (Zollverein) und der Institutionen mit rechtlichen, sozialen und politischen Funktionen zur Bevormundung, zur Hebung und zum Schutze privater Wirtschaft und ihrer Mittel (z. B. Patentwesen). Im Anschluss an ältere Bestände hat man sich wohl auch in Staats- bezw. Kommunalarchiven noch über den eigenen Wirtschaftskreis hinaus zur Sammlung wirtschaftsgeschichtlichen Materials privat- und volkswirtschaftlicher Art ohne Kontinuität gedrängt gefühlt und es nach Wirtschaftsgebieten und Industriegruppen mit geographischer Unterteilung gegliedert (Budgets, Verwaltungs-, Geschäfts- und Jahresberichte, Rechnungen, Protokolle, Geschäftsbücher, Denkschriften, Statuten, Prospekte, Korrespondenzen, Flugblätter, Zeitungsausschnitte von behördlichen Stellen, Gesellschaften, Banken, Privatfirmen z. B. im Schweizerischen Wirtschaftsarchiv im Staatsarchiv Basel).

Als eigener [Typus] unter → *Archivgestaltungstypen* ist aber das Wirtschaftsarchiv, losgelöst von der ursprünglichen und allgemeineren Geschäftssphäre äußerer Organisation der Staaten, Korporationen, Sippen im ganzen erst ein Erzeugnis aus dem Anfang des 20. Jahrhunderts, den selbständigen großen Institutionen modernsten Unternehmertums in seiner Verbindung mit der Technik entsprungen. Hier hatte man in rastlosem Vorwärtsdrängen Anlass zu längeren Rückblicken nicht gefunden, und so sind denn mit den Zeugnissen ihrer älteren geschäftlichen Willensakte auch Traditionen der das Leben der ganzen Nation tief durchdringenden Entwicklung verloren gegangen. Nach Provenienz entstanden Werksarchive zuerst bei Großunternehmungen (Krupp und Siemens). Z. T. konnte es sich freilich bei der frühesten Bildung von Wirtschaftsarchiven für das historisch gewordene Material nur um eine Zusammenfassung letzter Überbleibsel handeln, und daneben blieb ferner ein Ausleseprinzip nach unmittelbarsten Gegenwartsinteressen wirksam. Was aus den Kreisen der Wirtschaft selbst an umfassenderen Schöpfungen zunächst bald überwog, waren, wie das Hamburger Weltwirtschaftsarchiv, Sammlungen von Überresten nicht einmal eigentlich vergangener und vollendeter geschäftlicher Willensakte ohne Kontinuität und verschiedensten Ursprungs, sondern – wie Ausschnitte und Auslese aus Gesetzen, Verträgen, Drucksachen, Zeitschriften aus allen Erdteilen, nach waren- und firmenkundlichen Gesichtspunkten geordnet – solche[38] von Material zur „Feinregistrierung von Märkten und Börsen", zum Dienst einer konjunkturgemäßen Zukunftsplanung bestimmt, dem Wesen der Archive also fremde „Informationsanstalten" besonderer Zwecksetzung und Bedeutung. In anderer Richtung entwickelte sich auf die Dauer schon über das Mittel der Archivorganisation das Rheinisch-Westfälische Wirtschaftsarchiv in Köln, zuerst aus dem Zusammenwirken rheinischer Handelskammern entstanden und auch ihre Bestände zusammen mit Betriebs- und Werksarchiven übernehmend, sowie das mit gleichen Zielen regional enger begrenzte Wirtschaftsarchiv bei der Handelskammer in Saarbrücken, das sogenannte Saarwirtschaftsarchiv, nicht ohne archivarische Beratung. Sie sind für die weiter einzuschlagenden Wege vorbildlich geworden. Staatliche → *Archivpflege* hat sich auch des Betriebsarchivmaterials angenommen, und aus ihrer Verbindung mit Wirtschaftsstellen sind Richtlinien für die Schaffung und Einrichtung von Werksarchiven hervorgegangen. Der Gesichtspunkt, daß auch die Sicherung historisch gewordenen Materials in provenienzmäßiger und Kontinuitäten zur Erscheinung bringender Zusammenfassung nicht minder der Wirtschaft wie der Wissenschaft dient, hat sich durchgesetzt. Jedoch kann eigene Bildung von Werks- und Betriebsarchiven nur bei Großunternehmungen durchführbar sein. Eine allgemeine Annahme anvertrauten archiv-

38 Id est Sammlungen.

reif gewordenen Materials sonstiger Wirtschaftsstellen zur Verwahrung und Betreuung durch Staats- und Kommunalarchive überschreitet die ihnen gegebenen Grenzen. So hat sich in Fühlung mit staatlicher Archivverwaltung in Wirtschaftskreisen eine Bewegung und Planung entfaltet, die auf die Schaffung einer eigenen, umfassenden und einheitlichen, regional gegliederten Archivorganisation für die Werke wie die wirtschaftlichen Vertretungen, zugleich als ihre archivischen Vertrauensstellen, im Anschluss an die Reichswirtschaftskammer wie ihre Untergruppen, insbesondere die Wirtschaftskammern, zielte.

Literatur

– Hermann Meinert, Wirtschaft und Archive. Beiträge zur Geschichte der Technik und Industrie, Bd. 27. Berlin 1938, S. 161.

II Archivkunde – Theorien und Geschichte

Exposé des Lehrgangs an der Archivschule in Berlin-Dahlem, 1930er-Jahre

1. Semester

A Allgemeine Einleitung

Theorien in ihrer vollen Bedeutung nur auf der Grundlage der Geschichte verständlich. Behandlung der Geschichte unter doppeltem Gesichtspunkte: Vergleichend (typisierend, systematisierend) und individualisierend (Verbindung mit historischer Landeskunde, Verwaltungsgeschichte und Kirchenorganisation im Einzelfalle). Dem zweiten Gesichtspunkt wird besonders in den Einzelreferaten Rechnung getragen. Doppelziel: 1) Richtlinien für Ordnung und Organisation. 2) Historische Quellenkunde.[1]

B Theoretischer Teil

1. Einführung in die gewöhnlichsten Realien des Archivdienstes und in die Typen der inneren Archivordnung an Hand der archivarischen Terminologie.
2. Einführung in das Zentralproblem der Archivlehre, in die Spannungen zwischen Sachprinzip und Provenienzprinzip, die weithin die Archivgeschichte sowohl in Hinsicht der Struktur wie der Organisation der Archive beherrschen, an der Hand von praktischen Aktenbeispielen.
3. Geschichte der Archivtheorien, vorgetragen unter Hinweis auf die besondere historische Situation, der sie jeweilig entsprungen sind. Dabei an passender Stelle Mitteilung aller allgemeinen Literatur (einschließlich der Zeitschriftenliteratur, der Nachschlagewerke, Handbücher und der Versuche zusammenfassender Archivgeschichte).

---

[1] In der handschriftlichen Fassung des Exposés findet sich eine Randnotiz, die einen Aphorismus Goethes aufgreift: „Nur auf den Inhalt, ohne von der Form Notiz zu nehmen, sehen, bedeutet Dumpfheit. Natur hat weder Kern noch Schale. Alles ist sie mit einem Male."

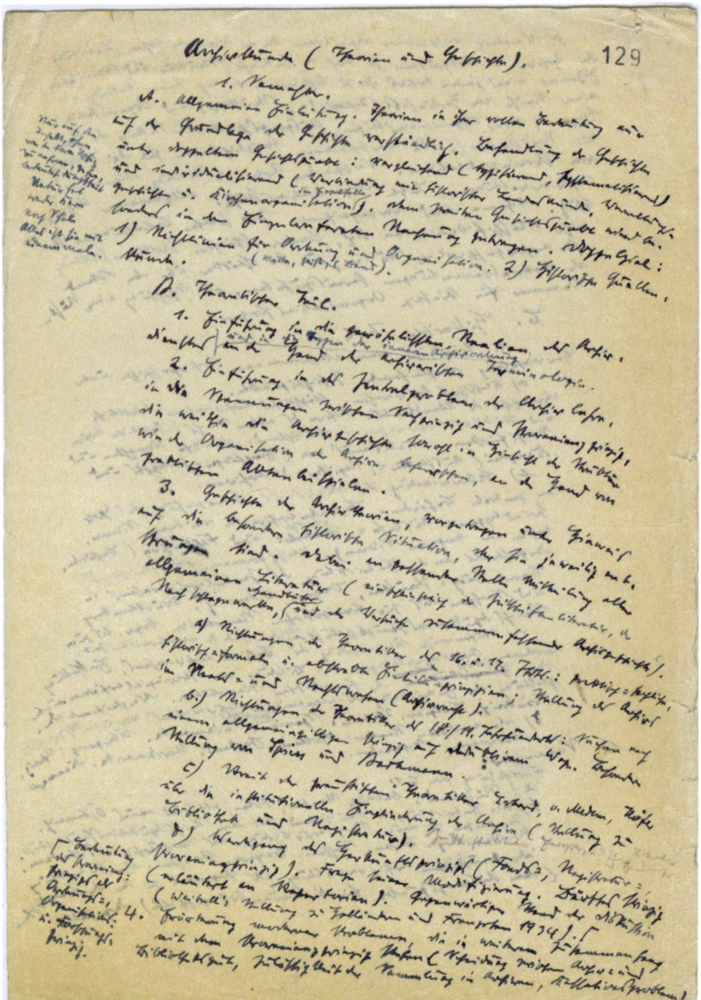

Abbildung 6: Adolf Brenneke: „Archivkunde (Theorien und Geschichte)". Manuskript, erste Seite.

- Richtungen der Theoretiker des 16. und 17. Jahrhunderts: praktisch-sachliche, historisch-formale und abstrakte Einteilungsprinzipien; Stellung des Archivs im Staats- und Rechtswesen (Archivrecht).
- Richtungen der Theoretiker des 18./19. Jahrhunderts: Suchen nach einem allgemein gültigen Prinzip auf deduktivem Wege. Besondere Stellung von Spiess und Bachmann.
- Streit der preußischen Theoretiker Erhard, v. Medem, Höfer über die institutionelle Eingliederung der Archive (Stellung zu Bibliothek und Registratur).
- Werdegang des Herkunftsprinzips (Fonds-, Registratur-, Provenienzprinzip). Frage seiner Modifizierung. Bär'sches Prinzip (erläutert an Repertorien). Gegenwärtiger Stand der Diskussion (Weibull's Stellung zu den Holländern und Franzosen 1934). Bedeutung des Provenienzprinzips als Ordnungs-, Organisations- und Forschungsprinzip.

4. Erörterung moderner Probleme, die in weiterem Zusammenhang mit dem Provenienzprinzip stehen (Scheidung zwischen Archiv- und Bibliotheksgut, Zulässigkeit der Sammlung in Archiven, Kassationsproblem).
5. Vergleich verschiedener Definitionen über das Wesen der Archive. Einteilung der Archive in Artgruppen je nach Herkunft, Struktur und Organisation. Eigenart eines jeden Archivs ist zu bestimmen je nach seiner Stellung in einer Reihe von Herkunfts- (Inhalts-), Struktur- und Organisationstypen (bezw. Organisationsstufen, Ausgangspunkt: Die Stellung des Archivs zur Registratur). Die verschiedenen Möglichkeiten für die Bildung von Provinzialarchiven.
6. Verschiedene Arten der Bildung allgemeiner Archivverwaltungen. Letzte Organisationsstufe: allgemeiner Archivalienschutz. Schema wie vorgezeichnet. Ziel solcher Betrachtungen ist nicht Klassifikation an sich, sondern schärfere Problemstellung für archivgeschichtliche Studien, um sie stärker über den Stand der Materialsammlungen herauszuheben, und Schaffung einer Rüstkammer für künftige Organisationsfragen.

C Historischer Teil

1. Grundzüge einer allgemeinen Archivgeschichte unter Hervorhebung vergleichender Gesichtspunkte.
   - Klassisches Archivwesen. Päpstliches Archivwesen. Weltliche Herrscher des Abendlandes. Archive des alten Reichs. Geistliche Archive und städtisches Archivwesen in Deutschland. Deutsche Dynasten und Reichsfürsten. Dualismus von (Empfänger-)Depots und Kanzlei- (Aussteller-, Register-)Archiven.
   - Überwindung des Dualismus, Heranziehung der Depots an zentrale Behörden. Behördenarchive im weiteren Sinne. Grundtypen: Auslese-, Haupt- und Facharchive (Behördenarchive im engeren Sinne). Mischformen. Vergleichend dargestellt an der Entwicklung des Zentralarchivwesens in Brandenburg-Preußen, Bayern, Österreich, Württemberg und Sachsen bis zur französischen Revolution bezw. bis zum Reichsdeputationshauptschluss [und] dem Ende der napoleonischen Zeit.
   - Stufenweise Überwindung des Behördenarchivwesens, Entfaltung moderner Archivverwaltungen und Bildung von Provinzialarchiven unter dem Anstoß der französischen Revolution. Vergleichende Darstellung der Entwicklung des romanischen Archivwesens vor und im 19./20. Jahrhundert. Frankreich. Belgien. Italien. Spanien. Portugal. Südamerika. Übergang: Schweiz.
   - Die nordischen Staaten: Holland. England. Nordamerika. Dänemark. Norwegen. Schweden.

2. Semester

C Historischer Teil (Fortsetzung)

- Rußland, baltische Staaten, Polen, altes und neues Österreich.
- Die Entwicklung in Deutschland seit dem Reichsdeputationshauptschluss. Tendenzen zu neuer Reichsarchivbildung. Das Reichsarchiv in Potsdam. Württemberg. Baden. Sachsen. Bayern. Preußen. Die Entwicklung der Preußischen Archivverwaltung als Gegenpol zu der der französischen (dem Ausgangspunkt für die neuere Archivgeschichte) dargestellt.

2. Die einzelnen preußischen Staatsarchive und Archive der deutschen Länder und ihrer Sprengel (historische Landeskunde).
   - Staatsarchiv Hannover als Beispiel vorgetragen (dazu Land Braunschweig)

     Folgen Referate der Mitglieder:
     - Staatsarchiv Königsberg
     - die vormaligen preußischen Staatsarchive Danzig und Posen
     - Staatsarchiv Breslau
     - Staatsarchiv Stettin.

3. Semester

Fortsetzung der Referate.

- Staatsarchiv Magdeburg (Provinz Sachsen, dazu Anhalt)
- Staatsarchiv Aurich
- Staatsarchiv Osnabrück
- Staatsarchiv Kiel
- Staatsarchiv Marburg (dazu Darmstadt und ehem. Land Waldeck)
- Staatsarchiv Wiesbaden

- Staatsarchiv Münster i. W. (Prov[inz] Westfalen und Schaumburg-Lippe und Lippe)
- Staatsarchiv Düsseldorf
- Staatsarchiv Koblenz
- Lübeck, Hamburg, Bremen und Oldenburg
- Mecklenburg
- Sachsen und Thüringen
- Bayern (Archive in Verbindung mit der historischen Landeskunde)
- Württemberg mit Sigmaringen (dsgl.)
- Baden (mit Elsass) (dsgl.)

  (Andere Reihenfolge und andere Verknüpfung kleinerer deutscher Länder mit preußischen Provinzen bleibt vorbehalten, z. B. Oldenburg im Anschluss an Schleswig-Holstein).

3. Wiederholungen verschiedener Probleme und Themen in anderen Verknüpfungen als wie sie in Vorlesungen und Referaten sowie anschließenden Besprechungen geboten wurden.

Dietmar Schenk

Editorischer Bericht

Textgrundlage

Der Nachlass Adolf Brennekes wurde dem Niedersächsischen Landesarchiv, Standort Hannover (Signatur: NLA HA, Hann. 91 Nachlass Adolf Brennecke) von seiner Witwe Elly Brenneke und Wolfgang Leesch, dem Bearbeiter der *Archivkunde*, 1951 und 1952 übergeben. Die Unterlagen, die Leesch besaß, hatte er nach Brennekes Tod von der Witwe erhalten. Insgesamt sieben Mappen (Nr. 2/1 bis 2/6 und 3) betreffen die *Archivkunde* und ihren Umkreis; unter Nr. 1 werden Exzerpte Brennekes aus dem Staatsarchiv Danzig bewahrt.

Inhaltlich umfasst das überwiegend handgeschriebene Material zur *Archivkunde* neben dem umfangreichen Vorlesungsmanuskript des Kollegs am Institut für Archivwissenschaft in Berlin-Dahlem (Nr. 2/3, Bl. 434–735) vor allem Exzerpte, die Brennekes umfassendes Studium archivfachlicher Texte belegen. Die Auszüge sind im Verhältnis zu ihren Vorlagen nicht selbstständig genug, um eine Edition lohnenswert erscheinen zu lassen. Auch das Manuskript des Kollegs ist eher ungeeignet; es stellt sich als zu weitläufig dar, um einen Abdruck zu rechtfertigen. Was die Vorlesung angeht, so ist der Interessent nach wie vor mit Leeschs Überarbeitung, die seit 1953 als Buch vorliegt, gut bedient. Die Edition der „Archivartikel" ist jedoch, wie im Vorwort dieses Buches näher ausgeführt, sinnvoll: Es handelt sich um fünfzehn Beiträge für ein geplantes *Sachwörterbuch für die deutsche Geschichte*. Ergänzend wurde ein undatiertes Exposé des Dahlemer Kollegs, das in einer handschriftlichen (Nr. 2/1, Bl. 129f) und einer maschinenschriftlichen Fassung (Nr. 2/1, Bl. 131–135) vorliegt, hinzugenommen.

Die zahlreichen ausführlichen Exzerpte belegen Brennekes Belesenheit. Aus den Literaturhinweisen in den „Archivartikeln", die ein wenig karg ausgefallen sind, wird dagegen der Umfang von Brennekes Kenntnis des Schrifttums nicht vollständig ersichtlich; die einschlägige Fachliteratur stand ihm bei Abfassung der Artikel nicht zur Verfügung.

In Mappe Nr. 2/6 liegt obenauf eine Transkription der „Archivartikel", die Wolfgang Leesch angefertigt hat (Bl. 1208–1242). In den unteren Teil sind die Handschriften eingeordnet worden (Bl. 1327–1397). Die Artikel sind auf Papier unterschiedlicher Art und verschiedenen Formats notiert worden; für drei von ihnen, nämlich „Archivische Ordnungsprinzipien", „Provenienzprinzip" und „Archiv", ergibt sich aus dem benutzten Papier ein Terminus post quem. Sie stehen auf der Rückseite von ausgefüllten Schulzeugnisformularen für das letzte Jahresdrittel 1944. Da die Formulare gewiss nicht vor Ende 1944 für ihren ursprünglichen Zweck benutzt wurden, können Brennekes Aufzeichnungen auf der Rückseite nicht vor der Jahreswende 1944/45 entstanden sein.

Viele Blätter des Manuskripts sind als Ganzes durchgestrichen worden. Es ist denkbar, dass es eine Reinschrift gab, die sich nicht erhalten hat; sie könnte dem Verlag übersandt worden sein. Die Anordnung der Manuskriptblätter ist recht zufällig; teils sind die Blätter, die einen zusammenhängenden Text enthalten, andersherum als üblich, von hinten nach vorne, angeordnet.

Es ist erkennbar, wie Brenneke arbeitete: Er hat die jeweilige Fassung so lange mit Korrekturen, Einschüben und Zusätzen versehen, bis es aufgrund des Platzes auf dem Papier beim besten Willen nicht mehr ging, auf demselben Blatt weiterzuarbeiten; bei den Korrekturgängen wurde seine Handschrift immer kleiner, ja winzig (siehe Abb. 3). Wenn dieser Zustand erreicht war, musste eine Abschrift angefertigt werden. Die neue Fassung schließt er unmittelbar an das Ende der alten an, um Papier zu sparen. So ist manchmal nicht ganz leicht zu erkennen, welche Texte zur jeweils letzten vorhandenen Stufe der Ausarbeitung gehören. Der Herausgeber kam in dieser Hinsicht nirgends zu einem anderen Ergebnis als Wolfgang Leesch. Die Artikel befinden sich auf folgenden Blättern bzw. Seiten:

1. Archiv: Bl. 1395–1396 (2 Seiten, einseitig beschrieben)
2. Archivarische Terminologie: Bl. 1357r–1358v (4 Seiten)
3. Archivgestaltungstypen: Bl. 1341r–1354v (28 Seiten)
4. Archivische Ordnungsprinzipien: Bl. 1331–1340 (10 Seiten, einseitig beschrieben)
5. Archivische Zuständigkeit: Bl. 1391v, 1391r, 1390v, 1390r (4 Seiten)
6. Archivrecht: Bl. 1356v–1357r (2 Seiten)
7. Provenienzprinzip: Bl. 1392–1394 (3 Seiten, einseitig beschrieben)
8. Archivtheorien: Bl. 1361v–1370r, 1373r–1377v (28 Seiten)
9. Dynastische Archive: Bl. 1387v, 1387r, 1386v, 1386r (4 Seiten)
10. Heeresarchive: Bl. 1382r–1383v (4 Seiten)
11. Kirchliches Archivwesen: Bl. 1381r–1381v, 1380v (3 Seiten)
12. Reichsarchive: Bl. 1328r–1330v (6 Seiten)
13. Sippenarchive: Bl. 1378r–1379v (4 Seiten)
14. Stadtarchive: Bl. 1389r–1389v, 1388v (3 Seiten)
15. Wirtschaftsarchive: Bl. 1397r–1397v (2 S.)

Transkriptionsregeln, Textgestaltung, Kommentierung, Anordnung der Artikel

Der hier wiedergegebene Text ist aus den Handschriften neu transkribiert worden; Leeschs Abschrift lag dem Bearbeiter allerdings vor und konnte zum Vergleich herangezogen werden. Leesch, sicherlich der beste Kenner von Brennekes Œuvre, hatte mit dem Manuskript einige Mühe. Die Artikel Brennekes zu entziffern, sei „infolge seiner flüchtigen und engen Schrift sehr mühsam“, resümierte er 1950.[1] Doch nahm er sich die Zeit, die schon erwähnte maschinelle Abschrift anzufertigen; sie umfasst 65 eng beschriebene Seiten. Die Abweichungen dieser Edition von Leeschs Transkription sind geringfügig.

Der Text wird buchstabengetreu wiedergegeben; an der Abfolge der Worte besteht so gut wie nirgends ein Zweifel. Kleine Versehen Brennekes,

[1] Archiv der BBAdW, Nl. Meisner, Nr. 107, Brief Leeschs an Heinrich Otto Meisner vom 24.4.1950.

etwa ein stehen gebliebener Buchstabe, der bei einer Änderung eigentlich hätte wegfallen müssen, wurden stillschweigend korrigiert; in sehr seltenen Fällen betrifft dies auch die Doppelung eines Wortes, eine offenkundig falsche Reihenfolge von Worten im Satz oder einen durch Änderungen falsch gewordenen Plural oder Singular. Fehlende oder ausgetauschte Worte wurden in eckigen Klammern ergänzt. Was die Identifizierung der Buchstaben und die Worttrennung angeht, so wurde im Zweifelsfall eine Lesart im Sinne der heutigen deutschen Rechtschreibung vorgezogen. Geläufige Abkürzungen (wie „z. B." für „zum Beispiel") wurden in der Form, in der sie Brenneke benutzte, unaufgelöst übernommen.

Aufgrund der komplizierten Satzkonstruktionen und manchmal nicht ganz ausgereifter Formulierungen sind die Texte für den Leser leider an einigen Stellen nicht leicht mitzuvollziehen. Der Editor musste deshalb auf Lesbarkeit besonders achten; er entschied sich dafür, dem Leser eine gewisse Hilfestellung zu geben. So wurde die Zeichensetzung behutsam normalisiert; die Übernahme von Satzzeichen, die dem Sinn des Satzes zuwiderlaufen, würde das Verständnis nur erschweren. Bei Konstruktionen, die wenig übersichtlich sind, wurden Gedankenstriche (anstelle von Kommata) benutzt; es fällt dadurch leichter, den Gesamtzusammenhang des Satzes im Auge zu behalten. Gelegentlich wurde in Anmerkungen ein Hinweis darauf gegeben, wie eine bestimmte Stelle zu verstehen ist, etwa wenn Brenneke, wie es seine Gewohnheit war, Worte nicht wiederholte, die sich aus einem Bezug zum vorangegangenen Text ergeben.

Brenneke arbeitete mit Unterstreichungen, die bestimmte Termini der archivarischen Berufssprache hervorheben, doch verfuhr er inkonsequent. Die Vorgehensweise trägt dem lexikalischen Charakter der Texte Rechnung; doch hat sie Brenneke sehr zufällig gehandhabt, sodass auf die Wiedergabe verzichtet wurde.

Im Literaturverzeichnis, das den meisten Artikeln beigefügt worden ist, wurde die Zeichensetzung vereinheitlicht, ansonsten aber die – oft abkürzende – Zitierweise Brennekes beibehalten; die Literaturangaben wurden nicht auf ihre Richtigkeit überprüft, sondern so übernommen, wie sie Brennekes Manuskript zu entnehmen sind. Der Rohzustand der Literaturauswahl sollte sichtbar bleiben.

Ein Stellenkommentar erübrigte sich; es kann davon ausgegangen werden, dass Brennekes Texte überwiegend von Fachleuten gelesen werden, und Leser, die nicht jeden der verwendeten Fachausdrücke kennen, werden, so die Einschätzung des Editors, trotzdem zurechtkommen. Ein Kommentar wäre zwangsläufig mit Angaben überfrachtet, die man in einem Hilfswörterbuch für Historiker leicht nachschlagen kann. Was den Kontext angeht, so finden sich im Übrigen zahlreiche Hinweise und Erläuterungen in der ausführlichen historischen Rekonstruktion von Brennekes archivwissenschaftlichem Entwurf, die in diesem Buch auf die Edition der nachgelassenen Schriften folgt. Innerhalb des Lexikons wären die Artikel alphabetisch angeordnet worden, doch hätten sie nicht nebeneinander gestanden. Da sich keine andere Ordnung als die alphabetische wirklich aufdrängt, wurde auch in der vorliegenden Edition diese Reihenfolge gewählt. Nur an einer Stelle erschien es angebracht, sie zu durchbrechen: Die Artikel, die einzelnen Sparten von Archiven gewidmet sind, stehen am Schluss. Dadurch rückt der Artikel „Provenienzprinzip" nach vorne und schließt sich denjenigen Artikeln an, die mit der Buchstabenfolge „Archiv[...]" beginnen. So ergibt sich eine Gliederung in einen allgemeinen und einen besonderen, einzelnen Archivsparten gewidmeten Teil.

Literatur des editierten Textes

Das nachfolgende Verzeichnis enthält die von Adolf Brenneke in den „Archivartikeln" meist am Ende des Beitrags abgekürzt angeführte Literatur.

[Anon.]: Art. „Archive". In: Der Große Brockhaus. 15. Aufl., Bd. 1. Leipzig 1928, 640ff.

[Anon.]: Art. „Archive". In: Wetzer und Welte's Kirchenlexikon, oder Encyklopädie der katholischen Theologie und ihrer Hülfswissenschaften. 2. Aufl. Bd. 1. Freiburg i. Br. 1882, 1259ff.

Bailleu, Paul: Das Provenienzprinzip im Geheimen Staatsarchiv Berlin. In: Korrespondenzblatt des Gesamtvereins der deutschen Geschichts- und Altertumsvereine 50 (1902), 193–195.

Bär, Max: Das königliche Staatsarchiv zu Danzig, seine Begründung, seine Einrichtungen, seine Bestände. Leipzig 1912.

Baumann, Franz Ludwig von: Rückblicke auf das erste Jahrhundert des Königlich Bayerischen Allgemeinen Reichsarchivs. In: Korrespondenzblatt des Gesamtvereins der deutschen Geschichts- und Altertumsvereine 60 (1912), 343–356, und Archivalische Zeitschrift 33 (1914), 211–230.

Bayrische Archivrepertorien und Urkundenregister im Reichsarchiv zu München siehe Neudegger

Bittner, Ludwig: Die zwischenstaatlichen Verhandlungen über das Schicksal der österreichischen Archive nach dem Zusammenbruch Österreich-Ungarns. In: Archiv für Politik und Geschichte 4 (1925), S. 58–96.

– : Das Wiener Haus-, Hof- und Staatsarchiv in der Nachkriegszeit. In: Archivalische Zeitschrift 35 (1925), 141-203.

– : Zur Neuorganisation des österreichischen Archivwesens. In: Archivstudien. Festschrift für Woldemar Lippert. Hrsg. v. Hans Beschorner. Dresden 1931, 36–42.

– : Das Eigentum des Staates an seinen Archivalien nach dem österreichischen Allgemeinen Bürgerlichen Gesetzbuch. In: Festschrift Hans Nabholz. Zürich 1934, 298–328.

– siehe auch Gesamtinventar des Wiener Haus-, Hof- und Staatsarchivs

Boos, H[einrich]: Zur Geschichte des Archivs der weiland freien Stadt und freien Reichsstadt Worms. In: Archivalische Zeitschrift 9 (1884), S. 99–119, und 10 (1885), 193–196.

Bornhak, Conrad: Art. „Archiv". In: Wörterbuch des deutschen Staats- und Verwaltungsrechts. Begr. v. Karl Freiherr von Stengel. Hrsg. v. Max Fleischmann. 2. Aufl. Bd. 1. Tübingen 1911, 185ff.

Brecht, Arnold: Die Geschäftsordnung der Reichsministerien. Ihre staatsrechtliche und geschäftstechnische Bedeutung, zugleich ein Lehrbuch der Büroreform. Berlin 1927.

Bresslau, Harry: Handbuch der Urkundenlehre für Deutschland und Italien. Erster Band. 2. Aufl. Leipzig 1912.

Deininger, Heinz Friedrich: Zur Geschichte des fürstlich und gräflich Fuggerschen Familien- und Stiftungsarchives zu Augsburg. In: Archivalische Zeitschrift 37 (1928), 162–183.

Delius/Kiefhaber: Art. „Archiv". In: Johann Samuel Ersch und Johann Gottfried Gruber (Hrsg.): Allgemeine Encyclopädie der Wissenschaften und Künste. 5. Teil, Leipzig 1820, 154ff.

Droysen, Johann Gustav: Historik. Vorlesungen über Enzyklopädie und Methodologie der Geschichte. Hrsg. v. Rudolf Hübner. München, Berlin 1937, 2. Aufl. 1943.

Ennen, L[eonard]: Geschichte des Kölner Stadtarchivs, Archivalische Zeitschrift 2 (1877), 89–109.

Erhardt, Louis: Die Hauptphasen der Entwicklung des Berliner Geheimen Staatsarchivs. In: Korrespondenzblatt des Gesamtvereins der deutschen Geschichts- und Altertumsvereine 52 (1904), 429–435.

Feith, Johan Adriaan, siehe Muller, Samuel

Finke, Heinrich: Acta Aragonensia. Quellen zur deutschen, italienischen, französischen, spanischen, zur Kirchen und Kulturgeschichte aus der diplomatischen Korrespondenz Jaymes II. (1291–1327). 3 Bde. Berlin, Leipzig 1908–1922

Frankhauser, Fritz: Der Neubau des Grossherzoglich Badischen General- Landesarchivs in Karlsruhe. In: Archivalische Zeitschrift 27 (1907), 1–21, und Korrespondenzblatt des Gesamtvereins der deutschen Geschichts- und Altertumsvereine 55 (1907), 426–432.

Fritsch, Ahasverus: Tractatus de iure archivi et cancellarii. Jena 1664.

Fruin, Robert, siehe Muller, Samuel und Weibull, Carl Gustav

Germania Sacra,

1. Abt. Die Bistümer der Kirchenprovinz Magdeburg. Bd. 1: Das Bistum Brandenburg. Bearb. v. Gustav Abb und Gottfried Wentz. Berlin 1929. Bd. 2: Das Bistum Havelberg. Bearb. v. Gottfried Wentz. Berlin 1933. Bd. 3: Das Bistum Brandenburg, 2. Teil Berlin 1941. Bearb. v. Fritz Bünger und Gottfried Wentz.

2. Abt.: Die Bistümer der Kirchenprovinz Mainz. Das Bistum Bamberg. Bearb. von Erich Freiherrn von Guttenberg. Berlin 1937.

3. Abt.: Die Bistümer der Kirchenprovinz Köln. Bd. 1: Archivdiakonat Xanten. Bearb. v. Wilhelm Classen. Berlin 1938.

Gesamtinventar des Wiener Haus-, Hof- und Staatsarchivs, aufgebaut auf der Geschichte des Archivs und seiner Bestände. Hrsg. v. Ludwig Bittner (Inventare österreichischer staatlicher Archive, Abt. V, Teil 4) 5 Bde. Wien 1936–1940.

Giannoni, Karl: Staatliches Archivwesen in Österreich. In: Deutsche Geschichtsblätter 5 (1904), 97–116.

Glasmeier, Heinrich: Sicherung und Erschließung der nichtstaatlichen Archive mit besonderer Berücksichtigung Westfalens. In: Korrespondenzblatt des Gesamtvereins der deutschen Geschichts- und Altertumsvereine 73 (1925), 3–6.

(siehe dazu Lothar Groß: Literaturberichte, IV. Deutschland. In: Archivalische Zeitschrift 36 (1926), 235–288, 256)

Glasschröder, Franz Xaver/A. Rosch/C. Kammer: Art. „Kirchliches Archivwesen". In: Lexikon für Theologie und Kirche. Hrsg. v. Buchberger. 2. Aufl., Bd. 1. Freiburg i. Br. 1930, 618ff.

Goecke, Rudolf : Das siebzehnte Preußische Staatsarchiv [Wetzlar]. In: Archivalische Zeitschrift 10 (1885), 117–121.

Gross, Lothar: Zur Geschichte des Archivschutzes in Österreich. In: Archivalische Zeitschrift 42/43 (1934), 159–182.

– : Die Geschichte der Deutschen Reichshofkanzlei von 1559 bis 1806. Wien 1933.

Handbuch der Archive (Minerva-Handbuch). Hrsg. v. Paul Wentzcke und Gerhard Lüdtke. Bd. I. Berlin 1932.

Heckel, Rudolf von: Das päpstliche und sizilische Registerwesen. In: Archiv für Urkundenforschung, Bd. 1 (1908), 371–510.

Hille, Georg: Die Grundsätze der Aktenkassation. In: Korrespondenzblatt des Gesamtvereins der deutschen Geschichts- und Altertumsvereine 49 (1901), 26 –31.

Hoffmann, Paul Th.: Die Zukunft der Stadtarchive. Ausgestaltung, Aufbau, Aufgaben. In: Archivalische Zeitschrift 45 (1939), 168–176.

Hoogeweg, Hermann: Die Entstehung des Königl[ichen] Staatsarchivs in Wetzlar. Nach den Akten des Staatsarchivs. In: Korrespondenzblatt des Gesamtvereins der deutschen Geschichts- und Altertumsvereine 65 (1917), 121–147.

Internationaler Archivführer. Hrsg. v. d. Kommission für Archivfragen des Internationalen Ausschusses für Geschichtswissenschaft. Bearb. v. Hans Nabholz und Paul Kläui.

Inventare des Großherzoglich Badischen General-Landesarchivs in Karlsruhe. Hrsg. v. d. Großherzoglichen Archivdirektion. 4 Bde. Karlsruhe 1901–1911.

Inventare österreichischer staatlicher Archive.

Abt. I: Inventar des Allgemeinen Archivs des Ministeriums des Innern. Wien 1909.

Abt. II: Inventar des Landesregierungsarchivs in Salzburg. Wien 1912.

Jacobs, Eduard: Zur Geschichte der Kirchenbücher. In: Korrespondenzblatt des Gesamtvereins der deutschen Geschichts- und Altertumsvereine 50 (1902), 44 –51.

Jan, Helmut von: Das Archivwesen der Deutschen Evangelischen Kirche. In: Archiv für evangelisches Kirchenrecht 5 (1941), 173ff.

Jany, Curt: Die preußischen militärischen Archive. In: Forschungen zur brandenburgischen und preußischen Geschichte 36 (1924), 67ff.

Jung, Rudolf: Das Frankfurter Stadtarchiv. Seine Bestände und seine Geschichte. 2. Aufl. Frankfurt a. M. 1909.

Kaiser, Hans: Die Archive des Alten Reiches bis 1806 (mit einem Zusatz von Wilhelm Fürst). In: Archivalische Zeitschrift 35 (1925), S. 204–220.

Kehr, Paul: Ein Jahrhundert preußischer Archivverwaltung. Rede, gehalten gelegentlich der Wiedereröffnung des Geheimen Staatsarchivs in seinem neuen Heim zu Berlin-Dahlem am 26. März 1924. In: Archivalische Zeitschrift 35 (1925), 3–21.

– : Das Archivwesen Italiens. In: Beilage zur Münchener Allgemeinen Zeitung, Jg. 1901, Nr. 172/173 (30./31. Juli), Nr. 181 (9. Aug.), Nr. 185 (14. Aug.) und Nr. 194 (26. Aug.).

Klinkenborg, Melle: Geschichte des Geheimen Staatsarchivs, Abteilung I: Die Begründung des markgräflich brandenburgischen Archivs im 15. Jahrhundert (Mitteilungen der Königlich Preußischen Archivverwaltung 18). Leipzig 1911.

Koser, Reinhold: Neuordnung des preußischen Archivwesens durch den Staatskanzler Fürsten von Hardenberg (Mitteilungen der K. Preußischen Archivverwaltung 7). Leipzig 1904.

– : In: Bestimmungen aus dem Geschäftsbereich der K. Preußischen Archiv-Verwaltung (Mitteilungen der K. Preußischen Archiv-Verwaltung 10). Leipzig 1908.

Kretzschmar, Johannes: Geschichte des Lübecker Stadtarchivs. In: Korrespondenzblatt des Gesamtvereins der deutschen Geschichts- und Altertumsvereine 56 (1908), 466–476.

Lampe, Walther: Das kirchliche Archivwesen. In: Archivalische Zeitschrift 44 (1936), 164–171.

Leyh, Max: Organisation und Aufgaben des Bayerischen Kriegsarchivs, Archivalische Zeitschrift 37 (1928), 142–153.

Lippert, Woldemar: Das Sächsische Hauptstaatsarchiv, sein Werden und Wesen. 2. Aufl. Dresden 1930.

Loewe, Victor: Das deutsche Archivwesen. Seine Geschichte und Organisation. Breslau 1921.

Löwenfeld, Samuel: Geschichte des päpstlichen Archivs bis zum Jahre 1817. In: Historisches Taschenbuch. Hrsg. v. Wilhelm Maurenbrecher, begr. v. Friedrich von Raumer, 5 (1886), 305–327, und 6 (1887), 281ff.

Meinert, Hermann: Wirtschaft und Archive. In: Beiträge zur Geschichte der Technik und Industrie 27 (1938), S. 161ff.

Meisner, Heinrich Otto: Archivarische Berufssprache. In: Archivalische Zeitschrift 42/43 (1934), 260–280.

– : Aktenkunde. Ein Handbuch für Archivbenutzer unter besonderer Berücksichtigung Brandenburg-Preußens. Berlin 1935.

Minerva-Handbuch siehe Handbuch der Archive

Muller, Samuel/Johan Adriaan Feith/Robert Fruin: Handleiding voor het ordenen en beschrijven van archieven. Groningen 1898 (Übersetzung ins Deutsche: Anleitung zum Ordnen und Beschreiben von Archiven, bearb. v. Hans Kaiser. Leipzig 1905.).

Müller, Ernst: Das Recht des Staates an seinen Archivalien, erläutert an zwei Prozessen des Preußischen Staates. Archivalische Zeitschrift 36 (1926), 164–177.

– : Die Auflösung des Preußischen Staatsarchivs zu Wetzlar. In: Archivalische Zeitschrift 37 (1928), 132–141.

Müller, Georg Hermann: Das königlich Sächsische Kriegsarchiv nach der Entstehung und Zusammensetzung seiner Bestände. In: Neues Archiv für sächsische Geschichte 41 (1920), 74ff.

Müller, Karl Otto: Das Württembergische Staatsfilialarchiv in Ludwigsburg. In: Archivalische Zeitschrift 35 (1925), 61–110.

– : Gesamtübersicht über die Bestände der Staatsarchive Württembergs in planmäßiger Einteilung, mit einer Übersicht über die Geschichte der württembergischen Archive und einer Liste der württembergischen Staatsarchivare (Veröffentlichungen der Württembergischen Archivverwaltung 2). Stuttgart 1937.

Müsebeck, Ernst: Der systematische Aufbau des Reichsarchivs. In: Preußische Jahrbücher 19 (1923), 1–25.

– : Grundsätzliches zur Kassation moderner Aktenbestände. In: Archivstudien. Festschrift für Woldemar Lippert. Hrsg. v. Hans Beschorner. Dresden 1931, 160–165.

Neudegger, Max Josef: Geschichte der bayerischen und pfalz-bayrischen Archive in der neueren Zeit bis zur Hauptorganisation vom Jahre 1799. München 1881–1904.

Bd. I: Landesarchiv und Landesarchivare 1589–1799 (1881).

Bd. II: Geheimes Archiv und Geheime Archivare 1662 – 1779 (1882).

Bd. III: Geheimes Staatsarchiv (1882).

Bd. IIIa: Die organische Umgestaltung der drei Haupt-Archive in München seit 1799 (1904).

Bd. IIIb: Bayrische Archivrepertorien und Urkundenregister im Reichsarchiv zu München 1314–1812 (1899/1900).

Nischer-Falkenhof, Ernst: Die Kartensammlung des österreichischen Kriegsarchivs. In: Archivalische Zeitschrift 36 (1926), 97–118.

Petz, Johann: Der Reichsstadt Nürnberg Archivwesen. In: Archivalische Zeitschrift 10 (1885), 158–192.

Rauscher: Art. „Archivwesen". In: Die Religion in Geschichte und Gegenwart. Handwörterbuch. 2. Aufl., Bd. 1. Tübingen 1921, 520f.

Redlich, Oswald: Staatliches Archivwesen in Österreich. In: Korrespondenzblatt des Gesamtvereins der deutschen Geschichts- und Altertumsvereine 59 (1911), 456–464.

Reinecke, Wilhelm: Das Stadtarchiv zu Lüneburg. In: Archivalische Zeitschrift 36 (1926), 134–142.

Riedner, Otto: Art. „Archivwesen". In: Staatslexikon. Im Auftrag der Görres-Gesellschaft hrsg. v. Hermann Seiler. 5. Aufl., Bd. 1. Freiburg i. Br. 1926, 334ff.

Rogge, Helmut: Das Reichsarchiv. In: Archivalische Zeitschrift 35 (1925), 119–133.

– : Zeitgeschichtliche Sammlungen als Aufgaben moderner Archive. In: Archivalische Zeitschrift 41 (1932), 167–177.

Schaffer, Reinhold: Die Zukunft der Stadtarchive. Ausgestaltung, Aufbau, Aufgaben. In: Archivalische Zeitschrift 45 (1939), 177–186.

– : Das Massenproblem bei den Stadtarchiven. Aussonderung der Akten, Archivwürdigkeit. In: Archivalische Zeitschrift 45 (1939), 209–222.

Schneider, Eugen: Zur Geschichte des württembergischen Staatsarchivs. In: Württembergische Vierteljahrshefte 12 (1903), 1–22.

Seidl, Jakob: Das Brandunglück im Staatsarchiv des Innern und der Justiz in Wien. In: Archivalische Zeitschrift 37 (1928), 184–191.

Stois, Max: Das Recht des Staates an privaten Archivalien, Archivalische Zeitschrift 41 (1932), 195–215.

Striedinger, Ivo: Was ist Archiv-, was Bibliotheksgut? in: Archivalische Zeitschrift 36 (1926), 151–163.

Tille, Armin: Soll das Archiv Gegenwartsstoff sammeln? In: Archivstudien. Festschrift für Woldemar Lippert. Hrsg. v. Hans Beschorner. Dresden 1931, S. 237–244.

Übersicht über die Bestände des Brandenburg-Preußischen Hausarchivs zu Berlin-Charlottenburg. Bearb. v. Ludwig Dehio/Erwin Hölk/Kurt Jagow (Mitteilungen der Preußischen Archivverwaltung 27). Leipzig 1936.

Wattenbach, Wilhelm: Das Schriftwesen im Mittelalter 3., vermehrte Aufl. Leipzig 1896.

Weibull, Carl Gustav: Archivordnungsprinzipien. Geschichtlicher Überblick und Neuorientierung. In: Archivalische Zeitschrift 42/43 (1934), 52–72.

(mit einer Stellungnahme von Robert Fruin)

Wigand, Paul (Hrsg.). Wetzlar. Denkwürdigkeiten für die deutsche Staats- und Rechtwissenschaft, für Rechtsalterthümer, Sitten und Gewohnheiten des Mittelalters, gesammelt aus dem Archiv des Reichskammergerichts zu Wetzlar, nebst einer Denkschrift über Geschichte, Schicksale, Inhalt und Bedeutung jenes Archivs. Leipzig 1854.

Winter, Georg: Archivordnungsprinzipien. In: Korrespondenzblatt des Gesamtvereins der deutschen Geschichts- und Altertumsvereine 78 (1930), 138–147.

Wintterlin, Friedrich: Die württembergischen Staatsarchive. In: Korrespondenzblatt des Gesamtvereins der deutschen Geschichts- und Altertumsvereine 80 (1932), 141–144.

Wolf, Gustav: Einführung in das Studium der neueren Geschichte, Berlin 1910.

Zeitschrift für Archivkunde, Diplomatik und Geschichte. Hrsg. v. Ludwig Franz Hoefer/ Heinrich August Erhard/Friedrich L. Freiherr von Medem. 2 Bde. Hamburg 1834/1836.

Zipfel, Ernst: Die Organisation des Reichsarchivs von der Gründung bis zur Bildung der Wehrmachtsarchive. In: Archivalische Zeitschrift 45 (1939), 1–6.

Zimmermann, Paul: Was sollen Archive sammeln? In: Korrespondenzblatt des Gesamtvereins der deutschen Geschichts- und Altertumsvereine 59 (1911), 465–477.

Dietmar Schenk

Archivwissenschaft im Zeichen des Historismus – ein Nachwort

> *Ich habe den Vorwurf des „Historismus" immer als ehrenvoll empfunden.*
>
> *Hans Blumenberg*[1]

Friedrich Meinecke, Ideenhistoriker und langjähriger Herausgeber der *Historischen Zeitschrift,* erinnerte sich 1941 an die Vorlesungen über Enzyklopädie und Methodologie der Geschichte, die er als junger Student im Wintersemester 1882/83 bei Johann Gustav Droysen an der Berliner Universität gehört hatte, als dieser sie zum letzten Mal hielt. Trotz der Lebendigkeit des Vortrags erweckte der Schüler Hegels damals bereits den Eindruck, aus einer vergangenen Zeit zu stammen: „Der deutsche Idealismus [...] warf hier noch einmal einen hellen Schein in einen durch den Positivismus grau zu werden drohenden Wissenschaftsbetrieb."[2]

Wenige Jahre bevor Meinecke seine rückblickenden Worte zu Papier brachte, war Droysens berühmte Vorlesung in ausführlicher Form als Buch erschienen –[3] und erwies sich trotz ihres beträchtlichen Alters als beinahe

---

1 Ernst Cassirers gedenkend (1974). In: Hans Blumenberg: Wirklichkeiten, in denen wir leben. Stuttgart 1981, 163–173, 170.

2 Friedrich Meinecke: Erlebtes 1862–1901. Leipzig 1941, 87. Dort finden sich auch die im Folgenden zitierten beiden Worte. Ferner ders.: Droysens Historik. In: ders.: Vom geschichtlichen Sinn und vom Sinn der Geschichte. Leipzig 1939. – Siehe auch ders.: Die Entstehung des Historismus [1936], hier benutzt in der Werkausgabe. Hrsg. und eingeleitet von Carl Hinrichs (Werke III). München 1959.

3 Johann Gustav Droysen: Historik. Vorlesungen über Enzyklopädie und Methodologie der Geschichte. Hrsg. im Auftrage der Preußischen Akademie der Wissenschaften von Rudolf Hübner. München, Berlin 1937. – Bis dahin lag allein der sehr komprimierte Grundriss der Historik im Druck vor, der 1868 erstmals erschien; er wurde 1925 in Halle noch einmal aufgelegt (4., umgearb. Aufl.).

aktuell. In der Stimmung der *Krise des Historismus* war sie, wenn vielleicht auch nicht „modern“, wie Meinecke formulierte, so doch allemal anregend.

Einer der Leser, die sich Droysens geistigem „Funkenregen“ (Friedrich Meinecke) anhand der posthumen Buchfassung aussetzten, war ein betont nüchterner Wissenschaftler von eher reserviertem Wesen, dessen Arbeiten zur niedersächsischen Landesgeschichte man gut und gern als positivistisch bezeichnen kann: der Archivar Adolf Brenneke. Am Institut für Archivwissenschaft und geschichtswissenschaftliche Fortbildung in Berlin-Dahlem erteilte er den Unterricht im Fach Archivkunde und war in diesem Zusammenhang auf Droysens Werk gestoßen.

Es ist eine merkwürdige, bewegende Episode in der Geschichte des Historismus, dass ein Archivar mitten in den Jahren der nationalsozialistischen Gewaltherrschaft und im Bemühen, ein System der Archivwissenschaft zu umreißen, gedankliche Motive der älteren historischen Geisteswissenschaft, nicht zuletzt Droysens, in die Welt der Archive trug. Dieses Unternehmen ist der Tendenz nach restaurativ, doch wird es dadurch nicht entwertet. Droysens Historik gliederte Brenneke umstandslos in die „Archivtheorien“ ein: In Notizen zu diesem Thema beginnt er unter Punkt 1 mit einem Droysen-Exzerpt (siehe Abb. 1).

Die im Vorigen edierten „Archivartikel“ sind, wie auch hier anschaulich wird, ein profiliertes Dokument der Begegnung von Archivwissenschaft und Geschichtstheorie. Im Folgenden werden nun die Kontexte beleuchtet, in denen die nachgelassenen Schriften Brennekes stehen und vor deren Hintergrund sie interpretiert werden müssen. Entstehung, Inhalt und Rezeption sollen unter Berücksichtigung der biografischen, institutionellen, ideellen und im weiteren Sinne zeitgeschichtlichen Zusammenhänge untersucht werden.[4] Der methodologische und systematische Kern von Brennekes Ansatz einer in das Geschichtsdenken des Historismus eingelagerten, geisteswissenschaftlich fundierten Archivwissenschaft wird dabei erkennbar.

Es würde zu weit führen, im hier gegebenen Rahmen ganz allgemein zu thematisieren, was unter Geisteswissenschaft zu verstehen ist, und die Pro-

---

4 Eine Vorstudie zu diesem Beitrag habe ich bereits vor einigen Jahren veröffentlicht. Vgl. Dietmar Schenk: Brennekes „Archivkunde“ in ihrer Zeit. In: Archivar 63 (2010), 392–400. – Zum archivwissenschaftlichen Hintergrund siehe auch ders.: Kleine Theorie des Archivs (2008). 2. Aufl. Stuttgart 2014; ders.: „Aufheben, was nicht vergessen werden darf“. Archive vom alten Europa bis zur digitalen Welt. Stuttgart 2013.

bleme des Historismus, die sich damals stellten und vielleicht heute noch nicht ganz überwunden sind, als solche zu behandeln.[5] Stattdessen wird im Einzelnen untersucht, wie sich Brenneke mit Autoren, die dem angedeuteten Spektrum deutscher Geschichts- und Wissenschaftskultur zugehören, auseinandersetzt und welche gedanklichen Motive er in sein „Gedankengebäude" aufnimmt; verschiedene Traditionslinien des Historismus und der Geisteswissenschaft rücken in jeweils gegebenen Ausschnitten in den Blick. Namentlich geht es um Einflüsse Johann Gustav Droysens, Friedrich Meineckes und des Dilthey-Schülers Eduard Spranger. In der Betrachtung solcher Aneignungen durch einen Archivar und Archivwissenschaftler wird immer wieder auch ein ihnen allen gemeinsames Grundverständnis des menschlichen Vergangenheitsbezugs sichtbar. Wir begeben uns in eine Welt historischer Bildung, in der die geistige Atmosphäre der Kaiserzeit noch nachwirkt; um die Generationslage anzudeuten: Brenneke teilt das Geburtsjahr mit Thomas Mann. Freilich haben wir es auch mit einem Milieu zu tun, in dem ein staatsgläubiger Geschichtsoptimismus vorherrschte, der dem Ungeist des Nationalsozialismus kaum etwas entgegenzusetzen vermochte, und die meisten wollten dies nicht einmal.

Schließlich eine Bemerkung zum Wort Archivkunde: Im Folgenden wird es nur für den Buchtitel des „Brenneke-Leesch" von 1953, der posthum von Brennekes Schüler Wolfgang Leesch aus der Nachschrift einer Vorlesung erarbeiteten Darstellung, benutzt.[6] Unter Archivarinnen und Archivaren ist es zwar bis heute einigermaßen geläufig, doch gibt es zu Missverständnissen Anlass. Nicht-Archivare gebrauchen es manchmal abgrenzend, um die Berufswissenschaft von Fragestellungen abzuheben, die im Zuge des *archi-*

---

5 Zum Historismus als Denkweise und wissenschaftlichem Paradigma vgl. Friedrich Jaeger/Jörn Rüsen: Geschichte des Historismus. München 1992; Georg G. Iggers: Deutsche Geschichtswissenschaft. Eine Kritik der traditionellen Geschichtsauffassung von Herder bis zur Gegenwart. München 1971 (amerikanische Ausg.: The German Conception of History. The National Tradition of Historical Thought from Herder to the Present. 1968.); Herbert Schnädelbach: Geschichtsphilosophie nach Hegel. Die Probleme des Historismus. Freiburg, München 1974. – Es ist bemerkenswert, dass das Interesse am Historismus nicht abbricht. Vgl. jetzt Frederick C. Beiser: The German Historicist Tradition. Oxford 2011.

6 Adolf Brenneke: Archivkunde. Ein Beitrag zur Theorie und Geschichte des europäischen Archivwesens, bearbeitet nach Vorlesungsnachschriften und Nachlaßpapieren von Wolfgang Leesch. Leipzig 1953. – Zu Brennekes Nachlass gehört auch das Vorlesungsmanuskript Brennekes. Niedersächsisches Landesarchiv, Standort Hannover (NLA HA), Hann. 91, Nr. 2/3, Bl. 434–735.

val turn – der Hinwendung der Kulturwissenschaften zum Thema Archiv – aufgekommen sind. Dann rückt es leicht in die Ecke einer bloßen Handwerkslehre oder wird mit einer phantasie- und gedankenlosen Aufzählung von Einzelheiten über Archive assoziiert. Brennekes archivwissenschaftlicher Entwurf leistet jedoch bei Weitem mehr.

Zunächst wird die komplizierte, in die NS-Zeit verwobene äußere Geschichte von Brennekes archivwissenschaftlichem Engagement untersucht. Daran anknüpfend, soll das von ihm entworfene Konzept einer Theorie und Geschichte der Archive in seiner Verbundenheit mit dem Geschichtsdenken des Historismus und geisteswissenschaftlichen Strömungen der 1920er- und 1930er-Jahre vorgestellt werden. Ein Blick auf die posthume Veröffentlichung in der Nachkriegszeit, die Wolfgang Leesch besorgte, leitet zu einer Untersuchung der Wirkungsgeschichte über. Schließlich wird angesprochen, inwiefern Brennekes Ansatz für eine heutige Archivwissenschaft noch von Interesse sein könnte.

Voraussetzungen

Brennekes beruflicher Werdegang

Adolf Brenneke, auch Brennecke, wurde am 23. August 1875 in Bad Gandersheim als Sohn eines „Musikdirigenten“ geboren und wuchs dort auf.[7] Er besuchte die Volksschule und das Realgymnasium, um dann auf das altsprachliche Gymnasium in Goslar zu wechseln. An den Universitäten in Jena, Göttingen, München und Marburg studierte er, unterbrochen durch den Militärdienst, Geschichte und Germanistik. Seine Dissertation bei

---

[7] Die Bezeichnung „Musikdirigent“ findet sich in einem Lebenslauf, den die Personalakte im Geheimen Staatsarchiv Preußischer Kulturbesitz, Berlin-Dahlem, enthält (Geh StA PK), I. HA, Rep. 178 B, Nr. 2944. – Zu Brennekes Vita vgl. Albert Brackmann: Adolf Brenneke. In: Niedersächsisches Jahrbuch für Landesgeschichte 20 (1947), 215–218 (erschienen 1948); Wolfgang Leesch: Adolf Brenneke. In: Der Archivar 6 (1953), 97–106; ders.: Adolf Brenneke. In: Adolf Brenneke: Archivkunde (Anm. 6), IX-XIX; Horst-Rüdiger Jarck: Brennecke, Johann Friedrich Adolf, Dr. In: Horst-Rüdiger Jarck/Günter Scheel (Hrsg.): Braunschweigisches Biographisches Lexikon – 19. und 20. Jahrhundert. Hannover 1996, 97f.

Die

Bau- und Kunstdenkmäler

des

Kreises Tecklenburg.

Im Auftrage des Provinzial-Verbandes der Provinz Westfalen

bearbeitet

von

A. Ludorff,

Provinzial-Baurath, Provinzial-Konservator,

Königlicher Baurath.

Mit geschichtlichen Einleitungen

von

Dr. A. Brennecke,

Assistent am Königlichen Staatsarchiv zu Danzig.

3 Karten, 200 Abbildungen auf 37 Tafeln und im Text.

Münster i. W.

Kommissions-Verlag von Ferdinand Schöningh, Verlagsbuchhandlung in Paderborn.

1907.

Abbildung 7: Die Bau- und Kunstdenkmäler des Kreises Tecklenburg. Münster 1907. Titel.

Georg von Below, die am 5. Dezember 1899 von der Philosophischen Fakultät der Universität Marburg angenommen wurde, befasst sich mit der Bede, einer mittelalterlichen Abgabe, in Mecklenburg.[8]

Nach der Promotion trat er in den Archivdienst ein. Er besuchte die sogenannte ältere Marburger Archivschule; die erste Station der Berufsausübung führte ihn dann ans Staatsarchiv Münster. In Westfalen bearbeitete er die Inventare der nichtstaatlichen Archive des Kreises Tecklenburg und, zusammen mit Ernst Müller, des Kreises Warendorf.[9] Für den 1907 erschienenen Band *Die Bau- und Kunstdenkmäler des Kreises Tecklenburg*, der mit fo-

8 Adolf Brenneke: Die ordentlichen direkten Staatssteuern Mecklenburgs im Mittelalter. Diss. phil. Marburg 1900. Abgedruckt in: Mecklenburgische Jahrbücher 65 (1900), 1–122.

9 Münster i. W.: Aschendorff 1903 und 1908. Veröffentlichungen der Historischen Kommission für Westfalen.

tografischen Abbildungen reich ausgestattet ist (Abb. 7), steuerte er „geschichtliche Einleitungen" bei; sie sind nüchtern im Ton und streng an den Tatsachen orientiert: typische Erzeugnisse einer Haltung, die heute manchmal als Quellenpositivismus apostrophiert und zu Unrecht abschätzig beurteilt wird.[10] In Münster lernte der dem evangelischen Bekenntnis folgende Christ seine künftige Frau Elly, geborene Schürholz, die Tochter eines katholischen Schulrats, kennen.

Dann wurde Brenneke ans Staatsarchiv Danzig versetzt, das von Max Bär, einem um Effizienz bemühten Archivdirektor, geführt wurde. Im Jahre 1908 konnte Brenneke nach Hannover wechseln und kehrte damit in seine Heimatregion zurück. Am Ersten Weltkrieg nahm er als Soldat im Rang eines Hauptmanns der Landwehr teil.[11] Nach dem Krieg fand Brenneke wieder Gelegenheit und Zeit zu wissenschaftlicher Arbeit. In Verbindung mit der regionalen Historischen Kommission, deren Gründung einer seiner akademischen Lehrer, Karl Brandi, Professor in Göttingen, betrieben hatte, waren Forschungen zur Geschichte des hannoverschen Klosterfonds auf den Weg gebracht worden.[12] Brenneke wirkte an ihnen in dienstlichem Auftrag mit.

Die geplante Studie weitete sich zu einer historischen Untersuchung der Reformation im Fürstentum Calenberg-Göttingen aus; Ergebnisse, die zunächst die Vorgeschichte des Klosterfonds bis 1584 betrafen, erschienen in zwei Teilbänden 1928 und 1929.[13] Die Persönlichkeit der Herzogin Elisabeth, einer Prinzessin aus dem Hause Hohenzollern und durch Heirat Herzogin von Braunschweig-Lüneburg, beschäftigte ihn; sie setzte die Reformation im südlichen Niedersachsen durch. Auch befasste er sich mit dem

10 Münster: Schöningh 1907. Bearb. von Albert Ludorff.

11 Vgl. Albert Brauch: Vorwort. In: Adolf Brenneke/Albert Brauch: Die calenbergischen Klöster unter Wolfenbütteler Herrschaft, 1584–1634. Göttingen 1956, VII–IX, VII.

12 Der Verlagsvertrag der Historischen Kommission mit der Helwingschen Verlagsbuchhandlung für das geplante Werk vom 28.2.1914 befindet sich in: NLA Hannover Dep. 85 Nr. 1440 (Die Geschichte des hannoverschen Klosterfonds). – Vgl. auch Dietmar von Reeken: „... gebildet zur Pflege der landesgeschichtlichen Forschung". 100 Jahre Historische Kommission für Niedersachsen und Bremen 1910–2010. Hannover 2010.

13 Vgl. Adolf Brenneke: Vor- und nachreformatorische Klosterherrschaft und die Geschichte der Kirchenreformation im Fürstentum Calenberg-Göttingen. Halbband 1: Die vorreformatorische Klosterherrschaft und die Reformationsgeschichte bis zum Erlass der Kirchenordnung; Halbband 2: Die Reformationsgeschichte von der Visitation ab und das Klosterregiment Erichs des Jüngeren. Hannover 1928 und 1929.

Reformator Antonius Corvinus, den sie als Superintendenten ins Land geholt hatte.[14] Bei aller Nüchternheit dieser Aufsätze wird die Nähe des Verfassers zu seinem Thema sichtbar: Die „Kirchenreformation" ist für ihn, so der Eindruck, der beim Lesen entsteht, kein fremdes Geschehen; vielmehr geht sie ihn als Phänomen gelebter Religiosität persönlich an. Auch wenn der Historismus ein Kind der Moderne ist, in der die Vergangenheit in die Ferne rückt – Brenneke war dem alten Europa, zumindest seinen Ausläufern im 19. Jahrhundert, eng verbunden.

Seit 1923 leitete er das Staatsarchiv Hannover, eines der preußischen Provinzialarchive. Bald trat er in den wissenschaftlichen Institutionen der Region hervor. Von 1927 bis 1930 war er Herausgeber des *Jahrbuchs für Niedersächsische Landesgeschichte*. Damals nahm ihn auch die Gesellschaft der Wissenschaften zu Göttingen, die heutige Akademie der Wissenschaften, als korrespondierendes Mitglied auf.[15] Der Historische Verein für Niedersachsen ernannte ihn 1935 zum Ehrenmitglied.

Im Juli 1930 wurde Brenneke unter der Ägide des Mediävisten Albert Brackmann, des im Jahr zuvor berufenen Generaldirektors der preußischen Staatsarchive, zum Leiter des Preußischen Geheimen Staatsarchivs in Berlin-Dahlem bestellt. Als Landsmann des in Hannover gebürtigen Brackmann war Brenneke gewiss dessen Kandidat. Die Stelle in Berlin anzunehmen, sei ihm „nicht leicht geworden", stellte später sein Nachfolger fest.[16] An der Seite des Chefs der preußischen Archivverwaltung sollte aber jemand mit „Erfahrung in der archivalischen Technik" stehen;[17] Brackmann selbst war kein Archivar, sondern Mediävist und Urkundenforscher. Exper-

14 Vgl. Adolf Brenneke: Herzogin Elisabeth von Braunschweig-Lüneburg. Die hannoversche Reformationsfürstin als Persönlichkeit. In: Zeitschrift der Gesellschaft für Niedersächsische Kirchengeschichte 38 (1933), 140–170; ders.: Wie sollten nach der Auffassung des Antonius Corvinus, des Reformators der hannoverschen Lande, sich Gemeinde und Kirche bauen. In: Ebd. 40 (1935), 41–82. – Ein Verzeichnis der Publikationen findet sich in ders.: Archivkunde (Anm. 6), XVIIIf.

15 Vgl. Holger Krahnke: Die Mitglieder der Akademie der Wissenschaften zu Göttingen, 1751–2001. Göttingen 2001, 49.

16 Vgl. GehStA PK, I. HA, Rep. 178 B, Nr. 2943, Bl. 84 (Schreiben Reinhard Lüdickes an Brenneke zu dessen Ausscheiden aus dem aktiven Archivdienst vom 30.9.1943).

17 Brackmann: Adolf Brenneke (Anm. 7), 216. – Gerade durch Brennekes archivwissenschaftliches Werk wird freilich aufgezeigt, dass sich die archivarische Praxis nicht auf das Moment des Technischen einschränken lässt.

tise auf dem Gebiet der brandenburgisch-preußischen Geschichte besaß Brenneke dagegen nicht.

Über sein Leben jenseits der beruflich-wissenschaftlichen Sphäre wissen wir nur wenig. Das pietätvolle Lebensbild, das Wolfgang Leesch der Archivkunde vorangestellt hat, ist die anschaulichste biografische Darstellung, die zur Verfügung steht. Leesch charakterisiert seinen Lehrer als „echte[n] Niedersachsen", „verhaltene, konservative Natur" und „lautere [...] Persönlichkeit".[18] Doch muss Leesch, der sich wie niemand anderes mit Brennekes archivwissenschaftlichem Denken befasst hat, einräumen, dass sein biografisches Porträt notgedrungen „auf Grund von Auskünften verfasst" ist:[19] Der Student an der Archivschule kannte seinen verehrten Lehrer nicht als Privatperson.

Was für sein Wirken als Archivwissenschaftler zählt, sind jedoch gerade die beruflichen Voraussetzungen, die er mitbrachte. Leesch charakterisiert die archivpraktischen Erfahrungen, die Brenneke im Laufe seiner Karriere erwarb, wie folgt:

> Seine ganze Kraft wurde von jener Tätigkeit in Anspruch genommen, die er selbst später stets als die eigentliche und ursprüngliche Aufgabe des Archivars bezeichnet hat, von Ordnungsarbeit an den Archivbeständen. Während er sich in Münster vorwiegend der Erfassung der nichtstaatlichen Archive gewidmet hatte und es sich in Danzig darum handelte, gewaltige Aktenmassen, vornehmlich des 19. J[ahr]h[undert]s, in rascher, schematischer Arbeit von Grund auf neu zu ordnen, stand in Hannover die archivarische Feinarbeit an älteren, bereits verzeichneten Beständen im Vordergrund, eine Aufgabe, für die Brenneke mit seiner tiefschürfenden und vorsichtig abwägenden Gründlichkeit mehr Neigung und Eignung mitbrachte als für die großzügige Arbeitsweise Bärs.[20]

18 Leesch: Adolf Brenneke (Anm. 7), IX und XIII.

19 Archiv der Berlin-Brandenburgischen Akademie der Wissenschaften, Berlin, Nachlass Heinrich Otto Meisner (Archiv der BBAdW, Nl. Meisner), Nr. 107 (Briefe: Korrespondenz mit Leesch und Ketzscher), Brief Leeschs an Meisner vom 30.1.1954.

20 Leesch: Adolf Brenneke (Anm. 7), XI.

So sehr Brenneke in den 1930er-Jahren mit seiner Hinwendung zur Archivwissenschaft zu neuen Ufern aufbrach – es muss betont werden, dass seine soliden, vielseitigen Kenntnisse und Fähigkeiten als Archivar das Fundament der theoretischen Arbeit bildeten. Er brachte eine langjährige Erfahrung aus der Erfüllung ganz unterschiedlicher archivarischer Ordnungsaufgaben mit; diese Kompetenz wirkte sich nicht nur in einzelnen Details seines archivwissenschaftlichen Œuvres aus, sondern gibt diesem die ihm eigentümliche Kontur.[21]

Archivistik und Historik – das Institut für Archivwissenschaft in Berlin-Dahlem und Brennekes Kolleg

Erst mit dem Wechsel nach Berlin zum 1. Juli 1930, also in einem fortgeschrittenen Stadium seiner Berufslaufbahn, wandte sich Brenneke dem Thema zu, das ihn fortan hauptsächlich beschäftigen sollte: einer historisch orientierten Theorie der Archive. Er war 54 Jahre alt, als er die Berliner Stelle antrat, und nur langsam wuchs er in die Aufgabe hinein, am neu gegründeten Institut für Archivwissenschaft und geschichtswissenschaftliche Fortbildung (IfA)[22] zu lehren. Die Unterweisung angehender Berufskollegen veranlasste ihn zu seinen weitgreifenden Studien. Bis zu diesem Zeitpunkt

---

21 Dass Brennekes archivpraktische Erfahrungen weit gespannt waren, muss auch deshalb betont werden, weil seine Bilanz als Direktor des Preußischen Geheimen Staatsarchivs, wie schon Leesch urteilte, wohl weniger überzeugend ausfällt. Wenn Sven Kriese allerdings schreibt, dass Brenneke „ein hervorragender Theoretiker“ gewesen sei, „aber sicher kein ‚Mann der Tat‘ und Praxis“, so stimmt das nicht ganz. Mit Blick auf die Führungsaufgabe in Berlin-Dahlem mag es so sein. Doch darf nicht übersehen werden, dass archivarische Praxis im eigentlichen Sinne den unmittelbaren Umgang mit Archivalien beinhaltet. Auf diesem Gebiet konnte Brenneke aber auf eine vielfältige, langjährige Tätigkeit zurückblicken, und hier hat er sich – nach allem, was in Erfahrung zu bringen ist – vorzüglich bewährt. Vgl. Sven Kriese: Albert Brackmann und Ernst Zipfel. Die Generaldirektoren im Vergleich. In: ders. (Hrsg.): Archivarbeit im und für den Nationalsozialismus. Die preußischen Staatsarchive vor und nach dem Machtwechsel von 1933. Berlin 2015, 17–94, 74.

22 Zu diesem Institut vgl. Wolfgang Leesch: Das Institut für Archivwissenschaft und geschichtswissenschaftliche Fortbildung (IfA) in Berlin-Dahlem. In: Gerd Heinrich/Werner Vogel (Hrsg.): Brandenburgische Jahrhunderte. Festgabe für Johannes Schultze zum 90. Geburtstag. Berlin 1971, 219–254; Pauline Puppel: Die „Heranziehung und Ausbildung des archivalischen Nachwuchses“. Die Ausbildung am Institut für Archivwissenschaft und geschichtswissenschaftliche Fortbildung in Berlin-Dahlem (1930–1945). In: Archivarbeit im und für den Nationalsozialismus (Anm. 21), 335–370.

war er nie als Dozent tätig gewesen. Brenneke hatte sich bis dahin – anders als etwa Heinrich Otto Meisner, der parallel zu ihm das Fach Aktenkunde aufbaute – auch nicht in Publikationen zu Themen der archivarischen Praxis, etwa in der *Archivalischen Zeitschrift*, geäußert.

Es entspricht den zeitüblichen Verhältnissen, dass dem „Archivbeamten" Brenneke ein wissenschaftliches Arbeitsgebiet dienstlich zugewiesen wurde – in den Amtsstuben der preußischen Archivverwaltung herrschte natürlich keine Wissenschaftsfreiheit wie an einer Universität, auch wenn eigene „archivalische Forschung" längst zum Profil der staatlichen Archive Preußens gehörte.[23] Brenneke kam einer Verpflichtung nach, als er seine Kräfte auf das Gebiet der Archivwissenschaft lenkte; die Forschungen zur Geschichte des hannoverschen Klosterfonds führte er übrigens nebenbei fort.[24] Die neue Aufgabe wuchs ihm allerdings ans Herz.

Bevor Albert Brackmann das Amt des Generaldirektors der preußischen Staatsarchive annahm, stellte er die Bedingung, dass die Archivarsausbildung, die schon in der Ära seines Vorgängers Paul Fridolin Kehr am Preußischen Geheimen Staatsarchiv in Berlin-Dahlem stattfand, eine Aufwertung erfährt. Auch in Preußen, so Brackmanns Wunsch, sollte eine wissenschaftliche Einrichtung vom Format des Wiener Instituts für Österreichische *Geschichtsforschung* entstehen, an der Geschichtsforschung und Archivwissenschaft gemeinsam betrieben werden könnten. Das neue Institut sollte eine Ausbildungsstätte für angehende Archivare sein, zugleich aber als postgraduale Schule für junge Historiker mit Berufsperspektive bei den Monumenta Germaniae Historica und anderen Editionsprojekten dienen.[25]

Für seine Vorstellungen fand Brackmann die Unterstützung des sozialdemokratischen Ministerpräsidenten Otto Braun; das war wichtig, weil das Archivwesen dem Preußischen Staatsministerium unterstellt war. Für das entstehende Institut besaß aber das für die Hochschulen zuständige Ministerium

---

23 Vgl. etwa Reinhold Koser: Über den gegenwärtigen Stand der archivalischen Forschung in Preußen (Mittheilungen der Königlich Preußischen Archivverwaltung 1). Leipzig 1900, bes. 6.

24 So Brauch in: Vorwort (Anm. 11), VIII. – Vgl. auch den Sachstandsbericht Brennekes vom 29.5.1939 in einem Schreiben an die Historische Kommission. In: NLA Hannover Dep. 85 Nr. 1440 (Die Geschichte des hannoverschen Klosterfonds).

25 Vgl. programmatisch Albert Brackmann: Das Institut für Archivwissenschaft und geschichtswissenschaftliche Fortbildung in Berlin. Vortrag gehalten auf dem XXII. Archivtag zu Linz/Donau am 15.9.1930. In: Archivalische Zeitschrift, 3. Folge, Bd. VII (1931), 1–8 .

für Wissenschaft, Kunst und Volksbildung unter Minister Adolf Grimme (SPD) eine Mitverantwortung. Das Institut für Archivwissenschaft konnte am 30. September 1930 eröffnet werden; Räumlichkeiten standen im Gebäude des Geheimen Preußischen Staatsarchivs zur Verfügung. Der nicht übermäßig hohe Etat, der bewilligt worden war, betrug 25.000 Reichsmark; bald erzwang die Weltwirtschaftskrise Sparmaßnahmen, sodass er noch gekürzt wurde.

Die geplante Verknüpfung der Archivarsausbildung mit einem quellenorientierten Aufbaustudium für Historiker ließ sich nicht in dem angestrebten Umfang verwirklichen. Das Institut entwickelte sich zu einer reinen Archivschule. Dennoch erwiesen sich die weitgespannten Ziele nicht ganz als Schall und Rauch. Sowohl die *Aktenkunde* von Heinrich Otto Meisner[26] als auch Brennekes *Archivkunde*, die beiden grundlegenden Schriften der deutschen Archivwissenschaft des 20. Jahrhunderts neben Papritz, sind mit der Arbeit des Instituts aufs Engste verbunden. Allein das archivwissenschaftliche Werk, das der 1935 aus dem Geheimen Staatsarchiv entlassene Ernst Posner nach seiner Emigration in die USA schuf und das ebenfalls durch die Konstellation der frühen 1930er-Jahre beeinflusst ist, kann ihnen zur Seite gestellt werden.[27]

Der Lehrgang, der drei Semester dauerte, war arg verschult – was zum freiheitlichen Geist der universitären Bildung in einem gewissen Kontrast stand. Der Lehrstoff sollte jedoch den Kursteilnehmern in Übungen nahegebracht werden; Brennekes Kolleg bestand aber – worauf ein Exposé hindeutet[28] und was durch das im Nachlass erhaltene Manuskript bezeugt ist – weithin aus dem Vortrag des Dozenten, ergänzt durch Referate der Teilnehmer über ein ih-

---

26 Vgl. Heinrich Otto Meisner: Aktenkunde. Ein Handbuch für Archivbenutzer mit besonderer Berücksichtigung Brandenburg-Preußens. Berlin 1935. – Zur Aktenkunde als Fachgebiet und Meisners Stellung in ihrer Geschichte siehe Holger Berwinkel: Forschungsgeschichte der Aktenkunde II: Heinrich Otto Meisner. In: Aktenkunde. Aktenlesen als Historische Hilfswissenschaft. Abgerufen am <30.4.2018> von <aktenkunde.hypotheses.org/324>. Vgl. hierzu ferner Eckart Henning: Wie die Aktenkunde entstand. Zur Disziplingenese einer Historischen Hilfswissenschaft und ihrer weiteren Entwicklung im 20. Jahrhundert. In: ders.: Auxilia historica. Beiträge zu den Historischen Hilfswissenschaften und ihren Wechselbeziehungen. 2., stark erw. Aufl. Köln, Weimar, Wien 2004, 105–127.

27 Vgl. Ernst Posner: Archives and Public Interest. Selected Essays. Washington D. C. 1967 (Neuausgabe Chicago 2006); ders.: Archives in the Ancient World. Cambridge, Mass. 1972. Zu seinem Leben und Werk siehe zuletzt Angelika Menne-Haritz: Ernst Posner – Professionalität und Emigration. In: Archivarbeit im und für den Nationalsozialismus (Anm. 21), 111–141.

28 Das Exposé ist in Teil II der Edition abgedruckt.

nen jeweils vertrautes Archiv. Die Studierenden brachten also die besondere Geschichte einzelner Archive und Archivlandschaften ein; die bunte Vielfalt, die auf diese Weise zur Anschauung kam, konnte Brenneke dank der vergleichenden Perspektive, die er einnahm, zu einem Ganzen zusammenführen.

Paul Fridolin Kehr, der Vorgänger Brackmanns als Generaldirektor der staatlichen Archivverwaltung Preußens, lehrte bis zu seinem Ausscheiden 1929 Archivgeschichte aus der Sicht des Diplomatikers; Melle Klinkenborg, dessen Nachfolger Brenneke war, stellte in seinem Unterricht die Geschichte des Preußischen Geheimen Staatsarchivs vor. Den archivgeschichtlichen Teil des Kurses übernahm Brenneke zunächst mit Brackmann gemeinsam; dieser widmete sich mit der profunden Quellenkenntnis des international vernetzten Urkundenforschers der außerdeutschen Archivgeschichte. Bald hielt Brenneke aber das gesamte Kolleg ab.

Seine Archivgeschichte verstand sich als integraler Bestandteil der *Archivkunde;* diese schloss das Gebiet der Archivtheorien und ihrer Geschichte ein. In historischer Perspektive sollte ein Beitrag zur systematischen Durchdringung der Probleme erbracht werden, mit denen die archivarische Praxis konfrontiert war. Was die Terminologie betraf, so konnte Brenneke an die Beratungen zur Schaffung einer einheitlichen Berufssprache anknüpfen, die damals in Fachkreisen geführt wurden; gerade auch Meisner war an ihnen beteiligt.[29]

So übernahm Brenneke schließlich ganz allein ein neu eingerichtetes Großfach, das Aspekte der Archivtheorie mit der gesamten Archivgeschichte vereinigte. Diesen Rahmen füllte er mit viel Inspiration und Intelligenz aus; er schuf eine immer tiefer durchdachte, methodisch innovative Synthese. Beide Gebiete, Theorie und Geschichte der Archive, mussten im Lehrplan zu einer Einheit zusammengefasst sein, damit Brennekes Konzeption reifen konnte. Vergleicht man Klinkenborgs akribische, hochdifferenzierte Spezialstudie über die Geschichte des Geheimen Staatsarchivs[30] mit Brennekes vergleichendem Ansatz, so sticht der Kontrast ins Auge: Jener

29 Vgl. Heinrich Otto Meisner: Archivarische Berufssprache. In: Archivalische Zeitschrift 39 (1930), 260–273. – Zum Lehrplan siehe Leesch: Institut für Archivwissenschaft (Anm. 22), insbes. 236.

30 Sie liegt erst seit Kurzem vollständig im Druck vor. Vgl. Melle Klinkenborg: Geschichte des Geheimen Staatsarchivs vom 15. bis zum 18. Jahrhundert. Bearb. von Jürgen Kloosterhuis (Veröffentlichungen aus den Archiven Preußischer Kulturbesitz, Arbeitsberichte 13). Berlin 2011.

beschrieb aus intimer Kenntnis und minutiös die Geschichte eines einzelnen Archivs; dieser nahm gewissermaßen das große Ganze in den Blick, wofür eine ausgebildete Begrifflichkeit erforderlich war. In gewisser Weise trug Brenneke der – Jahrzehnte später für die Geschichtswissenschaft diagnostizierten – „Theoriebedürftigkeit" (Reinhart Koselleck)[31] innerhalb seines Fachgebiets Rechnung.

Es wurde als „ungeheuer fruchtbringend" vermerkt,[32] dass im Fach Behördengeschichte ein geschichtswissenschaftlich fundierter Überblick mit Demonstrationen anhand von Archivalien passgenau zusammenkamen. Eine solche Synergie stellte sich in der Kombination zwischen Fritz Hartungs Kurs im Fach Behördengeschichte und der Erläuterung des aktenkundlichen Formenschatzes durch Heinrich Otto Meisner ein. Beide Dozenten waren Schüler des Verfassungshistorikers Otto Hintze,[33] und Hartung hatte Hintzes Nachfolge in der Berliner Professur angetreten. Brenneke strebte auf dem ihm zugewiesenen Themengebiet eine ähnliche Einheit von historischer Darstellung und archivalischem Materialbezug an – mit dem einzigen Unterschied, dass er die Synthese allein zustande bringen musste.[34] Die komparatistische Vorgehensweise Hintzes kannte

---

31 Vgl. Reinhart Koselleck: Über die Theoriebedürftigkeit der Geschichtswissenschaft (1972). In: ders.: Zeitschichten. Studien zur Historik. Frankfurt/Main 2000, 298–316.

32 So Brackmann ohne Nennung der Dozentennamen. Albert Brackmann: Das Institut für Archivwissenschaft und geschichtswissenschaftliche Fortbildung (Anm. 25), 6.

33 Vgl. den Gedenkaufsatz von Heinrich Otto Meisner: Otto Hintzes Lebenswerk. In: Historische Zeitschrift 164 (1941), 66–90. Meisner vereinnahmt Hintze allerdings fälschlich für den Nationalsozialismus. – Zu Hintze insgesamt siehe Wolfgang Neugebauer: Otto Hintze. Paderborn 2015. . Vgl. auch das interessante Porträt von Jürgen Kocka: Otto Hintze. In: Hans-Ulrich Wehler (Hrsg.): Deutsche Historiker. Bd. III. Göttingen 1972, 41–64. – Hintze war mit Hedwig Hintze, einer jüdischen Historikerin, verheiratet, die nach seinem Tod in den besetzten Niederlanden unter nicht ganz geklärten Umständen starb.

34 Ein Vorbild fand Brenneke übrigens in dem italienischen Archivwissenschaftler Eugenio Casanova, der 1928 eine große „Archivistik" für sein Land vorgelegt hatte. Vgl. Eugenio Casanova: Archivistica. Siena 1928. Zu Casanova vgl. jetzt Elio Lodolini: Storia dell'archivistica italiana. Dal mondo antico alla metà del secolo XX. 7. Aufl. Mailand 2013, 243–263. – Umgekehrt besteht in Italien ein großes Interesse an Brennekes archivwissenschaftlichem Werk; Leeschs Ausarbeitung der Vorlesung wurde 1968 ins Italienische übersetzt. Vgl. Adolf Brenneke: Archivistica. Contributo alla teoria ed alla storia archivistica europea. Mailand 1968. – Es ist bezeichnend, dass der deutsche Historismus insgesamt in Italien stets eine besonders große Aufmerksamkeit erfahren hat.

Brenneke; sein Konzept der allgemeinen Archivgeschichte geht ebenfalls vergleichend vor.[35]

Ein weiterer Faktor, der sich auf Brennekes Ansatz auswirkte, war – um eine vielleicht vereinfachende Ausdrucksweise zu wählen – der Zeitgeist. In den 1920er-Jahren hatte sich in Kreisen der Gebildeten ein Klima der Unzufriedenheit breitgemacht: Der als trocken empfundenen Gelehrsamkeit des 19. Jahrhunderts standen gerade die Jüngeren reserviert bis ablehnend gegenüber. Der Kirchenhistoriker Karl Heussi zog ein Resümee, als er 1932 im Titel einer Publikation von der „Krisis des Historismus" sprach.[36] Damit griff er eine Formulierung des Theologen und Kulturphilosophen Ernst Troeltsch auf, den das Problem einer Relativierung der Werte durch das historische Denken umgetrieben hatte.[37] Der kulturkritisch gefärbte Diskurs um den Historismus setzte sich nicht zuletzt mit dem Überdruss an der Geschichte auseinander, den Nietzsche schon 1874 in seiner *Unzeitgemäßen Betrachtung, Vom Nutzen und Nachteil der Historie für das Leben*, artikuliert hatte.[38]

Die Krise manifestierte sich in aller Deutlichkeit nach dem verlorenen Krieg von 1914 bis 1918.[39] Genau in diese Jahre fiel die Herausforderung der – dem Archivwesen nahestehenden – Mediävistik durch die vom George-Kreis inspirierte Biografie des Staufers *Kaiser Friedrich II.* (1927). Es entstand eine Kontroverse ihres Verfassers Ernst Kantorowicz mit Brackmann, die als symptomatisch anzusehen ist. Dieser brandmarkte das erfolgreiche Buch des jungen Kollegen als eine „Mythenschau", die vom Pfad wissenschaftlicher Tugend abgekommen sei; Kantorowicz nahm das Verdikt als Ehrentitel an.[40]

---

35 Brenneke hatte Meisners Hintze-Aufsatz (siehe Anm. 33) gelesen, wie Exzerpte belegen. Vgl. NLA Hannover Hann. 91 Brennecke Nr. 3 (Literarische Exzerpte nicht-archivkundlichen Charakters).

36 Tübingen 1932.

37 Vgl. Ernst Troeltsch: Die Krisis des Historismus. In: Die neue Rundschau XXXIII (1922), 572–590.

38 In: Friedrich Nietzsche: Sämtliche Werke. Kritische Studienausgabe (KSA). Hrsg. von Giorgio Colli und Mazzino Montinari. Bd. 1. München 1988, 243–334.

39 Vgl. hierzu aus heutiger Sicht Otto Gerhard Oexle (Hrsg.): Krise des Historismus – Krise der Wirklichkeit. Wissenschaft, Kunst und Literatur 1880–1932. Göttingen 2007. Als Hintergrund hierzu siehe die Studie der Oexle-Schülerin Annette Wittkau: Historismus. Zur Geschichte des Begriffs und des Problems. 2. durchges. Aufl. Göttingen 1994. Die recht apodiktisch vorgetragenen Thesen Oexles wie auch Wittkaus sollten nicht als abschließend aufgefasst werden.

Dass Friedrich Meinecke 1936 sein großes Buch *Die Entstehung des Historismus* „in bejahender Gesinnung" vorlegte und im Jahr darauf Johann Gustav Droysens *Historik* erstmals in ausführlicher Fassung im Druck erschien, steht vor dem Hintergrund dieser Krise des Historismus.[41] Die verbreitete Verunsicherung mag im innersten Zirkel der älteren Historiker, auch bei Brenneke, niemals ganz angekommen sein; sie wurde zur Kenntnis genommen, aber wohl nicht allzu stark empfunden. Doch lässt sich der reflexive Zug im Umgang mit der Vergangenheit, der damals aufkam, mit der „geistigen Situation der Zeit" (Karl Jaspers) erklären.[42] Sie wirkte sich auf Brennekes archivwissenschaftlichen Ansatz aus.

Meisner erläuterte Leesch gegenüber im Rückblick der Nachkriegszeit, welche Absichten in den 1930er-Jahren am Dahlemer Institut für Archivwissenschaft verfolgt worden waren:

> der ehemalige zweite Teil der Firma „für geschichtswissenschaftliche Fortbildung" bezog sich […] auf die Tatsache, daß man ursprünglich […] eine Fortbildungsstätte schaffen wollte, an der auch die Probleme der Historik erörtert werden sollten. Hierfür hatte Brackmann das MA [Id est Mittelalter, D. S.], Meinecke die Neuzeit übernommen. Diese Seite der Sache ist aber niemals recht zur Entwicklung gelangt.[43]

Was Meisner hier unter „Historik" versteht, führt er nicht näher aus. Man darf aber annehmen, dass mehrere Bedeutungen mitschwingen: Der Bezug auf Droysen, der in dem Wort selbst liegt, war Meisner sicherlich bewusst; im weiteren Verständnis dachte er gewiss an den gesamten Umkreis geschichtstheoretischer und geschichtsphilosophischer Fragestellungen, die in der damaligen geistigen Atmosphäre virulent geworden waren. Aber auch die Gebiete der Methodik und der Quellenkunde wie überhaupt die

---

40 Vgl. hierzu mit Blick auf archivgeschichtliche Aspekte Schenk: „Aufheben, was nicht vergessen werden darf" (Anm. 4), 124–132.

41 Vgl. Meinecke: Die Entstehung des Historismus (Anm. 2), Zitat auf Seite 1; Droysen: Historik (Anm. 3).

42 Vgl. Karl Jaspers' berühmte Zeitdiagnose: Die geistige Situation der Zeit (1931). Berlin, New York 1979.

43 LWL-Archivamt für Westfalen, Archiv LWL, Bestand 920 (Nachlass Wolfgang Leesch), Archivwissenschaftliche Korrespondenz, Brief Meisners vom 2.7.1954.

kritische Diskussion von Forschungsproblemen der Geschichtswissenschaft gehören zur Historik. Die Aufteilung zwischen einem mittelalterlichen und einem neuzeitlichen Teil deutet darauf hin, dass hier der Schwerpunkt lag.

Brackmann gibt in seinem Nachruf auf Brenneke an, dass dieser analog zu Droysens „Enzyklopädie und Methodologie der Geschichte" – so lautet der Untertitel der *Historik* – eine „Enzyklopädie und Methodologie der Archivkunde" hatte entfalten wollen.[44] Tatsächlich zeigt sich in Brennekes Gedankenwelt ein Brückenschlag zwischen *Archivistik* und *Historik*, der auf das Programm des Dahlemer Instituts für Archivwissenschaft abgestimmt ist. Meinecke lehrte dort nur einen Kursus lang;[45] er wurde 1932 im Alter von 69 Jahren an der Berliner Universität emeritiert und legte gleichzeitig auch seinen Lehrauftrag an der Archivschule nieder. Brenneke setzte sich aber mit seiner Geschichtsauffassung, insbesondere dem Schlüsselbegriff der Entwicklung, intensiv auseinander und übernahm ihn in seinen Grundriss.

---

44 Brackmann: Adolf Brenneke (Anm. 7), 218.

45 Leesch: Institut für Archivwissenschaft (Anm. 22), 234. – Zu Meinecke vgl. einführend Ernst Schulin: Friedrich Meinecke. In: Hans-Ulrich Wehler (Hrsg.): Deutsche Historiker. Bd. I. Göttingen 1971, 39–57; Gisela Bock/Daniel Schönpflug (Hrsg.): Friedrich Meinecke in seiner Zeit. Studien zu Leben und Werk. Stuttgart 2006. – Einige Beachtung fand der Band Friedrich Meinecke. Akademischer Lehrer und emigrierte Schüler. Briefe und Aufzeichnungen 1910–1977. Bearb. von Gerhard A. Ritter. München 2006. – Zur Kritik von Meineckes Irrationalismus siehe Jörn Rüsen: Konfigurationen des Historismus. Studien zur deutschen Wissenschaftskultur. Frankfurt/Main 1993, 331–349.

Ein geistiges Vermächtnis in schlimmer Zeit – Nationalsozialismus, Zweiter Weltkrieg und Brennekes unvollendete „Archivartikel"

Als Brenneke 1931 am Institut für Archivwissenschaft zu unterrichten begann, veränderten sich die politischen Verhältnisse im Deutschen Reich auf dramatische Weise: Der Prozess der Auflösung und Zerstörung der Weimarer Republik – der ersten deutschen Demokratie – schritt voran und wurde nicht aufgehalten; schließlich gelang es Adolf Hitler und der NSDAP, die Macht zu übernehmen und eine totalitäre Gewaltherrschaft zu errichten. Brennekes archivwissenschaftliche Arbeit stand von 1933 an wohl oder übel unter den Vorzeichen des „Dritten Reichs".

Albert Brackmann schlug sich auf die Seite der neuen Machthaber. Schon vor der nationalsozialistischen „Machtergreifung" hatte er die Ansicht vertreten, dass die Archivare künftig stärker ins „praktische Leben", in die „Welt […] hineingezogen" würden und sich „hineinziehen" lassen sollten.[46] Nach der nationalsozialistischen Usurpation der Macht setzte er diese Maxime auf opportunistische Weise in die Tat um: Die Dahlemer Archivschule bildete schließlich nicht zuletzt Fachkräfte aus, die in der nun forcierten parteilichen, antipolnischen „Ostforschung" eine Anstellung fanden. Die Ressourcen der preußischen Archivverwaltung wurden unter Brackmanns Ägide für diesen Zweck instrumentalisiert.[47] Die Publikations-

---

46 Brackmann: Das Institut für Archivwissenschaft und geschichtswissenschaftliche Fortbildung (Anm. 25), 1.

47 Vgl. jetzt zusammenfassend Martin Munke: Publikationsstelle Berlin-Dahlem. In: Online-Lexikon zur Kultur und Geschichte der Deutschen im östlichen Europa, 2013. Abgerufen am <20.6.2017> von <ome-lexikon.uni-oldenburg.de/53902.html>. Aus der eingehenderen Literatur seien u. a. genannt: Munke: „... die Interessen des deutschen Volkstums zu stützen und zu fördern". Die Publikationsstelle Berlin-Dahlem 1931/33 bis 1943/47. In: Kriese: Archivarbeit im und für den Nationalsozialismus (Anm. 21), 259–292; Ingo Haar: Historiker im Nationalsozialismus. Deutsche Geschichtswissenschaft und der „Volkstumskampf" im Osten. Göttingen 2000, 106–149 (Kap. „Albert Brackmann und die Publikationsstelle Berlin-Dahlem"); Michael Burleigh: Germany turns eastwards. A Study of Ostforschung in the Third Reich (1988). London 2002. – Speziell zum Archivwesen siehe auch Stefan Lehr: Ein fast vergessener Osteinsatz. Deutsche Archivare im Generalgouvernement und im Reichskommissariat Ukraine. Düsseldorf 2007. – Torsten Musial wies bereits vor zwei Jahrzehnten darauf hin, dass das Institut für Archivwissenschaft eine „Stütze der Ostforschung und Ausbildungsstätte regimekonformer Archivare" war. Musial: Staatsarchive im Dritten Reich. Zur Geschichte des staatlichen Archivwesens in Deutschland, 1933–1945. Potsdam 1996, 64f.

stelle (PuSte), an der diese Bestrebungen gebündelt wurden, war für das NS-Regime viel wichtiger als die Archivschule; ihr Budget wuchs, und sie erhielt schließlich ein Vielfaches an Geldmitteln.

Doch schon 1936 schob man Brackmann – nach Angriffen Walter Franks, des Leiters des Reichsinstituts für die Geschichte des Neuen Deutschlands – aufs Altenteil ab.[48] Im Amt des Generaldirektors der preußischen Archivverwaltung folgte ihm ein Funktionär des Regimes ohne vergleichbare wissenschaftliche Reputation, Ernst Zipfel, der bereits 1932 NSDAP-Mitglied geworden war.[49]

Was Brenneke im Laufe der wechselvollen Jahre von 1933 bis 1945, also während der nationalsozialistischen Herrschaft, über Politik und Zeitgeschehen dachte, wissen wir nicht. Er gehörte einem Milieu an, in dem das Spektrum der politischen Meinungen von konservativ-nationalistischer Verachtung der Weimarer Republik bis zum „Vernunftrepublikanismus" eines Friedrich Meinecke reichte. Der Burschenschaft Brunsviga, der Brenneke als Student beigetreten war, blieb er treu; ihr „Gau Berlin" traf sich regelmäßig in einem Restaurant am Kaiserplatz in Berlin-Wilmersdorf.[50] Was Brennekes Verhältnis zur NSDAP und ihren Gliederungen angeht, so erfährt man aus den Personalakten im Geheimen Staatsarchiv PK lediglich, dass er seit dem 1. April 1938 Mitglied des NS-Altherrenbundes der deutschen Studenten war.[51] Aufgrund seiner leitenden Stellung blieb es nicht aus, dass er sich in das Unrecht der NS-Zeit verwickelte: Im selben Monat wurde dem bereits entlassenen jüdischen Kollegen Ernst Posner im Auftrag Brennekes Hausverbot erteilt.[52]

---

48 Vgl. Helmut Heiber: Walter Frank und sein Reichsinstitut für Geschichte des Neuen Deutschlands. Stuttgart 1966, 1249–1252.

49 Siehe insgesamt Sven Kriese: Albert Brackmann und Ernst Zipfel. Die Generaldirektoren im Vergleich. In: Archivarbeit im und für den Nationalsozialismus (Anm. 21).

50 Die Einladungen finden sich in Brennekes Nachlass im NLA Hannover; ihre weiße Rückseite nutzte er für Exzerpte, Notizen und Textentwürfe.

51 Vgl. GehStA PK, I. HA, Rep. 178 B, Nr. 2943, Bl. 42 (Schreiben vom 16.1.1939). – Im Bundesarchiv ließen sich keine Unterlagen zur Person Brennekes nachweisen. – Vgl. auch Johanna Weiser: Geschichte der Preußischen Archivverwaltung und ihrer Leiter. Köln, Weimar, Wien 2000, insbes. 132f.

52 So Eckart Henning: Reinhard Lüdicke, der „Listenreiche" (1878–1947). In: Eckart Henning: Archivalien und Archivare Preußens. Ausgewählte Aufsätze. Berlin 2013, 221–233, 229. – Zu Posner siehe Anm. 27.

Die Briefkarten Brennekes an Albert Brackmann, die sich in dessen Nachlass erhalten haben,[53] sind vor dem Hintergrund der engen beruflichen Verbindung zwischen beiden aufschlussreich. Die Karten stammen überwiegend aus der Zeit von Januar bis März 1937, also aus den Monaten nach Brackmanns Ausscheiden als Generaldirektor. Zumindest damals standen sie sich auch persönlich nahe. So stattete Brackmanns Gattin der erkrankten Frau von Brenneke einen Besuch ab. Dieser zeigt sich seinem früheren Vorgesetzten gegenüber höflich und ehrerbietig; ein Statusgefälle zwischen dem renommierten Historiker und dem Archivar wird spürbar.

In diesen privaten Äußerungen lassen sich bei Brenneke traditionelle, von bildungsbürgerlichen Werten geprägte Einstellungen erkennen. Er wünscht Brackmann nach dem Verlust seines Amtes in der Archivdirektion, dass er sich „in dem […] verbliebenen geistigen Wirkungskreise glücklich fühlen" möge.[54] Das ist keine Ermunterung zur politischen Einflussnahme, die Brackmann anstrebte. Die Übersendung des ersten Heftes des Deutschen Archivs für Landes- und Volksforschung, eines Organs der „Ostforschung", nimmt Brenneke dankend und zustimmend entgegen; deren Fragwürdigkeit verkennt er oder lässt er außer acht, denn er lobt Brackmanns „schöpferische, anregende, verbindende und zusammenhaltende Wirksamkeit für die Förderung der Wissenschaft vom deutschen Volkstum und Außerdeutschtum".[55]

Zur Jahreswende 1939/40 pflichtet Brenneke seinem Mentor in einer wissenschaftlichen Kontroverse über den berühmten Gang König Heinrichs IV. nach Canossa (1077) bei. Er billigt Brackmann zu, im Vergleich mit Johannes Haller, einem damals namhaften Historiker,[56] eine differenziertere Position einzunehmen:

> Lebhaft zustimmen möchte ich ihnen […], wenn Sie das Recht der kritischen Historiker wahren, bei voller Würdigung der großen aus weltanschaulichen Gegensätzen herauswachsenden schicksalhaften Auseinandersetzungen die Mittel des Kampfes im einzelnen zu prüfen

53 Nachlass Albert Brackmann (GStA, VI. HA), Nr. 4 Einzelkorrespondenz, Buchstabe B, Bl. 115–119.

54 Briefkarte vom 1. Januar 1937. Ebd. Bl. 117.

55 Briefkarte vom 27. März 1937. Ebd., Bl. 118.

56 Vgl. Benjamin Hasselhorn: Johannes Haller. Eine politische Gelehrtenbiographie. Göttingen 2015.

> und zu werten. Darin liegt wohl nicht nur der Reiz, sondern auch das Ethos seiner Aufgabe.

Hier wird dem Individuum ein gewisser Handlungsspielraum zugeschrieben; wie er jeweils genutzt wird, ist dem historischen Urteil unterworfen. Auf die kritische Würdigung der verfügbaren Quellen als Aspekt der historischen Methode spielt Brenneke zumindest an. Bei diesem Brief handelt es sich um einen Neujahrsgruß; an der Wende zu dem „schicksalsschweren" Jahr 1940 äußert er sich ohne Euphorie.[57] Den Gruß „Heil Hitler" verwendet Brenneke, anders als Brackmann, nicht.

In einer Vorlesungsnachschrift, die in die Archivschule Marburg gelangte, stößt man auf ein Vokabular, bei dem man sich die Frage stellt, ob es vom rechtsintellektuellen Dezisionismus der Zeit um 1930 beeinflusst ist, so das Lob von „Tat" und „Entscheidung".[58] Doch sind Brennekes Äußerungen, insgesamt gesehen, wenig markant. In der Ehrerbietigkeit dem Staat gegenüber stimmt er mit Auffassungen überein, die sich in der deutschen Geschichtswissenschaft bis weit ins 19. Jahrhundert zurückverfolgen lassen. Seine Ansichten können den unterschiedlichen Strömungen nationalsozialistischer Weltanschauung nicht auf spezifische Weise zugerechnet werden, auch wenn die Vorliebe der deutschen Historiker für einen starken Staat, die Brenneke gewiss teilte, aus heutiger Sicht kritikwürdig ist.[59]

Brenneke könnte von den Auffassungen seines Lehrers Georg von Below beeinflusst worden sein; als Herausgeber der *Vierteljahreshefte für Sozial- und Wirtschaftsgeschichte* stand dieser zwar für eine gewisse thematische Öffnung der deutschen Geschichtswissenschaft, hielt aber an einer bemer-

---

57 Briefkarte vom 1. Januar 1940. Ebd., Bl. 115. – Vgl. Albert Brackmann: Tribur. Abhandlungen der Preußischen Akademie der Wissenschaften, Philologisch-historische Klasse. Berlin 1939, 3–37.

58 Vorlesungsnachschrift von Joseph König. Der maschinenschriftliche Text befindet sich unter dem Titel „Direktor Dr. Brenneke: Geschichte des Archivwesens" noch heute in mehreren Exemplaren in der Bibliothek der Archivschule Marburg (Signatur: II A 141). Die Stelle, auf die hier eingegangen wird, findet sich auf Seite 21. – Es bleibt freilich offen, wie authentisch die Nachschrift ist und ob in ihr nicht der Hörer, der Brennekes Kolleg aufzeichnete, eigene Akzente setzte.

59 Vgl. vor allem Iggers: Deutsche Geschichtswissenschaft (Anm. 5).

kenswerten „Verehrung für den Staat" (Marc Bloch)[60] fest. Und schließlich war Brenneke ein Archivar und teilte die Loyalitäten seines *Berufsstands*: Als Hüter der hoheitlichen *Arcana* hatten dessen Angehörige ihre traditionelle Rolle als Fürstendiener und Staatsbeamte verinnerlicht; Brenneke dürfte hier keine Ausnahme gewesen sein.

Allerdings fehlen selbst in Brennekes Nachlass Äußerungen, die konkrete politische Einschatzungen oder Sympathien mit Blick auf die damalige Gegenwart verraten. Er war auch nicht an Schriften mit volkspädagogischem Einschlag oder zu Themen der „preußischen Mythologie" beteiligt, wie sie Archivare des Geheimen Preußischen Staatsarchivs vor ihm, darunter Paul Bailleu und Melle Klinkenborg, herausgebracht haben.[61] Zur Verklärung Preußens neigte etwa auch Meisner, Brennekes Kollege und Partner bei der Begründung einer Wissenschaft von den Archiven; das belegt seine Sympathie für Oswald Spenglers hochgradig ideologisches Pamphlet *Preußentum und Sozialismus* (1920).[62] Im Kontext apologetischer Geschichtsbetrachtung ist Brennekes Stimme dagegen nicht zu hören; seine geschichtswissenschaftlichen Schriften befassen sich mit Fragen des Verhältnisses von Staat und Kirche im 16. Jahrhundert und mit kirchengeschichtlichen Gegenständen regionaler Natur, die keine große tagespolitische oder ideologische Brisanz besaßen.

Ein Urteil von Brennekes Chef, des Generaldirektors der Preußischen Staatsarchive und Nationalsozialisten Ernst Zipfel, stellt ihn als geradezu unangepasst dar: Es „schmerzte" den NS-Funktionär noch rückblickend, dass „Herr Brenneke und Herr Lüdicke trotz vieler Bemühungen meiner-

60 Marc Bloch: Ein Temperament: Georg von Below (1931). In: Marc Bloch: Aus der Werkstatt des Historikers. Zur Theorie und Praxis der Geschichtswissenschaft. Hrsg. von Peter Schöttler, Frankfurt/Main 2000, 300–309, 302 (frz. Orig.: Un tempérament: Georg von Below. In: Annales d'histoire économique et sociale 3 [1931], 553–559).

61 Vgl. Paul Bailleu: Königin Luise. Ein Lebensbild. Berlin 1908; Melle Klinkenborg: Fehrbellin. Nach Berichten und Briefen der führenden Männer. Leipzig 1913. – Leesch erwähnt allerdings, dass eine Forschungsaufgabe, die dem Institut für Archivwissenschaft zugewiesen wurde, die „Darstellung der deutschen Mission Preußens zwischen 1815 und 1850 unter der Leitung Brennekes" war. Leesch: Institut für Archivwissenschaft (Anm. 22), 230.

62 Vgl. Heinrich Otto Meisner: Oswald Spengler: Preußentum und Sozialismus (Rezension). In: Preußische Jahrbücher 179 (1920), 146–148. – Siehe hierzu Bernd Faulenbach: Ideologie des deutschen Weges. Die deutsche Geschichte in der Historiographie zwischen Kaiserreich und Nationalsozialismus. München 1980, 166f.

Abbildung 8: Portrait von Adolf Brenneke. Fotografie.

seits nicht mitgingen – *die einzigen Fälle in ganz Deutschland*".[63] Reinhard Lüdicke, wenig jünger als Brenneke, war 1943 für wenige Monate dessen unmittelbarer Nachfolger als Archivleiter im Geheimen Staatsarchiv.[64]

Brenneke hatte es in diesen Jahren auch persönlich nicht leicht. Bereits 1935 starb sein einziger Sohn Heinz, Student der Medizin, im Alter von 24 Jahren. Mit dem Eintritt in den Ruhestand hatte Brenneke spätestens zum 1. September 1940 gerechnet;[65] die Entfesselung des Zweiten Weltkriegs durch die Nationalsozialisten 1939 verzögerte ihn. Erst zum Oktober 1943 wurde er aufgrund eines ärztlichen Gutachtens, das ihm eine Herzschwä-

63 Schreiben vom 13.10.1945 an den – damals bereits verstorbenen – Gottfried Wentz (GehStA Rep. 178 Pers. Nr. 274). Zitiert nach Eckart Hennings Einleitung zu Reinhard Lüdicke: Im Kampf um Berlin. Aufzeichnungen über seinen Volkssturm-Einsatz vom 20. April bis 2. Mai 1945 in Berlin. In: Henning: Archivalien und Archivare Preußens (Anm. 52), 234–241, 235. Hervorhebung vom Verfasser.

64 Vgl. die – als Würdigung zu verstehende – biografische Skizze von Henning: Reinhard Lüdicke (Anm. 52).

65 Schreiben Brennekes vom 29.5.1939 (Anm. 24).

che und Kreislaufbeschwerden attestierte, aus dem aktiven Archivdienst verabschiedet; aus dieser Zeit stammt das einzige fotografische Porträt, das wir besitzen (Abb. 8).
Zuvor war ihm der Auftrag zur Erteilung des Unterrichts im Fach Archivtheorie und Archivgeschichte entzogen worden, was ihn hart traf und möglicherweise der Grund dafür war, seinen Gesundheitszustand zur Geltung zu bringen; in einem Vermerk, den er noch als Direktor des Geheimen Staatsarchivs verfasste, sind Verärgerung und Enttäuschung deutlich zu spüren, was für ihn ganz ungewöhnlich ist:

> Im Mai 1943 wurde ein neuer Kursus [...] angekündigt. [...] An meiner Stelle wurde Staatsarchivrat Rohr für Archivgeschichte und Archivtheorie eingesetzt, der ein [in] meinen Vorlesungen aufgeschriebenes Heft besitzt. Ich bin nach 12jähriger Lehrtätigkeit aus einem Lehrfach [...] entfernt worden, für das ich methodologische Grundlagen geschaffen zu haben glaubte, wie sie sonst nirgendwo verbreitet sind.[66]

Obwohl Brenneke die mit der Pensionierung eigentlich verbundenen Hoffnungen auf wissenschaftliche Betätigung schon schwinden sah, gab er das Anliegen nicht auf, seine Theorie und Geschichte der Archive in eine verbindliche Schriftform zu bringen. Denn er übernahm nun die Aufgabe, das Fachgebiet Archivkunde im Redaktionsstab eines geplanten *Sachwörterbuchs für die deutsche Geschichte* zu vertreten. Neben Robert Holtzmann, einem Mediävisten, fungierte ein Geschichtsdidaktiker, Ernst Wilmanns, als Herausgeber.[67]

Holtzmann, ungefähr gleichaltrig mit Brenneke, arbeitete an den *Monumenta Germaniae Historica* mit, ehe er 1913 in Gießen eine Professur für mittelalterliche Geschichte übernahm. Als Soldat bei Verdun schwer verwundet, erhielt er 1916 einen Ruf nach Breslau. Ein Jahrzehnt später, 1926, war er

---

66 Vgl. GehStA PK, I. HA, Rep. 178 B, Nr. 2943, Bl. 71 (Vermerk vom 28.8.1943). – Wilhelm Rohr (1898–1968) wurde 1944 Referent im Reichsministerium des Innern. In der Nachkriegszeit war er am Bundesarchiv in Koblenz tätig.

67 Dieses – letztlich gescheiterte – Projekt ist nicht zu verwechseln mit dem Wörterbuch, das Hellmuth Rössler und Günther Franz herausbrachten. Vgl. Rössler/Franz: Sachwörterbuch zur deutschen Geschichte. München 1958. – Zu Franz siehe Wolfgang Behringer: Bauern-Franz und Rassen-Günther. Die politische Geschichte des Agrarhistorikers Günther Franz. In: Winfried Schulze/Otto Gerhard Oexle: Deutsche Historiker im Nationalsozialismus. Frankfurt/Main 1999, 114–141.

– nun an der Universität Halle installiert – ein Kontrahent des liberalen preußischen Kultusministers Carl Heinrich Becker, der gegen einen rechtsgerichteten Professor durchgegriffen hatte; die „deutschen Mandarine“ (Fritz K. Ringer) nahmen den Fehdehandschuh auf.[68] Holtzmann war zeitweilig auch Vorsitzender des Verbands Deutscher Historiker. 1930 übernahm er eine Stelle als Professor in Berlin; 1939 wurde er entpflichtet.[69] In seiner Hallenser Zeit gab er die Chronik des Thietmar von Merseburg neu heraus. Im Jahr 1941 erschien seine bis weit in die Nachkriegszeit hinein viel gelesene, in mehreren Auflagen verbreitete Geschichte der Sächsischen Kaiserzeit (900–1024), die an die „Sachsenmode“ (Karl Ferdinand Werner) der Jahre nach 1933 anknüpft.[70] Auch wenn sein Neffe, der Mediävist Walther Holtzmann, in der Nachkriegszeit von der „süddeutsch-liberalen Herkunft und Einstellung“ Robert Holtzmanns sprach,[71] darf doch der ausgeprägt nationalkonservative Zug in seiner politischen Haltung nicht übersehen werden.

In den ersten Jahrzehnten des 20. Jahrhunderts trat zunehmend ins Bewusstsein der akademischen Eliten, dass die Druckerzeugnisse der Geschichtswissenschaft ein größeres Publikum meist nicht zu erreichen vermochten.[72] Vor diesem Hintergrund ist es beachtenswert, dass mit Ernst Wilmanns ein Pionier der Geschichtsdidaktik als Mitherausgeber für das geplante Wörterbuch zeichnete; er arbeitete für den Verlag Dr. Matthiessen, in dem es erscheinen sollte. Der Schulleiter in Wuppertal hatte sich in der Weimarer Republik durch sein Plädoyer für die Verwendung originaler Quellen-

68 Vgl. Hans Schleier: Die bürgerliche Geschichtsschreibung der Weimarer Republik. Berlin(-Ost) 1975, 439. – Fritz K. Ringer: Die Gelehrten. Der Niedergang der deutschen Mandarine. Frankfurt/Main 1987 (amerikanisches Original: The German Mandarins, 1967).

69 Vgl. im Übrigen zusammenfassend Albrecht Timm: Robert Holtzmann. In: Neue Deutsche Biographie 9 (1972), 562.

70 Das Werk war in der Nachkriegszeit erfolgreich. Die 7. Aufl. erschien 1979 in München. – Zur „Sachsenmode“ siehe Karl Ferdinand Werner: Das NS-Geschichtsbild und die deutsche Geschichtswissenschaft. Stuttgart u. a. 1967, 113, dort Anm. 34. – So wurde 1936 im „Dritten Reich“ die Tausendjahrfeier des Todes von König Heinrich I. mit propagandistischem Aufwand begangen und in Quedlinburg, wo er bestattet war, die Stiftskirche St. Servatii zu einer Weihestätte der SS umfunktioniert.

71 Nachwort. In: Ebd., 500–503, 500.

72 Vgl. hierzu Wolfgang Hardtwig/Erhard Schütz (Hrsg.): Geschichte für Leser. Populäre Geschichtsschreibung in Deutschland im 20. Jahrhundert. Stuttgart 2005.

texte im Geschichtsunterricht einen Namen gemacht.[73] Seine Stellung in der NS-Zeit ist zwiespältig; sie liegt irgendwo „zwischen innerer Emigration und dem Versuch der Kohabitation mit dem Regime".[74] Jedenfalls war auch er kein nationalsozialistischer Aktivist. Noch in der geschichtsdidaktischen Diskussion der frühen Nachkriegszeit spielte Wilmanns eine gewisse Rolle.

Den Auftrag, am geplanten *Sachwörterbuch für die deutsche Geschichte* mitzuwirken, nahm Brenneke, wie Leesch angibt, 1943 an.[75] Gerade als er seine Pensionierung durchgesetzt hatte, holte ihn allerdings der Krieg ein; seine Wohnung in Berlin-Friedenau, Wielandstraße 4, brannte in der Nacht vom 23. auf den 24. August 1943 durch einen Bombenangriff vollständig aus. Obdachlos geworden, erhielt er in den letzten Wochen der aktiven Dienstzeit Urlaub, um die deutsche Hauptstadt verlassen zu können; er gelangte über Halle, wo seine Tochter Ursula lebte, und Trier im Herbst 1944 nach Gelsenkirchen. Dort wurde er von Neuem zweimal ausgebombt und erlebte, beginnend mit dem 30. März 1945, die Besetzung des Ruhrgebiets durch alliierte Truppen.

In dieser Zeit war das gesamte Projekt des *Sachwörterbuchs* bereits kriegsbedingt gefährdet. Bei der Bombardierung Wuppertals konnte die wertvolle Zettelkartei glücklicherweise gerettet werden.[76] Der Verlag zog sich ins entlegene, aber weniger gefährdete Wernigerode am Harz zurück. Im Sommer 1944 konnten den „Fachleitern", darunter Brenneke, immerhin „Bearbeitungsblätter" für die Gebiete „Archivkunde", „Bibliothekskunde", „Bildungswesen" und „Paläographie" übersandt werden. Es handelte sich um Stichwortlisten, die den Ausgangspunkt für die Definition des inhaltlichen Zuschnitts der Artikel und ihre Abgrenzung untereinander bildeten. In ei-

73 Zur Person vgl. Hermann de Buhr: Ernst Wilmanns. In: Siegfried Quandt (Hrsg.): Deutsche Geschichtsdidaktiker des 19. und 20. Jahrhunderts. Paderborn 1978, 304–326; Klaus Goebel: Ernst Wilmanns (1882–1960). In: Wilhelm Janssen (Hrsg.): Rheinische Lebensbilder, Bd. 11. Köln 1988, 317–341.

74 Michele Barricelli: Zugriff verweigert? Die Konjunkturen von Kritik, Gemeinschaft und Weltanschauung bei Ernst Wilmanns. In: Wolfgang Hasberg/Manfred Seidenfuß (Hrsg.): Geschichtsdidaktik(er) im Griff des Nationalsozialismus? Münster 2005, 187–208, 187.

75 Leesch: Adolf Brenneke (Anm. 7), XVI.

76 Vgl. Universitätsbibliothek Leipzig, Nachlass Erich Brandenburg (NI. 237/4/2/1–2/154, 155 und 157), Briefe der Redaktion an Erich Brandenburg vom 23.10.1942 und vom 28.10.1943.

nem Schreiben Brennekes vom 12. Januar 1945, das sich im Nachlass erhalten hat, geht es noch um diese Fragen.[77]

Allen Widrigkeiten zum Trotz arbeitete er an den „Archivartikeln" weiter. Endlich erfuhr er, dass der Verlag auch nach der Kapitulation im besetzten Deutschland, und zwar in der britischen Zone, weiterarbeitete. Am 16. Oktober 1945, ein halbes Jahr nach der Einnahme des Ruhrgebiets durch alliierte Truppen, gibt er in einem Schreiben an den Verleger Dr. Matthiessen, nun Göttingen, an, dass er von den vorgesehenen Artikeln „alle selbst schreiben möchte". Er sei „sehr weit vorwärts gekommen". Allerdings befürchtete er, aufs Land evakuiert zu werden, wo die Fachliteratur, die er für seine wissenschaftliche Arbeit dringend benötigte, noch schwerer erreichbar gewesen wäre als in einer Stadt. Inhaltliche Defizite gebe es nur deshalb noch, weil ihm Fachbücher derzeit unzugänglich seien: „Unentbehrlich ist mir […] die […] Überprüfung meiner Ausarbeitungen an Hand der einschlägigen Literatur." Sie war erst nach Wiederaufnahme des auswärtigen Leihverkehrs der Bibliotheken möglich; mit der Stadtbücherei in Gelsenkirchen hatte er deswegen schon Kontakt aufgenommen.[78]

Kurz zuvor, am 6. Oktober, hatte er dem Mitherausgeber Wilmanns berichtet: „Die Ausarbeitung eines 15. Artikels steht vor dem Abschluss."[79] Der Stand, über den Brenneke hier informiert, ist derjenige der heute vorliegenden Manuskripte. Bald darauf muss er ernsthaft erkrankt sein; zur Vollendung der fehlenden Artikel und zur gewünschten Überarbeitung anhand der archivwissenschaftlichen Fachliteratur ist es nicht mehr gekommen. Brenneke konnte sein Ziel, die „Archivartikel" zu vollenden, bis zu seinem Tod am 20. Januar 1946 nicht erreichen; er starb, ohne zur Archivwissenschaft irgendetwas veröffentlicht zu haben.

---

77 Vgl. NLA Hannover Hann. 91 Brenneke 2/6, Konvolut „Geschäftlicher Briefwechsel betr. Redaktionsarbeit am Fachgebiet Archivkunde des ‚Sachwörterbuchs für Geschichte'".

78 Ebd., Brief an den Verleger Matthiessen vom 16.10.1945 (Bl. 1434).

79 Ebd., Brief an Stadtrat Ernst Wilmanns (ebenfalls Bl. 1434).

Brennekes „Gedankengebäude“

Die „Archivartikel“ im Überblick

Die Manuskripte, an denen Brenneke bis zuletzt feilte, haben sich glücklicherweise erhalten. Wenn man sie in Kenntnis der katastrophalen Zeitumstände heute liest, so hat man das Gefühl, eine andere Welt zu betreten als diejenige, die wir im vorigen Kapitel kennenlernten. Wir sehen uns mit einem Paradoxon historistischer Gelehrsamkeit konfrontiert: Im Schlüsseldokument einer Denkweise, der die Geschichtlichkeit aller menschlichen Dinge wesentlich ist, wird der Zeitpunkt der Entstehung auf den ersten Blick nur an der schlechten Qualität des Papiers, auf dem die Texte geschrieben sind, erkennbar; die überwältigenden Tagesereignisse selbst bleiben vollkommen ausgeblendet.

Spuren einer Affinität zum „Dritten Reich“, etwa Erwähnungen des „Führers“ Adolf Hitler und der NSDAP oder gar chauvinistische, rassistische und antisemitische Äußerungen, weisen Brennekes Texte nicht auf; die archivwissenschaftliche Konzeption ist in ihrer Substanz nicht von nationalsozialistischer Ideologie, vom völkisch-rassistischen Diskurs oder auch von der „Konservativen Revolution“ infiltriert. Im Gegenteil: Der Artikel „Sippenarchive“ enthält eine vorsichtige Distanzierung von Biologismus und Rassismus.[80] Es ist gut denkbar, dass die „Archivartikel“ in der vorliegenden Form nach dem „Zusammenbruch“, also vom Frühjahr 1945 an geschrieben oder umgeschrieben worden sind; Brenneke hatte zwischen dem Kriegsende und seinem Tod mehrere Monate Zeit dazu. Doch reagieren die Artikel andererseits nicht auf die neu eingetretenen Umstände des „Zusammenbruchs“: In seinen Ausführungen geht Brenneke nirgends auf die mit der Niederlage des „Dritten Reiches“, der bedingungslosen Kapitulation und der Befreiung Deutschlands entstandene neue Situation ein[81] – von der „deutschen Katastrophe“ (Friedrich Meinecke) ist nichts zu bemerken.

So lässt sich resümieren: Brennekes Texte gehörten bereits in ihrer Entstehungszeit einer untergehenden oder untergegangenen Welt an; sie sind,

---

80 Vgl. den Artikel „Sippenarchive“.

81 Besonders stark gehen die Artikel über Reichsarchive und Kirchenarchive auf die institutionellen Verhältnisse der NS-Zeit ein. Die Einbeziehung Österreichs in die deutsche (Archiv-)Geschichte ist für Brennekes Darstellung wesentlich; sie hätte nicht ohne Weiteres geändert werden können.

wenn man so will, verspätet. Sein Ansatz war zu seinem Vorteil so altmodisch, dass er mit dem Nationalsozialismus eine tiefere Verbindung nicht eingehen konnte.[82] In geistig dürftiger Zeit und schließlich im Angesicht eines – von ihm wohl nicht in seiner wahren Dimension erkannten – Zivilisationsbruchs zog ein älterer Archivar, der seiner ganzen Mentalität nach noch ein Kind der Kaiserzeit war, eine facettenreiche Bilanz der Archivwissenschaft seiner Generation. Der Kontext des Zeitgeschehens ist im Vorigen ausgeleuchtet worden; im Folgenden geht es demgegenüber um die Innenseite von Brennekes Entwurf: um die Architektur seines „Gedankengebäudes"[83] und die ideengeschichtlichen Einflüsse, die in ihm wirksam sind.

Brennekes nachgelassene Ausarbeitungen stellen ein Fragment dar: Der nur teilweise vollendete Artikel befasst sich mit „Archivtheorien". Leider fehlen die Passagen über die älteren, in der frühen Neuzeit entstandenen Theorien, die in einem Exposé des archivkundlichen Lehrgangs breiten Raum einnehmen.[84] Ganz unausgeführt blieben die geplanten Beiträge zu den Themen „Archivalische Forschung", „Archivbeamte" sowie „Archivpflege und Archivschutz". Vorhanden sind dagegen neben dem schon genannten Text über „Archivtheorien" solche zum Begriff des „Archivs", zum „Archivrecht", zur „Archivarischen Terminologie", über „Archivische Ordnungsprinzipien", „Archivische Zuständigkeit" und das „Provenienzprinzip" sowie schließlich – als längster Beitrag – derjenige über „Archivgestaltungstypen", wie Brenneke eigenwillig formuliert.

Mit seinen langen archivgeschichtlichen Partien ist dieser besonders interessant. Es würde zu weit führen, an dieser Stelle auf den Begriff der Gestalt näher einzugehen. Das Wort war in den 1920er-Jahren beliebt, nicht zuletzt durch die Gestaltpsychologie; von „Gestalten" und „Gestaltungen"

---

82 Zu den Unterschieden, ja zur „Paradigmenkonkurrenz" zwischen Historismus und Nationalsozialismus vgl. Jaeger/Rüsen: Geschichte des Historismus (Anm. 5), 95–112, 97. Gemessen an den dort genannten Kriterien – Idealismus contra Naturalismus, Fortschrittsglaube contra „extreme Radikalisierung der kulturkritischen Perspektive" und Objektivitätsanspruch contra „strikte Instrumentalisierung historischer Erkenntnis für die Zwecke des politischen Tageskampfes" (ebd., 101) kann Brenneke ohne Einschränkungen als Historist bezeichnet werden.

83 Wolfgang Leesch benutzte den Ausdruck „Lehrgebäude". Vgl. Leesch: Adolf Brenneke (Anm. 7), IX–XVII, hier: XVI. Da es in diesem Buch vor allem um die „Archivartikel" geht, die nicht primär der Lehre dienten, wird im Folgenden von einem „Gedankengebäude" gesprochen.

84 Vgl. Teil II in diesem Buch.

sprachen aber schon Hegel, der Lehrer Droysens, und Droysen selbst.[85] Bei Friedrich Meinecke findet sich der Ausdruck „Gestaltungsprinzipien".[86] Im Artikel „Archivgestaltungstypen" behandelt Brenneke, anknüpfend an diesen Sprachgebrauch, die im Laufe der Jahrhunderte aufgetretenen Formationen des Archivs – zum einen im Kontext des Behördenaufbaus, zum anderen mit Blick auf unterschiedliche Arten der Zusammenfügung des archivalischen Materials, also der Ordnung. Weniger ausgeprägt als in der *Archivkunde* treten übrigens charakteristische Verlaufsmuster hervor. Das mag auf die Sachgliederung des Wörterbuchs zurückzuführen sein, in dem jede diachrone Sequenz spätestens am Ende eines Artikels wieder abbricht.[87]

Die zu beobachtenden Phänomene werden in den „Archivartikeln", wie es sich gerade für eine lexikalische Darstellung gebührt, über weite Strecken hinweg in betont sachlichem, neutralem Ton beschrieben; Brenneke hält sich mit Wertungen zurück, ohne ganz auf sie zu verzichten. Ein prononciertes Urteil sei herausgegriffen, weil es sein spezifisch historisches Denken in den wertenden Aspekten, die es impliziert, offenlegt.

Im Preußischen Geheimen Staatsarchiv in Berlin war ein altes Ordnungsschema, so Brenneke, viel zu lange aufrechterhalten worden. Der Archivar Christoph Schönbeck hatte es in der Mitte des 17. Jahrhunderts aufgestellt; noch zweihundert Jahre später wurde es strikt angewandt.[88] Brenneke betont mit Blick auf diese Praxis, dass es ein „Irrweg" sei, ein starres System für die Ablage amtlicher Dokumente über Epochenschwellen hinweg unverändert beizubehalten. Wandel nicht zuzulassen, ist auch an dieser Stelle in seinen Augen unhistorisch und demnach schlecht. Ein Registraturplan kann nicht

---

85 Georg Friedrich Wilhelm Hegel: Vorlesungen über die Philosophie der Geschichte (Werke 12). Frankfurt/Main 1980, 12 passim. – Zum Begriff der Gestaltung bei Droysen siehe zum Beispiel am Beginn dieses Buches Abb. 1, das faksimilierte Exzerpt Brennekes.

86 Meinecke: Die Entstehung des Historismus (Anm. 2), 8.

87 Die ausfaltbare Tafel in Brenneke: Archivkunde (Anm. 6) nach Seite 104 beruht übrigens auf einer Vorlage, die sich in Brennekes Nachlass erhalten hat; sie ist datiert mit dem 28.11.1941. NLA Hannover Hann. 91 Nachlass Adolf Brenneke, 2/6.

88 Vgl. Jürgen Kloosterhuis: Von der Repositurenvielfalt zur Archiveinheit. Etappen der Tektonierung des Geheimen Staatsarchivs. In: Jürgen Klosterhuis (Hrsg.): Archivarbeit für Preußen. Symposium aus Anlass der 400. Wiederkehr der Begründung seiner archivischen Tradition. Berlin 2000, 47–70, bes. 56–61.

für unterschiedliche Zeitschichten von archivalischem Material, das über einen längeren Zeitraum hinweg auf der Basis „verschiedene[r] Staatsanschauungen“ erwuchs, gleichermaßen geeignet sein.

So sei es unangemessen, vor und nach der „Reformzeit“ – Brenneke meint die Stein-Hardenbergschen Reformen (ab 1807) – mit demselben Ablagesystem zu arbeiten, denn in diesem muss sich der politische Wandel spiegeln, sofern die Registratoren und Archivare die Zeichen der Zeit nicht verkannt haben. Es liegt ein Versäumnis vor, wenn ein bestehendes Schema unflexibel gehandhabt und niemals an die geschichtliche Entwicklung angepasst worden ist. Den Vorgaben durch das Material genüge die Ordnung eines Archivs, wenn in ihr eine „Widerspiegelung des Wesens der Geschäftsstellen“ zu erkennen sei, und dieses ist geschichtlich bedingt.[89] Form und Inhalt der Archive korrespondieren miteinander. Durch die Einführung des Provenienzprinzips im Preußischen Geheimen Staatsarchiv wurde 1881 ein Schematismus beendet, der sich überlebt hatte. Die Archivare erwachten aus „dogmatischem Schlummer“, wie Brenneke unter Verwendung einer berühmten Formulierung Immanuel Kants sagt.[90]

Die zweite Gruppe der „Archivartikel“ behandelt einzelne Archivsparten: „Dynastische Archive“, „Heeresarchive“, „Kirchliches Archivwesen“, „Reichsarchive“, „Sippenarchive“, „Stadtarchive“ und „Wirtschaftsarchive“. Die thematischen Akzente entsprechen den Prioritäten, die sich das Dahlemer Institut für Archivwissenschaft gesetzt hatte. Das staatliche Archivwesen ist weniger dominant, als man in Anbetracht der Entstehungszeit der Texte vielleicht erwarten würde; auf den nicht-staatlichen Bereich sollte auch in der Archivschule größere Aufmerksamkeit gelenkt werden, als es bis dahin üblich war. Bei Brenneke wird die nicht-staatliche Sphäre schon durch lange Beiträge über Kirchen- und Stadtarchive – zwei besonders traditionsreiche Archivsparten – gebührend berücksichtigt. Die Wirtschaftsarchive, die als eigenständige Einrichtungen erst nach der Jahrhundertwende allmählich ins Leben traten, fanden Platz; Brenneke geht im fraglichen Artikel nicht nur auf diese modernen Spezialarchive ein, sondern behandelt das Schriftgut aus Handel, Gewerbe und Industrie seit dem Mittelalter.

89 Artikel „Archivische Ordnungsprinzipien“.

90 Ebd. – Siehe Immanuel Kant: Prolegomena zu einer jeden künftigen Metaphysik, die als Wissenschaft wird auftreten können (1783), Vorrede und Paragraf 50.

Zu den Staatsarchiven zählen die Archive der Einzelstaaten innerhalb des Deutschen Reiches; sie werden – aus einer rückwärts gewandten Perspektive – im Artikel „dynastische Archive" behandelt, in dem auch das Verhältnis der Archive der Fürstenhäuser zu den Archiven der Territorien (Länderarchive) thematisiert werden musste. Jene werden von den „Sippenarchiven", vor allem Adelsarchiven, abgegrenzt. Als „Reichsarchiv" hat Brenneke natürlich das 1919 gegründete Archiv des Deutschen Reiches in Potsdam vor Augen; der Ausdruck bezeichnet bei ihm aber auch eine Zusammenfassung der Archive von Staat, Fürstenhaus und Land innerhalb eines Territoriums. Im einschlägigen Artikel wird zudem die vielgliedrige archivalische Überlieferung des Alten Reichs, des *Heiligen Römischen Reichs deutscher Nation*, ausführlich behandelt. Literaturarchive, die wie das Goethe- und Schiller-Archiv und das Nietzsche-Archiv in Weimar Nachlässe betreuen, kommen dagegen nicht als Archivsparte vor; sammelnde Institutionen, die keine Zuständigkeit für die Übernahme von Unterlagen bestimmter Verwaltungsstellen besitzen, betrachtet Brenneke als dem Archivwesen nicht zugehörig.[91]

In seinen Vorlesungen befasste er sich auch mit dem außerdeutschen Archivwesen. Der Unterricht in Archivgeschichte hatte bei Brackmann und Kehr, seinen Vorgängern als Dozenten in diesem Fach, schon aufgrund ihrer Erfahrungen aus der Arbeit mit Papsturkunden einen weiten geografischen Radius, der über die Grenzen Deutschlands weit hinausging und zum Beispiel Italien und Spanien einbezog; Brenneke knüpfte hier an. In den „Archivartikeln" wird dagegen lediglich die deutsche und österreichische Archivgeschichte thematisiert, weil das Wörterbuch, für das die Beiträge bestimmt waren, eben nur die deutsche Geschichte, wie man sie damals auffasste, behandelte. Zu ihr zählte nach verbreiteter Meinung national gesinnter Kreise schon vor dem „Anschluss" Österreichs ans Deutsche Reich 1938 auch der deutschsprachige Teil der ehemaligen Habsburger-Monarchie. So hält es auch Brenneke: Die Wiener Archivverhältnisse berücksichtigt er ausgiebig, wobei er Ludwig Bittners 1936 erschienenes *Ge-*

[91] Vgl. Art. „Archivische Zuständigkeit". – Ein Archiv im Sinne Brennekes ist dagegen etwa das damals bereits mit einem Facharchivar besetzte Archive der Preußischen Akademie der Wissenschaften, das als Spezialarchiv für die Wissenschaften dennoch eine Zuständigkeit für geschäftliche Unterlagen, nämlich die des eigenen Hauses, besitzt.

samtinventar des Wiener Haus-, Hof- und Staatsarchivs mit seiner sehr ausführlichen historischen Einleitung heranzog.[92]

Doch kann man nicht behaupten, dass die Darstellung der Archivgeschichte in den „Archivartikeln" national verengt wäre. Der Vergleich mit Frankreich wird dort, wo Brenneke auf die Entwicklung des Archivwesens in Preußen seit der Französischen Revolution zu sprechen kommt, gezogen; die wichtige Rolle des westlichen Nachbarn beim Aufbau der Archivorganisation im 19. Jahrhundert klingt zumindest an.[93] Das Provenienzprinzip stellt Brenneke zurecht als einen in ganz Europa angenommenen Grundsatz dar. Allerdings hebt er die „preußisch-holländische" Auslegung von der französischen ab – und gibt zu erkennen, dass seine Sympathien auf der Seite der preußischen Variante liegen – mit leichtem Vorsprung vor der niederländischen.[94]

Im Anschluss an diesen Überblick der in den „Archivartikeln" behandelten Themengebiete sollen drei Aspekte näher beleuchtet werden, an denen sich die Besonderheit von Brennekes archivwissenschaftlichem Ansatz festmachen lässt:

- der Archivbegriff, den er zugrunde legt,
- der Versuch, die Betreffe archivalischer Bestände systematisch in den Blick zu nehmen, und
- die Übertragung der historistischen Idee der Entwicklung auf die Geschichte der Archive.

Schließlich wird Brennekes Auslegung des Provenienzprinzips betrachtet, sodass ein Bogen zurück zur archivarischen Praxis geschlagen werden kann.

---

92 Ludwig Bittner (Hrsg.): Gesamtinventar des Wiener Haus-, Hof- und Staatsarchivs, aufgebaut auf der Geschichte des Archivs und seiner Bestände. Wien 1936. – Bittner, ein überzeugter Nationalsozialist, nahm sich bei Kriegsende das Leben. Vgl. Thomas Just: Ludwig Bittner. Ein politischer Archivar. In: Karel Hruza (Hrsg.): Österreichische Historiker, 1900–1945. Lebensläufe und Karrieren in Österreich, Deutschland und der Tschechoslowakei. Wien 2008, 285–305.

93 Vgl. das Exposé „Archivkunde" in Teil II der Edition.

94 Vgl. Artikel „Archivische Ordnungsprinzipien" und „Provenienzprinzip".

Abbildung 9: Portrait von Johann Gustav Droysen, Druckgrafik. *Illustrierte Zeitung*. No. 2139, 28. Juni 1884.

Die Geschäfte und das Archiv – Brennekes Auseinandersetzung mit Droysens Historik

In einer Archivtheorie, die auf archivgeschichtlicher Grundlage fußt und der archivarischen Praxis dienen will, geht es nicht zuletzt darum, aus der Geschichte zu lernen. Brenneke bekennt sich zu einer Geschichtsauffassung, derzufolge dies – trotz aller Relativität – möglich ist. In der an der Archivschule Marburg vorliegenden Nachschrift seiner Vorlesung steht in aller Deutlichkeit: „Der Geschichte sind noch immer, wenn sie nicht doktrinär angesehen wurde, Lehren für das Leben erwachsen."

In diesem Zusammenhang führt Brenneke „z[um] B[eispiel] Bismarck" an, „der real die Lehre der großen Mächte selbst erlebte", und weist darauf hin,

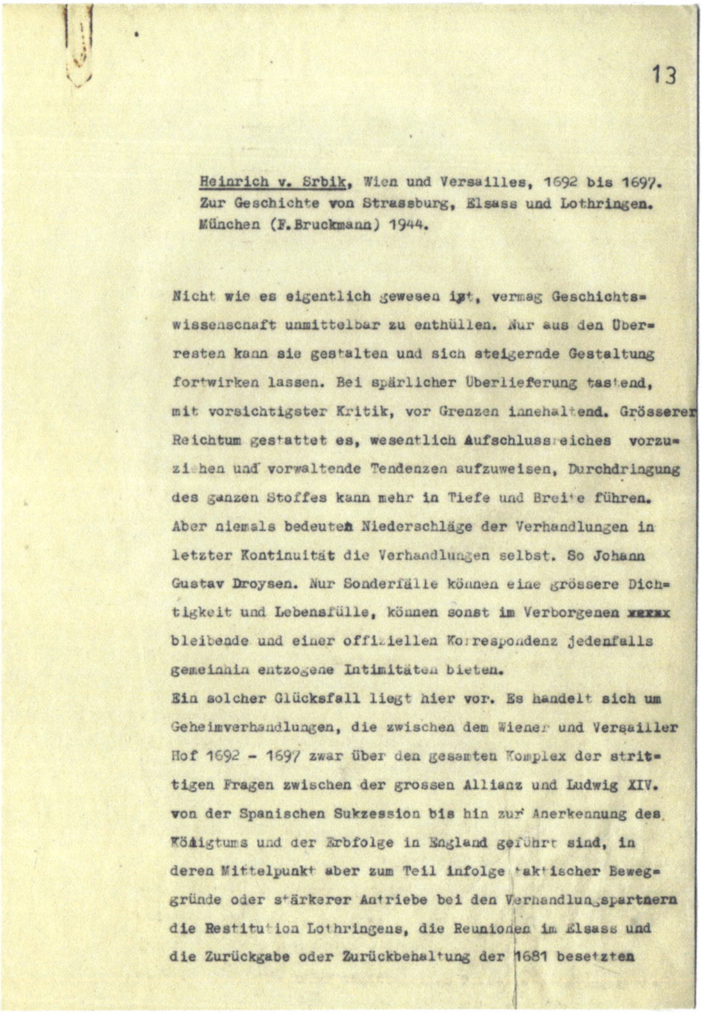

13

Heinrich v. Srbik, Wien und Versailles, 1692 bis 1697. Zur Geschichte von Strassburg, Elsass und Lothringen. München (F. Bruckmann) 1944.

Nicht wie es eigentlich gewesen ist, vermag Geschichtswissenscnaft unmittelbar zu enthüllen. Nur aus den Überresten kann sie gestalten und sich steigernde Gestaltung fortwirken lassen. Bei spärlicher Überlieferung tastend, mit vorsichtigster Kritik, vor Grenzen innehaltend. Grösserer Reichtum gestattet es, wesentlich Aufschlussreiches vorzuziehen und vorwaltende Tendenzen aufzuweisen, Durchdringung des ganzen Stoffes kann mehr in Tiefe und Breite führen. Aber niemals bedeuten Niederschläge der Verhandlungen in letzter Kontinuität die Verhandlungen selbst. So Johann Gustav Droysen. Nur Sonderfälle können eine grössere Dichtigkeit und Lebensfülle, können sonst im Verborgenen xxxxx bleibende und einer offiziellen Korrespondenz jedenfalls gemeinhin entzogene Intimitäten bieten.
Ein solcher Glücksfall liegt hier vor. Es handelt sich um Geheimverhandlungen, die zwischen dem Wiener und Versailler Hof 1692 - 1697 zwar über den gesamten Komplex der strittigen Fragen zwischen der grossen Allianz und Ludwig XIV. von der Spanischen Sukzession bis hin zur Anerkennung des Königtums und der Erbfolge in England geführt sind, in deren Mittelpunkt aber zum Teil infolge taktischer Beweggründe oder stärkerer Antriebe bei den Verhandlungspartnern die Restitution Lothringens, die Reunionen im Elsass und die Zurückgabe oder Zurückbehaltung der 1681 besetzten

Abbildung 10: Adolf Brenneke: Rezension von Heinrich Ritter von Srbik: Wien und Versailles, 1692 bis 1697 (München 1944).

dass ein „Heerführer [...] nur in enger Fühlungnahme mit der Kriegsgeschichte emporwachsen kann".[95] Ganz ähnlich hatte Johann Gustav Droysen (Abb. 9), mit dessen Geschichtstheorie sich Brenneke gründlich auseinandersetzte, die Aktualität historischer Studien eingeschätzt;[96] die Formulierung von den „großen Mächten" lehnt sich freilich an Leopold von Ranke an,[97] mit dessen historisch-politischem Denken die gebildeten Kreise damals vertraut waren.

Droysens Vorlesung zur Historik wurde 1937 in einer gleichnamigen Buchausgabe, die sein Neffe Rudolf Hübner besorgte, erstmals in ausführlicher Form zugänglich; noch 1943 erschien eine zweite Auflage.[98] Dieses Werk studierte Brenneke genauso wie Friedrich Meineckes ideengeschichtliche Studie zur *Entstehung des Historismus*; sie beide bestimmen gewissermaßen die Koordinaten, denen sein Entwurf zugeordnet ist. In den Literaturhinweisen zum Artikel „Archiv" nennt Brenneke Droysens *Historik* an erster Stelle – welcher Archivar nach ihm wäre auf den Gedanken gekommen, dass man den Grundbegriff des Archivwesens am besten von einem Klassiker der Geschichtstheorie erläutert bekommt?

Wie sehr ihn diese Schrift mit ihrer Verbindung von Geschichtsphilosophie und Methodologie beschäftigte, zeigt nicht nur ein Exzerpt der Besprechung durch den Philosophen Erich Rothacker,[99] sondern auch eine unveröffentlichte Rezension zu Heinrich Ritter von Srbiks 1944 erschienener diplomatiegeschichtlicher Studie *Wien und Versailles, 1692 bis 1697. Zur*

---

95 Manuskript „Direktor Dr. Brenneke: Geschichte des Archivwesens" (Anm. 58), 4.

96 Das wird zum Beispiel auch in einem Gutachten Droysens über das Archivwesen deutlich, auf das Jürgen Kloosterhuis hingewiesen hat. Vgl. Edition, Integration, Legitimation. Politische Implikationen der archivischen Entwicklung Preußens, 1803–1924. In: Das Thema „Preußen" in Wissenschaft und Wissenschaftspolitik im 19. und 20. Jahrhundert. Berlin 2006, 83–113.

97 Vgl. Leopold von Ranke: Die großen Mächte (1833). Politisches Gespräch. Hrsg. von Ulrich Muhlack. Frankfurt/Main 1995.

98 Droysen: Historik. Hrsg. von Rudolf Hübner (Anm. 3). – Heute kann auch die von Peter Leyh hrsg. Textausgabe herangezogen werden: Johann Gustav Droysen: Historik. Rekonstruktion der ersten vollständigen Fassung der Vorlesungen (1857), Grundriß der Historik in der ersten handschriftlichen (1857/58) und in der letzten gedruckten Fassung (1882). Stuttgart, Bad Cannstatt 1977. – Im Jahr des 200. Geburtstages veröffentlichte Wilfried Nippel eine Biografie mit kritischem Tenor: Johann Gustav Droysen. Ein Leben zwischen Wissenschaft und Politik. München 2008. Siehe unter der neueren Literatur auch Stefan Rebenich/Hans-Ulrich Wiemer: Johann Gustav Droysen. Philosophie und Politik – Historie und Philologie. Frankfurt/Main 2012.

99 Zu den ebd. enthaltenen Exzerpten gehört auch eines von Rothackers Besprechung von Droysens *Historik* in der Historischen Zeitschrift 161 (1939), 84ff.

Geschichte von Straßburg, Elsaß und Lothringen.[100] In Ausführungen über dieses Buch braucht man geschichtstheoretische Einsichten zweifellos nicht unbedingt zu bemühen. Doch Brenneke hebt gleich zu Beginn mit Früchten seiner Droysen-Lektüre an. Er erläutert:

> Nicht wie es eigentlich gewesen ist, vermag Geschichtswissenschaft unmittelbar zu enthüllen. Nur aus den Überresten kann sie gestalten und sich steigernde Gestaltung fortwirken lassen. Bei spärlicher Überlieferung tastend, mit vorsichtigster Kritik, vor Grenzen innehaltend. Grösserer Reichtum gestattet es, wesentlich Aufschlussreiches vorzuziehen und vorwaltende Tendenzen aufzuweisen, Durchdringung des ganzen Stoffes kann mehr in Tiefe und Breite führen. Aber niemals bedeuten Niederschläge der Verhandlungen in letzter Kontinuität die Verhandlungen selbst. So Johann Gustav Droysen.

Brenneke leitet dann zu seinem eigentlichen Thema über:

> Nur Sonderfälle können eine grössere Dichtigkeit und Lebensfülle, können sonst im Verborgenen bleibende und einer offiziellen Korrespondenz jedenfalls gemeinhin entzogene Intimitäten bieten. Ein solcher Glücksfall liegt hier vor.[101]

Die archivalischen Quellen sieht Brenneke demnach als ein – mehr oder weniger genaues, allerdings in der Regel lückenhaftes – Abbild der Geschichte an. Angesichts der intensiven Beschäftigung mit Droysen verwundert es nicht, dass Brenneke auch in der Erörterung, die er dem Archivbegriff in den Artikeln zu Teil werden lässt, in prominenter Weise und mit einem geschickten Kunstgriff auf seinen Gewährsmann zurückgreift.

Folgen wir dem Gedankengang im Einzelnen: Die Diskussionen, die über die Stellung der Archive in ihrer jeweiligen institutionellen Umgebung während des 19. Jahrhunderts geführt wurden, kreisten um die Frage, ob ein Archiv eher als Teil des Behördenapparats oder wie eine Biblio-

[100] Der österreichische Verfasser paktierte, nebenbei bemerkt, sehr handfest mit dem NS-Regime. Vgl. hierzu zusammenfassend Helmut Reinalter: Heinrich Ritter von Srbik. In: Hans-Ulrich Wehler (Hrsg.): Deutsche Historiker. Bd. VIII. Göttingen 1982, 78–95.

[101] NLA Hannover Hann. 91 Brenneke Nr. 3, Bl. 13 bis 17, Bl. 13.

thek, das heißt als *wissenschaftliche Anstalt*, zu verstehen sei. Brennekes Position ist eindeutig: Für ihn gehören die Archive zur Sphäre der „Geschäfte", von der die Archivalien herrühren. Er begreift das Archivwesen nicht von der Seite der modernen Nutzung, also der „archivalischen Forschung" her; geschichtlich gesehen, sei dieser Zweck „sekundär". Seine Wertschätzung von Kontinuität macht ihn an diesem Punkt zu einem Traditionalisten: Die Gegenwart der Archive sieht er in engem Anschluss an jahrhundertealte Verhältnisse, in denen sie in die Verwaltung eingebunden waren, und er hält an einem Selbstverständnis fest, demzufolge der alte Zustand im Wesentlichen fortbesteht.[102]

Das Wort Geschäfte ist bei ihm sehr offen gefasst; für das heutige Sprachgefühl hören sich die Formulierungen, die er wählt, manchmal wenig geläufig an. Was er als geschäftliche Angelegenheit versteht, ist nicht etwa auf Aktivitäten, die einen finanziellen Gewinn versprechen, oder gar auf den Austausch von Gütern oder Dienstleistungen beschränkt. Amtliche beziehungsweise behördliche Tätigkeit jeder Art ist eingeschlossen.

Archivalien sind per definitionem Dokumente, die aus der Verfolgung von Geschäften hervorgehen, und so alt sie sein mögen, als Bestandteil eines Archivs stehen sie noch immer, wenn auch vielleicht nur locker, in der Kontinuität jenes Handelns, das in den Schriftstücken, auch in solchen aus weit zurückliegender Zeit, belegt ist. Die einstigen „Geschäftsziele", in deren Erledigung Akten angelegt wurden, bestehen in Brennekes Augen – obschon vielfältig modifiziert – fort. Die Verbindung des Archivträgers zu diesem Ursprung darf nicht gänzlich verloren gegangen sein, sofern der Name „Archiv" für eine bestimmte Institution oder einen Komplex von Schriftgut noch Gültigkeit haben soll.

Was dies betrifft, so lebt Brenneke in einer Vorstellung von Dauer, welche die Sphäre des Wandels, also die Geschichte im engeren Sinne, überwölbt. Die Ausprägung des Historismus, auf die wir an dieser Stelle stoßen, ist insofern moderat, als die Konsequenz des Relativismus, mit der in den 1920er-Jahren gedanklich gerungen wurde, hier gar nicht gezogen wird.

Alte Dokumente, die aus Geschäften erwachsen sind, sich jedoch nicht mehr in der Obhut der Institution, die sie geführt hat, oder ihrer Rechtsnachfolger oder des zuständigen Archivs befinden, gehören für Brenneke

102 Artikel „Archiv".

nicht mehr zum Archivgut; er weist solche Unterlagen schlicht und einfach den Bibliotheken zu. Die institutionelle, aber auch ideelle Bindung an die ursprünglichen geschäftlichen Zwecke darf sich im Laufe der Zeit also nicht gänzlich verloren haben.[103] Zwar unterscheidet er zwischen Registratur und Archiv, begreift beide Einrichtungen aber doch als eng benachbart; im Lebenszyklus der Dokumente gibt es zwischen vorarchivischer und archivischer Speicherung keinen großen Einschnitt; der Übergang von der behördlichen Ablage über ein Verwaltungs- oder Zwischenarchiv bis zum Endarchiv ist fließend.

Andere mögliche Definitionen des Archivbegriffs scheiden unter den Voraussetzungen, die für Brenneke gelten, aus. Für ihn ist ausgemacht, dass die Bewahrung des Herkunftszusammenhangs, die das Provenienzprinzip verlangt, nicht das ausschlaggebende Kriterium sein kann, damit ein Schriftgut-Komplex als Archiv angesprochen werden darf. Denn in der Archivarbeit der frühen Neuzeit, ja bis weit ins 19. Jahrhundert hinein kannte man diesen Grundsatz noch gar nicht; folglich konnte er auch nicht beachtet werden. Des Weiteren ist ausgeschlossen, dass Brenneke auf das Kriterium des amtlichen oder behördlichen Charakters archivischer Dokumente zurückgreift. Wie wir sahen, befinden sich nicht-staatliche Archive durchaus in seinem Blickfeld, darunter solche, die außerhalb der Sphäre des öffentlichen Rechts stehen wie zahlreiche Familien- und Wirtschaftsarchive. So bleibt ihm eben die Option, das Archiv als einen Ort zu begreifen, an dem schriftliche Überbleibsel aus einer Geschäftstätigkeit, welcher Art auch immer, aufbewahrt werden.

Wenn Brenneke von „geschäftlichen Willensakten" spricht – beinahe so wie heute von Sprech- und sogar Bildakten die Rede ist –[104] so denkt man unwillkürlich an eine der berühmtesten Formulierungen Droysens, dass nämlich aus Geschäften einmal Geschichte wird: „Was heut ein Geschäft ist, gilt, wenn es wichtig genug war, nach einem Menschenalter für ein Stück Geschichte."[105] Geschäfte stellen demnach das Substrat der Geschich-

---

103 Vgl. Artikel „Archivische Zuständigkeit".

104 Vgl. John R. Searle: Speech Acts. An Essay in the Philosophy of Language. Cambridge 1969 (dt. Übers.: Sprechakte. Ein sprachphilosophischer Essay. Frankfurt/Main 1971); Horst Bredekamp: Theorie des Bildakts. Frankfurter Adorno-Vorlesungen 2007. Frankfurt/Main 2010. – Zum Begriff der Willensakte bei Droysen vgl. dessen Historik in der Ausgabe von Hübner (Anm. 3), 192 passim.

105 Vgl. etwa Johann Gustav Droysen: Grundriss der Historik (1882). In: Droysen: Historik (Anm. 3), 317–366, 322. – Bereits Hegel, Droysens Lehrer, gebraucht das Wort Geschäft in einem meta-

te dar. Es ist davon auszugehen, dass Brenneke Droysens Worte kannte und sich ganz bewusst an sie anlehnte, um zwischen Archiv und Geschichte eine Klammer zu bilden.

Brennekes Bestimmung des Archivbegriffs fehlt dagegen eine Ausrichtung an der Historie, insoweit darunter zu verstehen ist, dass der Gebrauch der Archive für Zwecke der Geschichtsforschung, der Geschichtsschreibung oder der Erinnerungskultur im weiteren Sinne betont wird. Der Typus des historischen Archivs, der aufgrund eines Funktionswandels aus den Archiven des Rechts und der Verwaltung hervorgeht, kommt bei ihm nicht vor.[106] Er erspart es sich, die Annahme eines kontinuierlichen Verlaufs der Geschichte des Archivwesens auf die Probe zu stellen. Diese Auffassung ist allerdings wohl nicht auf archivtheoretische Erwägungen zurückzuführen: Sie entspricht dem Selbstverständnis zahlreicher Archivare seiner Generation.

Der Wert des Archivguts ergab sich aber, wie Brenneke durchaus bemerkt, schon in früheren Jahrhunderten nicht aus dem geschäftlichen Nutzen allein; im Laufe der Zeit trat, so Brennekes zutreffende Beobachtung, ein *ökonomischer, theoretischer* und *ästhetischer* Wert hinzu:

- Aufgrund ihrer Seltenheit und ihres ehrwürdigen Alters werden alte Dokumente pietätvoll behandelt; sie gewinnen aber auch – zumindest potenziell – einen finanziellen Gegenwert. Sie werden dann zu Wertgegenständen im ökonomischen Sinne.
- Die in ihnen enthaltene Information lässt sich zur historischen, insbesondere geschichtswissenschaftlichen Erkundung der Vergangenheit gebrauchen; zum praktischen Nutzen der Archivalien gesellt sich ein Wert auf der Ebene und im Gebiet der „Theorie".
- Und schließlich weisen viele Archivalien einen Schauwert auf, wie ihn die Stücke eines Museums besitzen; sie sind visuell ansprechend.

Dass Archivalien eine Wertschätzung nicht-geschäftlicher Art schon früh erfahren haben, ist Brenneke zufolge daran ablesbar,

- dass man sie schon im Mittelalter als Teil des „Schatzes" einstufte und mit diesem verwahrte,

---

phorischen Verständnis, wenn er etwa vom „Geschäft der Philosophie" spricht. Hegel: Vorlesungen über die Philosophie der Geschichte (Anm. 2), 20.

[106] Zum Begriff des historischen Archivs vgl. Schenk: Kleine Theorie des Archivs (Anm. 4).

- dass sie schon vor Jahrhunderten, spätestens seit Humanismus und Renaissance, Quellen der Geschichtsforschung geworden waren und
- dass sie gelegentlich zusammen mit Kunstgegenständen und in Verbindung mit Kunstkammern gelagert wurden.

Zur weit gefassten Sphäre der Geschäftstätigkeit, die stets ein Mindestmaß an „äußerer Organisation" zur Voraussetzung hat,[107] gehören für Brenneke zahllose Bestandsbildner, die das gesamte Archivwesen, von den Staatsarchiven bis hin zu Familienarchiven, beliefern. Von diesem weiten Gebiet hebt sich die Sphäre des Literarischen ab, in der es um Mitteilung, Benachrichtigung, Unterweisung und Unterhaltung geht. Sie umgreift Wissenschaft, Kunst und Bildung, aber auch die öffentliche Kommunikation. Was die Bewahrung von Informationsträgern aus diesem Bereich angeht, so sind hierfür die Bibliotheken zuständig. Brenneke führt mit dem Begriff des Geschäfts eine *differentia specifica* ein, durch welche die Archive von allen sammelnden Einrichtungen, insbesondere Bibliotheken, aber auch Museen, abgegrenzt werden.[108]

Die Sinngebung des Lebens und das Archiv – Brennekes Anknüpfung an Sprangers Psychologie

An Brennekes Droysen-Rezeption ist bemerkenswert, dass er das Kapitel „Kritik" im „Methodik"-Teil der *Historik* mit Blick auf die Archive kaum aufgreift, also Aspekte der Quellenkritik nicht auf archivwissenschaftliche Fragestellungen bezieht. Stattdessen fühlt sich der Leser der „Archivartikel" an Droysens Theorie der „sittlichen Mächte" erinnert, die an Hegel angelehnt ist.[109]

Betrachtet man das System der „Sinngebiete", das Brenneke flüchtig skizziert, einmal genauer, so stellt sich allerdings heraus, dass er an dieser Stelle der Anregung durch Droysen gar nicht bedurfte. Er konnte nämlich an eigene Überlegungen aus den 1920er-Jahren anknüpfen, in denen er

[107] Vgl. Artikel „Archivgestaltungstypen".

[108] Vgl. Artikel „Archivische Zuständigkeit".

[109] Droysen: Historik (Anm. 3), bes. 202–204 (Paragraf 56).

sich, in heutigen Worten ausgedrückt, mit der Logik einer von „Theorien" geleiteten Geschichtsschreibung befasst hatte; das geschah am Beispiel einer bestimmten Gattung, nämlich des biografischen Porträts. Brennekes Argumentation ist erstaunlich modern; er trägt sie jedoch in der ihm eigenen zurückhaltenden Art vor, sodass die innovativen Züge leicht übersehen werden können.

Am 22. März 1929 hielt er aus Anlass des 400-jährigen Jubiläums der Reformation in der Stadt Hannover einen Vortrag vor dem dortigen Historischen Verein, der später im *Jahrbuch der Gesellschaft für niedersächsische Kirchengeschichte* veröffentlicht wurde.[110] Ihm entgeht nicht, dass mit Herzogin Elisabeth, die das Land während ihrer vormundschaftlichen Regierung prägte, ein „neuer Frauentyp" sichtbar wird. Mit dieser These bezieht er sich ausdrücklich auf Jacob Burckhardt, der in seiner *Kultur der Renaissance* (1862) behauptet hatte, dass „außerhalb Italiens [...] die Frauen, und selbst die Fürstinnen noch sehr wenig persönlich hervortreten". Die Herzogin Elisabeth gehörte zu den Ausnahmen.[111]

In der Absicht, ein Persönlichkeitsbild dieser bemerkenswerten „Reformationsfürstin" zu zeichnen, setzte er sich mit Ludwig Klages' Charakterkunde und Eduard Sprangers geisteswissenschaftlicher Psychologie auseinander, wie sie in der Schrift *Lebensformen* entwickelt wird.[112] Die Anknüpfung an Spranger bringt übrigens einen weiteren Strang deutschen Geschichtsdenkens neben Droysen und Meinecke ins Spiel: die Schule Wilhelm Diltheys.

Brennekes Beitrag basierte „auf breitester Grundlage historischer Quellenforschung", doch trotz dieser soliden Basis begnügte er sich eben nicht mit einem „einfachen Tatsachenaufriß". Da es damals noch ungewöhnlich war, Begriffe anderer Disziplinen in eine historische Untersuchung einzubringen, schneidet Brenneke die Problematik der „Berührung von Geschichte und Systematik" ausdrücklich an. Dass er auf Hypothesen aus

---

110 Brenneke: Herzogin Elisabeth von Braunschweig-Lüneburg (Anm. 14). – Vgl. zum Veranstalter des Vortrags zusammenfassend Thomas Vogtherr. 175 Jahre Historischer Verein für Niedersachsen. In: Hannoversche Geschichtsblätter. N. F. 64 (2010), 5–21.

111 Ebd., 146; Jacob Burckhardt: Die Kultur der Renaissance in Italien. Ein Versuch. Stuttgart 1976 (Kröner Taschenausgabe), 370.

112 Ludwig Klages: Die Grundlagen der Charakterkunde. 5. und 6. Aufl. Leipzig 1928; Eduard Spranger: Lebensformen. Geisteswissenschaftliche Psychologie und Ethik der Persönlichkeit. 6. Aufl. Halle 1927.

Psychologie und Philosophie zurückgreift, begründet er damit, dass ein Historiker diese Fächer „als seine Hilfswissenschaften ansehen" darf; er beruft sich auf eine gängige Praxis der Anwendung von Ergebnissen anderer Disziplinen – merkt aber ehrlicherweise an, dass in der neuesten Ausgabe des Dahlmann-Waitz, der *Quellenkunde der Deutschen Geschichte,*[113] die Psychologie als Hilfswissenschaft nicht eigens behandelt werde.

Was die historiografische Nutzung von Theorien angeht, so ist Brennekes Position differenziert: Ganz Historist, will er sich ausdrücklich nicht in die „Rüstung eines Systems" zwängen lassen, doch kritisiert er andererseits einen rein intuitiven Umgang des Historikers mit der Motivation menschlichen Handelns, das ihm in den geschichtlichen Zeugnissen entgegentritt. Mit Blick auf seine biografische Themenstellung weist Brenneke ausdrücklich auf mögliche „Fehlerquellen der bloßen Einfühlung, einer nur instinktiven Anwendung von Psychologie" hin.[114]

In diesem Zusammenhang geht er nun auf Eduard Spranger ein. Für diesen ist „Sinngebung" ein Phänomen, an dem sichtbar wird, dass Menschen sich die Welt erschließen und sie, deutend und Einfluss nehmend, in die ihrige verwandeln. Im Zuge unablässiger „Sinngebungen" entstehen auf gesellschaftlicher Ebene im Laufe der Zeit objektive „Sinngebiete" oder „Sinnbereiche" des Lebens. Wie eng Brenneke in den „Archivartikeln" an seine Spranger-Rezeption der Zwanzigerjahre anknüpft, sei durch ein Zitat aus dem Aufsatz über die Reformationsfürstin Elisabeth belegt; es lässt überdies den anthropologischen Hintergrund von Brennekes Archivtheorie erkennen. Damals führte er aus:

> Nach Spranger gibt es […] sechs Grundrichtungen des geistigen Lebens, sechs Grundeinstellungen des menschlichen Ichs gegenüber der Welt. Vier von diesen sechs Gruppen […] sind individueller Art, d. h. das Einzel-Ich nimmt solche Akte nicht nur gegenüber anderen Personen vor, sondern gibt für sich allein durch sie auch reinen Objekten des Lebens ihren Sinn. Es besteht so die Möglichkeit einer ökonomischen, einer theoretischen, einer ästhetischen und einer religiösen Sinngebung gegenüber den Erscheinungen des Lebens. Die beiden

[113] 9. Aufl. Leipzig 1931.

[114] Brenneke: Herzogin Elisabeth von Braunschweig-Lüneburg (Anm. 14), 143 und 145 (mit Anm. 1).

> noch übrigen letzten Grundtypen der Geistesakte sind nur gesellschaftlich möglich. Das gesellschaftliche Leben wird gestaltet durch Abhängigkeit und Sympathie, durch Subordination und Koordination. Danach gibt es also noch Macht-Akte und soziale Akte.[115]

Die Nähe dieser Ausführungen zu den entsprechenden Passagen im Artikel „Archivgestaltungstypen" ist offenkundig.

Anknüpfend an Droysen, spricht Brenneke von Handlungen und ihrem schriftlichen Niederschlag, den Akten, in einem Atemzug und begreift Archivalien als Repräsentationen der jeweiligen Geschehnisse. Das Handeln unterteilt er dann in „Macht-Akte" und „soziale Akte"; mit diesem Dualismus korrespondieren die Emotionen der „Sympathie" und der „Antipathie" sowie die Relationen von „Subordination" und „Koordination".[116] Es besteht übrigens eine gewisse Ähnlichkeit zur hierarchisierenden, streng klassifikatorischen Unterscheidung zwischen „Ranghöheren", „Ranggleichen" und „Rangniedrigeren", die Meisners *Aktenkunde* durchzieht.[117]

In den „Archivartikeln" wird der psychologische Ausgangspunkt, den diese begrifflichen Unterscheidungen bei Spranger haben, ausgeblendet. Ansonsten kehrt aber wieder, was sich Brenneke in den 1920er-Jahren zu eigen gemacht hatte. Sowohl der Betreff der Archivalien – die Pertinenz – als auch deren jeweilige Herkunft – die Provenienz – lässt sich auf die „Sinngebiete" des Lebens beziehen. Was die Provenienz angeht, so resultiert die Zuordnung aus den Aufgaben der „Geschäftsstelle", die das Schriftgut in einer Registratur zusammengefügt hat. Neben der „Machtsphäre" – die das Gebiet des Politischen umfasst – erwähnt Brenneke genauso wie in dem Vortrag von 1929 die „soziale", aber auch die „religiöse", „theoretische" und „ästhetische" Sphäre, also Gesellschaft, Religion, Wissenschaft und Kunst.[118]

Letztlich zielt er darauf ab, den Wert der Archive umfassend zu demonstrieren, indem er ihre Herkunft und Inhalte „Sinngebieten" zuordnet. Die Archivalien nehmen deren Sinnhaftigkeit gleichsam in sich auf. Allen-

---

[115] Ebd., 148.

[116] Vgl. Artikel „Archivgestaltungstypen".

[117] Vgl. Meisner: Aktenkunde (Anm. 26).

[118] Artikel „Archivgestaltungstypen".

falls in zweiter Linie ging es Brenneke darum, den Archiven als Orten gerecht zu werden, an denen Forschung betrieben und durch Recherche „Sinn“ erst gefunden oder gestiftet wird. Vor diesem Hintergrund ist es schade, aber vielleicht gar nicht einmal zufällig, dass er ausgerechnet den Artikel „Archivalische Forschung“ nicht geschrieben hat.

„Archivgestaltungstypen“ – Brennekes archivgeschichtliches Denken und Meineckes Idee der Entwicklung

Archive dienen Brenneke zufolge zwar nicht primär der Geschichtsforschung. Dennoch kommt die Dimension des Historischen in seinem Entwurf der Archivwissenschaft ins Spiel, nämlich dadurch, dass er Leitvorstellungen des Historismus, insbesondere die Idee der Entwicklung, auf die Geschichte der Archive anwendet, und den Entwicklungsgedanken in gewisser Weise als eine Norm nutzt, die auf die archivarische Praxis durchschlägt. Archivgeschichte ist deshalb für diese relevant.

Brennekes historischer Konzeption liegt ein komparatistischer Ansatz zugrunde: Mit der Idee einer *allgemeinen Archivgeschichte*, die mit Typenbegriffen arbeitet und deshalb über die Geschichte einzelner Archive, Archivsparten oder Archivlandschaften hinausführt, zielt er auf eine vergleichende Geschichtsbetrachtung ab. Ihm geht es nicht darum, die äußere Geschichte einzelner archivischer Institutionen zu erzählen oder den besonderen Zuwachs ihrer Bestände zu behandeln; stattdessen will er auf der Basis vieler, damals bereits vorliegender Einzelgeschichten Gemeinsamkeiten ausfindig machen und untersuchen; so kristallisieren sich für den Betrachter aus der chaotischen Fülle der Details *Gestaltungstypen* heraus.

Im Exposé seines archivkundlichen Lehrgangs, das in dieses Buch aufgenommen wurde, bringt Brenneke die archivpraktische Zielsetzung seines Unterfangens zum Ausdruck. Eine „schärfere Problemstellung für archivgeschichtliche Studien“ solle gewonnen werden, denn es sei unabdingbar, diese „stärker über den Stand der Materialsammlungen herauszuheben“. Die angemahnte begriffliche Durchdringung des geschichtlichen Stoffs besaß für ihn einen ganz praktischen Nutzen: Im Archivwesen bestehe ein Interesse daran, so Brenneke, „für künftige Organisationsfragen“ eine „Rüstkammer“, das heißt ein Arsenal an Argumenten, zu gewinnen.[119] „Rüstkammer“ war eine Metapher, die den Wert der Archivalien in Rechtsstreitigkeiten sinnfällig machte. Die in den Archivmagazinen abgelegten Dokumente fungierten wie ein Zeughaus: Sie statteten den Archivträger schon im 17. Jahrhundert für *bella diplomatica,* zu deutsch: Urkunden-Feldzüge, aus.[120] Brenneke eignete sich dieses in seiner Zeit noch bekannte Sprachbild an.

Die Form, die Archive annehmen können, besitzt jeweils besondere, sogar individuelle Züge; kein Archiv stimmt mit einem anderen in dieser Hinsicht vollständig überein. Die jeweilige Gestalt lässt sich dennoch näher bestimmen; im Wesentlichen ist sie durch vier Faktoren bedingt:

– die Struktur des archivalischen Materials, das vorarchivisch in Kanzlei und Registratur gebildet wurde,
– die Tektonik, das heißt die Zusammenfügung der Archivbestände unterschiedlicher Geschäftsstellen in einem komplexen, vielgliedrigen (Gesamt-)Archiv,[121]
– die Sinngebiete des geschichtlichen Lebens, denen sich die Archivalien gemäß Herkunft (Provenienz) und Betreff (Pertinenz) zuordnen lassen, als da wären: Politik, Religion, Wissenschaft, Wirtschaft und anderes mehr, sowie
– den eben erwähnten Wert der Archivalien und der Archivbestände aufgrund gegenwärtiger Zwecke und Funktionen.

Während Brenneke die Begriffe Struktur und Tektonik so gebraucht, wie es heute noch archivfachlich gängig ist, fasst er den des Werts anders auf; das Wort wird nicht nur mit Blick auf Kassationen verwendet, wie es der Fall ist, wenn Archivare heute von Bewertung sprechen. Seine Formulierungen erinnern vielmehr daran, dass das archivarische Tun und Lassen im umfassen-

---

119 Vgl. Teil II der Edition.

120 Vgl. etwa Hans-Jürgen Becker: Diplomatik und Rechtsgeschichte. Conrings Tätigkeit in den Bella Diplomatica um das Recht der Königskrönung, um die Reichsfreiheit der Stadt Köln und um die Jurisdiktion über die Stadt Lindau. In: Michael Stolleis (Hrsg.): Hermann Conring (1606–1681). Beiträge zu Leben und Werk. Berlin 1983, 335–353.

121 Johannes Papritz spricht im Rahmen seiner – teils allerdings verwirrend umständlichen – definitorischen Überlegungen von einem „mehrzelligen“ Archiv. Papritz: Archivwissenschaft (1976). 2. Aufl. Marburg 1983. Bd. 1, 93–96.

den Sinne wertend ist und auf Wertannahmen beruht. Nicht nur bei der Entscheidung, ob bestimmte Verwaltungsunterlagen archivwürdig sind, also ins Archiv aufgenommen werden sollen, oder ob sie kassiert, also vernichtet, werden können, findet eine Bewertung statt; in der älteren Archivpraxis ist ein weiterer typischer Fall die sogenannte Auslese, also die Entnahme besonders wichtiger Stücke aus einem archivischen Fonds; ausgelesene Archivalien werden, in ihrer Gesamtheit betrachtet, auch als Selekt bezeichnet.[122]

Im Mittelpunkt von Brennekes Konzeption stehen solche Gestaltungen. Es geht um festgefügte, für Außenstehende nachvollziehbare Zusammenhänge, die vorarchivisch in Kanzlei und Registratur oder auch, im Fall älterer Bestände, in den Archiven selbst gebildet worden sind. Für solche gewachsenen Formen wird man aufmerksam, wenn sich erst einmal ein Bewusstsein dafür gebildet hat, dass Archivalien nicht primär als Einzelstücke, sondern als Teile eines Ganzen verstanden werden müssen. Sie sind in das jeweilige Archiv gleichsam eingewoben. Die Kohärenz – wenn man so will: der Zusammenhalt zwischen den einzelnen Dokumenten – ist im Wesentlichen bereits vorhanden, wenn die betreffenden Unterlagen in die Hände der Archivarin oder des Archivars gelangen. Und die jeweils gegebenen Formen müssen respektiert werden: Das Provenienzprinzip besagt, dass die vorgefundenen „Herkunftszusammenhänge" beim Übergang ins Archiv im Grundsatz erhalten bleiben sollen. Man kann sie aber nur schätzen lernen, wenn man das Archivgut analysiert und die enthaltenen Verknüpfungen zuvor erkannt hat. Der Kollektivsingular Archivgut deutet auf diese Verfasstheit hin: Es ist stets schon als eine Einheit vorhanden, wenn ein Archivar oder auch ein Historiker daran geht, einzelne „Stücke", also Teile daraus, in den Blick zu nehmen. In gewisser Weise ist es unteilbar.

Der Magdeburger Archivar Berent Schwineköper, ein Schüler Brennekes – später leitete er das Stadtarchiv Freiburg im Breisgau und lehrte an der dortigen Universität –, charakterisierte in seiner Besprechung der *Archivkunde* in den *Göttingischen Gelehrten Anzeigen* die wegweisende Leistung seines Lehrers.[123] Dessen Ansatz beruhe auf der Einsicht, dass der Inhalt der historischen Zeugnisse von ihrer „Form", und das heißt nicht zuletzt von dem mehr oder weniger geordneten Zusammenhang, den sie miteinander bilden,

[122] Vgl. Art. „Archivgestaltungstypen".

[123] Jg. 208 (1954), 221–232.

untrennbar sei. Die Zugehörigkeit der Archivalien zu einem Archiv ist ein wesentlicher Gesichtspunkt, der aus archivarischer Sicht und quellenkritisch beachtet werden muss; ihn zu berücksichtigen, wirkt sich sowohl auf die Erschließung (mit Findmitteln) als auch auf die Geschichtsforschung aus.

Vielen Historikern bleibe das „eigentliche Wesen der Archive" verborgen, führte Schwineköper aus. Selbst akademisch gebildete Geschichtsforscher wüssten oft erstaunlich wenig um diesen „unlösbaren Zusammenhang", der eben kein bloß äußerlicher sei.[124] Durch ihn unterscheiden sich Archive grundlegend von Bibliotheken: Archiv ist ein Begriff, der auf vorarchivisch entstandene Zusammengehörigkeiten innerhalb des Materials abhebt; er bezeichnet nicht nur ein Gehäuse für Kulturgut oder Informationsmengen in beliebiger Zusammenstellung, sondern einen Komplex von Aufzeichnungen (*records*) unter dem Aspekt seiner im Laufe der Zeit entstandenen Gestalt. Schwineköper urteilt über die Thematisierung des Archivguts durch Brenneke:

> Erstmalig wird im Gegensatz zu der bisher üblichen Behandlung der Einzelquellen auch der größte und wichtigste Komplex von historischem Quellenmaterial als Gesamterscheinung ins Auge gefaßt und auf die typischen Bildungen und Gesetzmäßigkeiten hin untersucht.[125]

Mit dieser Auffassung knüpfe Brenneke an das historische Denken in der deutschen Philosophie und Wissenschaft an. Es sei ihm gelungen, eine Geschichte der Archive „in Anlehnung an die Entwicklungsidee des Historismus" zu entwerfen.[126] Dadurch würden zugleich die Voraussetzungen geschaffen, um jedes Archiv in seiner Eigenart erfassen zu können – dieser Charakterisierung braucht auch nach mehr als einem halben Jahrhundert nichts hinzugefügt zu werden.

Wie erarbeitete sich Brenneke nun dieses Gedankengut? Zweifellos ließ er sich von Friedrich Meinecke (Abb. 11) beeinflussen, der die Begriffe der Individualität und der Entwicklung als Schlüssel zum Verständnis der Geschichte hervorgehoben hatte. Meinecke legte 1936 – im Jahr vor dem Erscheinen

---

124 Ebd., 221 und 226.

125 Ebd., 231f.

126 Ebd., 222.

Abbildung 11: Portrait von Friedrich Meinecke. Fotografie (Fotograf: Fritz Eschen). © Staats- und Universitätsbibliothek Dresden, Deutsche Fotothek.

der ausführlichen Fassung von Droysens *Historik* – eine umfassende Darstellung der *Entstehung des Historismus* vor, die er durch das ganze 18. Jahrhundert hindurch im europäischen Rahmen nachvollzieht. Die Entstehung des modernen historischen Denkens begreift Meinecke als eine „geistige Revolution";[127] sie kulminiert für ihn in den Werken Goethes und Rankes, der großen Repräsentanten der „deutschen Bewegung" (Abb. 12). Als Meineckes Buch erschien, war Brenneke gerade dabei, seine Archivlehre auszuarbeiten. Auch Archive entwickeln sich, schlussfolgerte er; sie sind ihrerseits ein Stück Geschichte, das mit historisch geschultem Blick angesehen und verstanden werden kann. Daraus folgt: „Zerreissungen" sollten vermieden werden; sie stellen einen Bruch dar, durch den gewachsene Zusammenhänge zerstört werden.[128] Kontinuität ist in gewisser Weise ein Wert an sich.

---

[127] Vgl. Meinecke: Entstehung des Historismus (Anm. 2), 1.

[128] Vgl. Artikel „Archivgestaltungstypen".

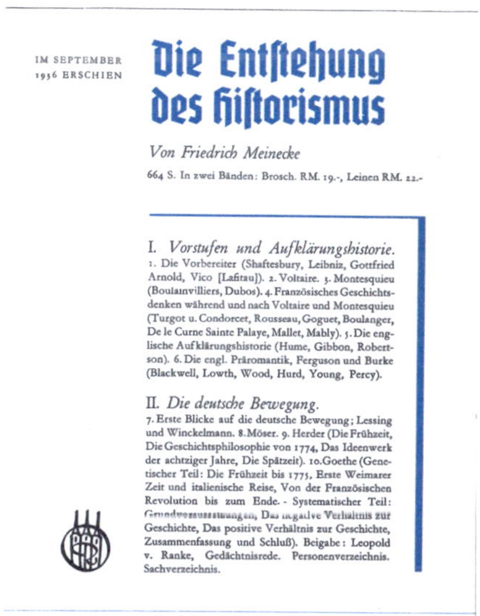

IM SEPTEMBER 1936 ERSCHIEN

Die Entstehung des Historismus

Von Friedrich Meinecke

664 S. In zwei Bänden: Brosch. RM. 19.-, Leinen RM. 22.-

I. *Vorstufen und Aufklärungshistorie.*
1. Die Vorbereiter (Shaftesbury, Leibniz, Gottfried Arnold, Vico [Lafitau]). 2. Voltaire. 3. Montesquieu (Boulainvilliers, Dubos). 4. Französisches Geschichtsdenken während und nach Voltaire und Montesquieu (Turgot u. Condorcet, Rousseau, Goguet, Boulanger, De le Curne Sainte Palaye, Mallet, Mably). 5. Die englische Aufklärungshistorie (Hume, Gibbon, Robertson). 6. Die engl. Präromantik, Ferguson und Burke (Blackwell, Lowth, Wood, Hurd, Young, Percy).

II. *Die deutsche Bewegung.*
7. Erste Blicke auf die deutsche Bewegung; Lessing und Winckelmann. 8. Möser. 9. Herder (Die Frühzeit, Die Geschichtsphilosophie von 1774, Das Ideenwerk der achtziger Jahre, Die Spätzeit). 10. Goethe (Genetischer Teil: Die Frühzeit bis 1775, Erste Weimarer Zeit und italienische Reise, Von der Französischen Revolution bis zum Ende. - Systematischer Teil: Grundvoraussetzungen, Das negative Verhältnis zur Geschichte, Das positive Verhältnis zur Geschichte, Zusammenfassung und Schluß). Beigabe: Leopold v. Ranke, Gedächtnisrede. Personenverzeichnis. Sachverzeichnis.

Abbildung 12: Friedrich Meinecke: Die Entstehung des Historismus. München, Berlin 1936. Prospekt des Verlages R. Oldenbourg.

Eine „Entwicklung" im prägnanten Sinne ist dadurch gekennzeichnet, dass sie „organisch" verläuft. Heinrich Otto Meisner benutzte Brennekes *Archivkunde* in Leeschs Buchausgabe von 1953 ausgiebig. In seinem Nachlass befindet sich ein regelrecht zerlesenes Arbeitsexemplar, das mit zahlreichen Unterstreichungen und Randnotizen versehen ist.[129] Eine hinzugefügte Seite sticht hervor. Dort, wo sie eingeklebt ist, reichte offenkundig der Platz für Marginalien, die angefügt werden sollten, nicht mehr aus. Tatsächlich handelt es sich um eine besonders wichtige Stelle: Auf Seite 86 hebt Brenneke – gemäß Leeschs Ausarbeitung – den „biologischen" Begriff des Organismus, den die „Niederländer" benutzten, von seiner eigenen Interpretation ab; er bezieht sich hier auf das holländische Manual, eine Grundlagenschrift der Archivwissenschaft aus dem Jahr 1898.[130] Die eigene Auffassung bezeichnet er in ihrer Polarität zu den Niederländern als „philosophisch"; mit die-

129 Archiv der BBAdW, Nl. Meisner, Nr. 159 (Meisners Arbeitsexemplar von Brennekes „Archivkunde").

sem Attribut bekennt er sich zu den geisteswissenschaftlichen Anregungen, die er in sein archivwissenschaftliches System aufgenommen hat.
Meisner legte sich nun in Anknüpfung an Meineckes *Entstehung des Historismus* den Entwicklungsbegriff zurecht; mit einem Pfeil wird der Bezug zur betreffenden Textstelle bei Brenneke hergestellt. Die Notiz lautet:

> Auch bei Herder ist der Entwicklungsgedanke urspr[ünglich] vegetativ-biologisch aufgefaßt. Wie der Baum aus der Wurzel, so müsse[n] sich Fortgang und Blüte der Kunst aus ihrem Ursprung ableiten lassen. Der Ursprung enthält in sich das ganze Wesen des Produktes. Dieser Entw[icklungs]gedanke stellt sich noch beschränkt als Entfaltungsgedanke dar. Denn die Form des Entfaltungsgedankens führt zur Idee des Organismus, wie schon Goethe in s[einer] Philos[ophischen] Studie 1784/85 vollständig ausgesprochen hat (Meinecke Historismus II. 508). In jedem lebendigen Wesen sind die Teile unzertrennlich vom Ganzen, können nur in und mit demselben begriffen werden. Neben diesem zum Organismus führenden Entfaltungsgedanken gibt es noch einen anderen Entw[icklungs]gedanken, der den Hergang der Aufnahme von wurzelfremden Elementen kennt, der Anpassung, Assimilation; für ihn können Bildungen zufälligster Art eintreten, die von der Wurzel aus unvorausschaubar sind.

Dieses lange Zitat und sein Bezugspunkt im Brenneke-Leesch illustrieren die große Bedeutung, welche die Vorstellung der Entwicklung und des Organischen bei Brenneke besitzt, aber auch das Gewicht, das ihnen Meisner in seiner Rezeption einräumt. Es handelt sich gewiss um eine Communis Opinio im Kreis derer, die im Umkreis Brennekes und in seiner Nachfolge Archivwissenschaft betrieben. Der Leitgedanke der Entwicklung dient nicht nur der Charakterisierung von Geschehnissen, sondern versieht sie gewissermaßen mit einem Gütesiegel. Einem Vorgang, der als „Entwicklung" bezeichnet werden kann, ist zuzubilligen, dass er sinnvoll, gut und wünschenswert verlief.

---

[130] Beim „holländischen Manual" (*dutch manual*) handelt es sich um die Schrift von Samuel Muller/Johan Adriaan Feith/Robert Fruin: Handleiding voor het ordenen en beschrijven van archieven. Groningen 1898 (Übersetzung ins Deutsche: Anleitung zum Ordnen und Beschreiben von Archiven. Bearb. von Hans Kaiser. Leipzig 1905.).

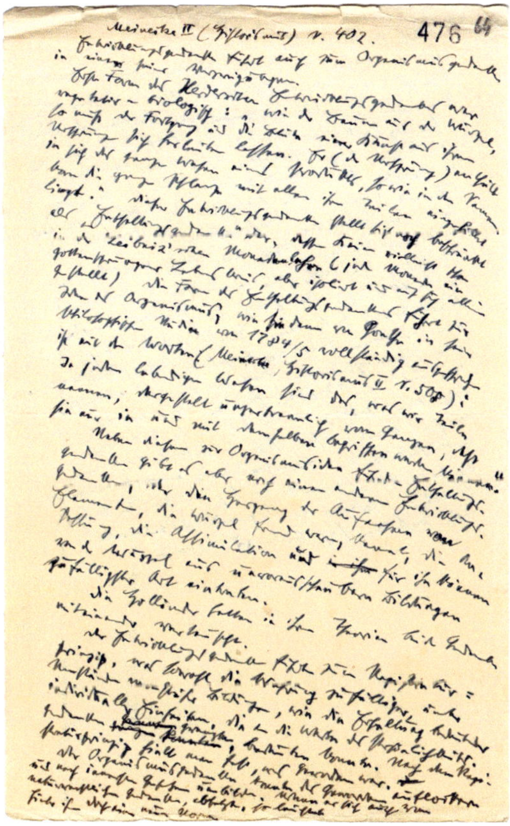

Abbildung 13: Adolf Brennecke: Notizen zum Entwicklungsgedanken. Auszug aus dem Manuskript der Vorlesung zur „Archivkunde".

Meisners Annotationen rücken eine wesentliche Inspirationsquelle Brennekes ins Licht; interessanterweise gibt es in dessen Nachlass ein Exzerpt, das demjenigen Meisners ähnelt (Abb. 13).[131]

[131] Es handelt sich um eine Stelle in Brennekes Vorlesungsmanuskript: HStAH, Nl. Brenneke, Nr. 2/3, Bl. 476r. – Es verdient erwähnt zu werden, dass auch in Droysens *Historik* der Entwicklungsgedanke eine hervorragende Rolle spielt. Wie der Philosoph Herbert Schnädelbach herausarbeitet, setzt Droysen einen „materialen Vorbegriff" der Geschichte an, der auf die Verlaufsfigur eines sich in der Wiederholung „steigernden" Werdens, der *epídosis*, abhebt. Vgl. Schnädelbach, Geschichtsphilosophie nach Hegel (Anm. 5), 92–100, bes. 92 und 94.

Freie Handhabung des Provenienzprinzips? – Brennekes archivische Ordnungslehre

Im vorigen Kapitel wurde deutlich, dass Brenneke den Erfahrungsraum der Archivgeschichte nutzt, um ein vertieftes Verständnis davon zu gewinnen, was ein Archiv gleichsam im Innersten zusammenhält: Ganz allgemein gefasst, stellt es einen relativ fest gefügten, im Laufe der Zeit entstandenen oder gebildeten Zusammenhang von Archivalien dar. Jedes Archiv besitzt eine besondere *Gestalt*, die mit Zeit und Ort seiner Herkunft aus einer Registratur in Verbindung steht; der Archivar muss die jeweilige Form, in der das Archivgut zusammengefügt ist, kennenlernen, um sie bei seiner Arbeit der Bewertung, des Ordnens und des Verzeichnens berücksichtigen zu können.

Die vorgefundene Ordnung eines archivalischen Bestands verweist auf eine Genese, sei es vorarchivisch in Kanzlei und Registratur, sei es in einem Archiv. Brenneke stellt für archivgeschichtliche Studien, die sich der – so verstandenen – *Formenkunde* widmen, ein methodisches Instrumentarium bereit: den Vergleich und die Typenbildung. Formale Ähnlichkeiten und Differenzen zwischen Archivbeständen können anhand charakteristischer Merkmale bestimmt werden; mit deren Hilfe lassen sich bestimmte Typen definieren. Unter Verwendung dieses Instruments können Entstehung und Wandel archivischer Zusammenhänge durchschaut werden; die an konkreten Fallbeispielen erworbenen Kenntnisse schärfen den Blick für das weite Feld der Archivbildungen, übrigens auch für solche, auf die man in der Gegenwart stößt.

Brennekes Vorstellungen über Archive und ihre Geschichte sind nicht wertfrei: Wie ausführlich dargelegt, ist es das Verlaufsmuster der Entwicklung, das er im Einklang mit Ideen des Historismus als Maßstab eines anzustrebenden Gangs der Dinge – hier der Überlieferungsgeschichte – favorisiert. Allerdings bleibt bei der Handhabung dieser Norm zwangsläufig eine gewisse Bandbreite der Interpretation bestehen; es ist nie ganz eindeutig, welche Archivgestalt die erwünschte Eigenschaft, aus einer „organischen Entwicklung“ hervorgegangen zu sein, besitzt. Eines ist jedoch klar: Kontinuität wird als eine positive Erscheinung gutgeheißen; allzu starke Diskontinuität sollte vermieden werden. Mit diesen Vorstellungen ist Brenneke dem Gedankengut des Historismus zutiefst verhaftet.

Die Historische Rechtsschule hatte im 19. Jahrhundert die Auffassung vertreten, dass eine Gesellschaft nicht nach abstrakten naturrechtlichen Normen gestaltet werden kann; jeder Anlauf, eine derartige künstliche Ordnung zu implementieren, müsse scheitern; Krieg und Gewalt seien die Folge. In der Französischen Revolution habe ein solcher Versuch den Terror der Jakobiner und schließlich die kriegerischen Wirren der Zeit Napoleons I. heraufbeschworen, die ganz Europa in ihren Strudel rissen. Diese kritische Einschätzung der „Revolutionsepoche" war innerhalb des deutschen Historismus Allgemeingut.[132] Eine am Reißbrett konstruierte Politik, so lautet die Schlussfolgerung, müsse ihre Ziele verfehlen.

Einer derartigen abstrakt-normativen Denkweise stellte man die Leitlinie eines Handelns entgegen, das von den jeweils vorgefundenen Zuständen den Ausgang nimmt. Politische und soziale Verhältnisse sollten sich gewissermaßen aus sich selbst heraus entwickeln – oder in Übereinstimmung mit einem inneren Maß beziehungsweise einer schon aufgekommenen Tendenz, die es zu erkennen galt, entwickelt werden; Einflüsse von außen sollten auf der Basis des schon Gegebenen aufgenommen werden. Dieser Ansatz kann eher konservativ oder eher liberal akzentuiert sein, er lässt sich im Sinne der Bewahrung der bestehenden Verhältnisse oder des Fortschritts auslegen. Außerhalb des Spektrums möglicher Auslegungen des Historismus liegen allerdings Revolution und Reaktion als Fälle eines grob ahistorischen Verlaufs: Die Herbeiführung des Neuen durch radikale Brüche muss ebenso wie ein starres Festhalten am Alten vermieden werden.

Diese Auffassung des Historischen wendet Brenneke nun auf die Welt der Archive an. Dabei geht es ihm um die konkreten archivarischen Aufgaben, insbesondere die des Ordnens des vorgefundenen archivalischen Materials. Aus der skizzierten Sichtweise resultiert, dass es vom Ansatz her falsch ist, nach einem abstrakten Ordnungsschema zu suchen, das in der Art einer allgemeinen Regel auf alle Archive anwendbar sein soll. Vielmehr kommt es darauf an, die im Laufe der Zeit entstandenen konkreten Zusammenfügungen des Archivguts in ihrer jeweiligen Besonderheit zu studieren; Form und Inhalt sind in ihrer geschichtlichen Einmaligkeit miteinander verwoben. Das Provenienzprinzip verlangt mit Blick auf archivarische Ordnungsaufgaben, dass auf die vorgefundenen Zusammenhänge des Ma-

---

132 Vgl. zusammenfassend Jaeger/Rüsen: Geschichte des Historismus (Anm. 5), 28–30.

terials geachtet wird. Damit das gewährleistet werden kann, müssen diese freilich bekannt sein; wenn sie unübersichtlich sind, kommt es darauf an, sie erst einmal zu analysieren.

Aber lässt sich die Leitidee der Kontinuität so weit konkretisieren, dass aus ihr praktikable Grundsätze gerade auch für die innere Ordnung von Beständen abgeleitet werden können? Konkret gefragt: Was ist zu tun, wenn die vorgefundene Gliederung, rein praktisch gesehen, Mängel aufweist – sei es, dass sie unübersichtlich, umständlich oder in sich widersprüchlich ist? Dieser Frage, die aus der praktischen Archivarbeit erwächst, weicht Brenneke nicht aus; den Herkunftsgrundsatz und das aus ihm abgeleitete Prinzip der Bewahrung der alten Ordnung fasst er nicht als Dogma, sondern als ein „Regulativ" auf.[133] Der Ausgangspunkt für seine Erörterung des genannten Problems ist der Stand der Fachdiskussion, den er vorfindet.

Brenneke diagnostiziert, dass die Dispute, die in der Frühzeit des Historismus, zwischen 1834 bis 1836, in der kurzlebigen *Zeitschrift für Archivkunde, Diplomatik und Geschichte*[134] geführt wurden, nicht bis zur Formulierung des Provenienzprinzips vordrangen. Dieses Scheitern muss eingeräumt werden, obwohl die Archivare, die an den damaligen Debatten teilnahmen, vom Aufbruch des historischen Denkens nicht unberührt waren. Daraus zieht Brenneke den Schluss, dass der Herkunftsgedanke, wie er 1881 im Preußischen Geheimen Staatsarchiv eingeführt wurde, aus der archivarischen Praxis unmittelbar hervorgegangen sein muss. Doch auf den „Überschwang" der Pionierzeit, in der die Freude über die Entdeckung des weitreichenden Grundsatzes groß war, sei eine gewisse „Ernüchterung" gefolgt; mit ihr sieht sich Brenneke in seiner Gegenwart konfrontiert. Es lasse sich einfach nicht leugnen, dass bestimmte Registraturen sozusagen schlecht gebaut sind; sie zu erhalten, lohne sich nicht. Brenneke gibt die Auffassung Georg Winters, eines Archivars im Preußischen Geheimen Staatsarchiv, wieder, „wonach es […] so systemlose, törichte und unbrauchbare Registraturen gäbe, dass man mit deren Erhaltung das System nicht zu Tode reiten dürfe".

Folglich muss der Archivar gelegentlich eingreifen; „Rekonstruktionen" um ihrer selbst willen oder ein bloßes „Restaurieren" lehnt Brenneke – in

---

133 Vgl. Artikel „Archivtheorien".

134 Hrsg. von Ludwig Franz Hoefer, Heinrich August Erhard und Friedrich L. Freiherr von Medem. 2 Bde. Hamburg 1834/1836.

Übereinstimmung mit dem zeitgenössischen Diskussionsstand – ab.[135] Dies voraussetzend, bemüht er sich, den Entwicklungsgedanken des Historismus so zu präzisieren, dass er für die Ordnungsarbeit der Archivare als Kriterium für Eingriffe tauglich wird.

Intensiv befasst er sich mit einem Aufsatz des schwedischen Archivars Carl Gustav Weibull, zu dem Georg Winter kommentierend Stellung genommen hatte. Dieser Auffassung zufolge setzt das Provenienzprinzip, um ohne Einschränkungen sinnvoll anwendbar zu sein, eine ideale Registratur voraus: Sie muss zu einem ausgefeilten, fein gegliederten und sorgfältig durchgeführten Ablagesystem ausgebaut worden sein.[136] Das *Registraturprinzip*, das in aller Strenge die Beibehaltung der vorgefundenen inneren Ordnung eines Archivbestands verlangt, bezieht sich auf eine solche mustergültige Ablage. Brenneke verteidigt die lückenlose Gültigkeit des Prinzips nicht, weil es auch seiner Einschätzung nach in vielen, eben nicht idealen Fällen wenig praktikabel ist.

Doch was hat Brenneke in einem solchen Fall anzubieten? Er meint, dass der Archivar einspringen und in gewisser Weise nachholen müsse, was in der Registratur versäumt wurde. Dabei gehe es nicht um die „logische Gliederung einer aus ihren überlieferten Bindungen gelösten Masse", sondern um historisches, „kongeniales" Verstehen des jeweiligen Entstehungszusammenhangs.[137] Seine Überlegungen laufen darauf hinaus, dass der Archivar die schlecht oder unvollkommen ausgeführte Arbeit des Registrators in gewisser Weise verbessern muss, indem er sich in die jeweilige Geschäftstätigkeit hineinversetzt. Die Auffassungen des Bestandsbildners müssen nachvollzogen werden. „Ordnen heißt dann Zusammenfügen" von „Überresten"

---

135 Artikel „Archivtheorien".

136 Carl Gustav Weibull: Arkivordningsprinciper. Lund 1930. In deutscher Sprache: Archivordnungsprinzipien. Geschichtlicher Überblick und Neuorientierung. In: Archivalische Zeitschrift 42/43 (1934), 52–72 (mit einer Stellungnahme von Robert Fruin). – Siehe dazu Georg Winter: Archivordnungsprinzipien. In: Korrespondenzblatt des Gesamtvereins der deutschen Geschichts- und Altertumsvereine 78 (1930), Sp. 138–147.

137 Artikel „Archivtheorien". – Diese Formulierung ist weniger pathetisch als diejenige in Leeschs Bearbeitung, die auf das Moment des Schöpferischen abhebt. Dort ist zu lesen, dass „mit künstlerischem Einfühlungsvermögen dem Bestande die geheimen Gesetze seines Werdens und Wachsens abzulauschen" seien. Solche beschwörenden Worte laufen heute Gefahr, kritisch aufgespießt zu werden. Es ist jedoch zu bedenken, dass ein gewisser Überschwang an dieser Stelle der Form des mündlichen Vortrags geschuldet sein kann. Vgl. Brenneke: Archivkunde (Anm. 6), 86f.

nach „möglichst erfasster Kontinuität der in ihnen überlieferten Willensakte und der Betreffe ihrer Ziele".[138] An dieser Maxime sieht man erneut, dass Brenneke eine große Nähe zwischen Registratur und Archiv postuliert: Während ein guter Registrator mit den Intentionen, die sich in den Dokumenten niederschlagen, vertraut ist, kann der Archivar, Brenneke zufolge, diese Vertrautheit mit den Mitteln einer historischen Hermeneutik gewinnen und dessen Arbeit, wenn nötig, nachholen oder korrigieren.

Aus heutiger Sicht muss aber bezweifelt werden, dass dies erreichbar ist. Bei einer gleichsam nachholenden Herstellung von Ordnung, wie sie Brenneke vorschwebt, müsste dem Archivar die jeweilige Überlieferung inhaltlich sehr gut bekannt sein; er muss die Geschäfte selbst kennen, die in ihr dokumentiert sind. In seinen Bemühungen, ein Kriterium für zulässige ordnende Eingriffe zu definieren, denkt Brenneke nicht nur an die Form der – mehr oder weniger plausibel strukturierten – Aktenregistratur, die sich mit der Zeit ausgebildet und verändert hat. Vielmehr steht ihm der Gang der Verhandlungen (*acta*) selbst vor Augen, der sich in den Akten spiegelt, ja – im Fall staatlicher Archive – sogar die „Staatsanschauung", die dem jeweiligen politischen und administrativen Handeln zugrunde liegt.

Hier hält Brenneke aber etwas für möglich, das dem Archivar nur mit erheblichen Abstrichen gelingen kann. Es ist fraglich, ob dieser beim Verzeichnen wirklich so tief in die Inhalte und Ziele, die zur Entstehung bestimmter Dokumente geführt hat, eindringen kann, wie Brenneke annimmt und verlangt. Über die ganze Weite dessen, was die Archivalien auszusagen vermögen, sind die mit ihnen befassten Bearbeiter stets nur notdürftig informiert; in vieler Hinsicht tappen sie im Dunkeln. Was die Zeugnisse hergeben, kann ja letztlich erst entdeckt werden, nachdem die Archivarinnen und Archivare ihre Arbeit getan haben und die archivalischen Quellen der Forschung zugänglich geworden sind; das gilt für die Evidenz des geschäftlichen Handelns allerdings in geringerem Maße als für alle Informationswerte, die sonst noch in ihnen enthalten sein mögen, weil der archivarische Blick auf die Herkunftssphäre der Unterlagen, also auf die beim Bestandsbildner wahrgenommenen Aufgaben und die Organisation der Aufgabenwahrnehmung gerichtet ist. Dennoch gilt: Wenn Archivare bei der Erfüllung ihrer Aufgaben Erkenntnisse voraussetzen, die erst im Zuge einer Auswertung der Unterla-

---

138 Ebd.

gen gewonnen werden können, so begeben sie sich auf Glatteis. Außerdem ist fraglich, ob eine genaue Korrespondenz zwischen Form und Inhalt, das heißt zwischen der Gliederung der Registratur und den Leitlinien des geschäftlichen Handelns, das in ihr ersichtlich wird, immer existiert.

Es ist nicht geboten, darauf zu bauen, dass bei der archivarischen Arbeit die Inhalte des zu verzeichnenden Archivguts ganz und gar durchdrungen werden. Würde sich der Archivar bei Entscheidungen, mit denen er ins Material eingreift, auf seine begrenzten Kenntnisse allzu stark stützen, bestünde das Risiko, dass er von irrigen Voraussetzungen ausgeht. Er könnte für gesichertes Wissen halten, was doch nur eine vorläufige Annahme ist. Im ungünstigen Fall würde die Authentizität der Spuren des Vergangenen beschädigt.[139]

Wenn also festgestellt werden muss, dass Brennekes Argumentation an diesem Punkt nicht vollkommen überzeugt, so kann zu seiner Entlastung jedoch hinzugefügt werden, dass die betreffenden Überlegungen aus demjenigen Artikel stammen, den er am unfertigsten hinterlassen hat. Seine gedankliche Arbeit war noch im Fluss, und wir wissen nicht, welche Richtung sie genommen hätte, wenn ihm mehr Lebenszeit geblieben wäre, um sie weiter zu treiben.

Heinrich Otto Meisner hat übrigens in der Nachkriegszeit an Brenneke anknüpfen wollen. Wie dieser bemühte er sich darum, Strategien archivischer Ordnung aufzuzeigen, die zwischen dem Erhalt der vorgefundenen inneren Ordnung (Registraturprinzip) und der Neuordnung nach einem von außen herangetragenen Schema (Fondsprinzip) vermitteln. Vorausgesetzt ist in beiden Fällen, dass der Bestand provenienzgerecht abgegrenzt worden ist.

Vom „regulierenden Provenienzprinzip" spricht Meisner, wenn das „orthodoxe" Registraturprinzip „mehr oder weniger aufgelockert" wird, so dass „gewisse Abweichungen und Eingriffsmöglichkeiten gestattet" sind.[140] Hier geht es um eine pragmatische Korrektur der Arbeit des Registrators bei grundsätzlicher Beibehaltung der von ihm geschaffenen Form. Zum anderen reformuliert Meisner das „freie Provenienzprinzip" Brennekes als „Ver-

139 Vgl. hierzu auch Schenk: Kleine Theorie des Archivs (Anm. 4), 85–87.

140 Ahasver von Brandt identifiziert übrigens diese Option mit dem „freien Provenienzprinzip". Brandt, Werkzeug des Historikers. Eine Einführung in die historischen Hilfswissenschaften. 8. Aufl. Stuttgart o. J. (zuerst 1957), 114.

waltungsstrukturprinzip". Es sehe vor, dass das archivalische Material „nach den behördlichen Funktionen und Aufgaben" gegliedert werde. Dabei soll zugleich die „Gliederung nach den behördlichen Abteilungen, Ämtern und Referaten (sog. Geschäftsgliederung)" durchscheinen.[141]

Meisner gelingt es zwar, fassliche Definitionen vorzulegen, und mancher Archivar wird die von ihm geleistete Klärung der Begriffe dankbar begrüßen. Doch entfernt er sich dabei von Brennekes Anliegen, die von „Willensakten" angetriebene zielgerichtete Entwicklung in der Geschäftstätigkeit, also das „im Bleiben sich Wandelnde", wie Brenneke formuliert,[142] sichtbar zu machen.

Posthume Rezeption

Brennekes Entwurf einer Theorie und Geschichte der Archive wurde im Vorigen, gestützt auf eine Interpretation wichtiger gedanklicher Motive der „Archivartikel", vorgestellt. Seine Verbindungen mit geisteswissenschaftlichen Strömungen in Deutschland vom 19. bis zum ersten Drittel des 20. Jahrhunderts traten deutlich hervor. Brennekes Ansatz nimmt auf die Reflexion historischer Auffassungen Bezug, die angesichts der Krise des Historismus aufgekommen war, ohne dass er selbst das grassierende Krisenbewusstsein wirklich teilte.

Im Mittelpunkt der Interpretation standen die einzigen authentischen Texte Brennekes, die vorliegen, nämlich die „Archivartikel". Trotzdem bot es sich gelegentlich an, auf das Buch von 1953, die von Wolfgang Leesch posthum herausgebrachte *Archivkunde*, zurückzugreifen. Schließlich ist Brennekes Denken in dieser Fassung rezipiert worden. Was als Abschweifung erscheinen konnte, war – im Rahmen der historischen Rekonstruktion – ein Vorgriff. Denn Entstehung und Resonanz des Brenneke-Leesch sind ein eigenes Thema, das nun behandelt werden soll: Brennekes Ansatz kollidierte mit Tendenzen der Nachkriegszeit. An Entstehung und Rezeption

141 Heinrich Otto Meisner: Über einige Fragen der deutschen Archivberufssprache. In: Der Archivar, 8. Jg., H. 4 (Dez. 1955), Sp. 347–362, 356f.

142 Art. „Archivgestaltungstypen".

der *Archivkunde* lässt sich geradezu die Neuorientierung der Archivwissenschaft nach 1945 ablesen: ihre Abkehr vom Paradigma des Historismus wie überhaupt von geisteswissenschaftlichen Ansätzen und historischem Denken. Und da es eine *Stunde Null* nicht geben konnte, blieb der Nationalsozialismus nach 1945 in vielfältigen Folgeerscheinungen gegenwärtig.

„Habent sua fata libelli" – Leeschs Ausarbeitung einer Nachschrift von Brennekes Vorlesung und ihre Veröffentlichung in der DDR

Abbildung 14: Porträt von Wolfgang Leesch. Fotografie.

Brennekes „Archivartikel" waren noch nicht veröffentlicht, als ihr Autor starb, doch gelangte sein archivwissenschaftlicher Ansatz in Form der Ausarbeitung einer Vorlesungsnachschrift durch Wolfgang Leesch (Abb. 14) ans Licht der Öffentlichkeit. Wie es dazu kam, ist ein spannendes Stück deutsch-deutscher Wissenschaftsgeschichte. Die Publikation der *Archivkunde* gelang nur dank des west-östlichen Bündnisses, das Leesch mit Heinrich Otto Meisner einging. Auch im Kalten Krieg und angesichts der Teilung Deutschlands bewährte es sich.

Leesch war ein Absolvent der Dahlemer Archivschule;[143] zusammen mit zwei Kommilitonen hatte er eine Nachschrift der Brennekeschen Vorlesung angefertigt.[144] Meisner sorgte dafür, dass sie während des Kriegs zusammen mit Archivgut ausgelagert und damit in Sicherheit gebracht wurde. Mit Kriegsende verschlug es Leesch, einen gebürtigen Oberschlesier, nach Westfalen, während Meisner in der sowjetischen Zone lebte. Im Frühjahr 1946 nahm Leesch den unterbrochenen Kontakt wieder auf. Er fühlte sich gerade damals seinem Lehrer Brenneke nahe – war er doch damit beschäftigt, im Auftrag des Westfälischen Archivamtes den Kreis Tecklenburg zu bereisen

143 Zu Leesch vgl. den Nachruf von Mechthild Black-Veldtrup. In: Der Archivar 59 (2006), 307.

144 Die Nachschrift erarbeitete Leesch zusammen mit Willi Berger und Paul Härle, die, wie Leesch in der Vorbemerkung der *Archivkunde* erwähnt (Seite VII), beide im Jahr 1943 gefallen sind.

und das Inventar des nichtstaatlichen Archivguts zu revidieren, das „im Jahr 1903 der damalige Hilfsarbeiter am Staatsarchiv Münster, A[dolf] Brenneke [...] aufgestellt" hatte.[145] Leesch wohnte eine Zeitlang im Pfarrhaus des Dorfes Brochterbeck. Damals wusste er noch nicht, dass Brenneke verstorben war.

Nicht viel später taucht im ausführlichen Briefwechsel[146] erstmals die Idee auf, das Werk Brennekes zu veröffentlichen – bezeichnenderweise in Verbindung mit Überlegungen, die Ausbildung von Archivarinnen und Archivaren neu aufzubauen. Leesch sollte vorfühlen, ob Meisner als Leiter einer in Münster/Westf. zu gründenden Archivschule für die britische und amerikanische Besatzungszone zur Verfügung stünde, was dieser freudig bejahte. Meisner antwortete auf Leeschs Brief mit dem ihm eigenen Formbewusstsein:

> Angesichts der bedeutungsvollen Frage, die er für mich enthält, muß ich schon contra stilum mit ihr beginnen. Wie sie aus meiner heutigen Depesche [...] wissen, würde ich nicht zögern, dem Rufe Folge zu leisten.[147]

Die Brenneke-Nachschrift wurde nun für die avisierte Schule gebraucht. Elly Brenneke übergab zudem die Aufzeichnungen und Ausarbeitungen ihres verstorbenen Mannes, darunter die „Archivartikel", dem Staatsarchiv Münster. Leesch hatte sie damals bei sich: „hier in meinem Zimmer".[148] Der Plan einer Archivschule in Münster zerschlug sich allerdings; die westdeutsche Fortführung des Dahlemer Instituts wurde 1949 in Marburg eröffnet, ohne dass Meisner oder Leesch beteiligt waren. Doch die Absicht, Brennekes archivwissenschaftlichen Entwurf zu publizieren, lebte fort.

---

145 Archiv der BBAdW, Nl. Meisner, Nr. 107, Brief Leeschs vom 5.4.1946.

146 Der Nachlass von Wolfgang Leesch befindet sich im LWL-Archivamt für Westfalen in Münster (Archiv LWL, Bestand 920, im Folgenden zit. als LWL-Archivamt, Nl. Leesch). Die beiden einschlägigen Nachlässe, von Meisner und von Leesch, ergänzen einander; beide Korrespondenzpartner haben zum Teil auch Durchschläge der ausgehenden Briefe zurückbehalten, sodass viele Inhalte zweifach vorhanden sind.

147 Archiv der BBAdW, Nl. Meisner, Nr. 107, Briefkonzept Meisners, o. D. (Antwort auf Leeschs Brief vom 12.12.1946). – Meisner hatte offenbar vorab bereits mit einem Telegramm geantwortet, um sein Interesse zu unterstreichen.

148 Ebd., Brief Leeschs vom 12.12.1946.

Zur Jahreswende 1948/49 befand sich Leesch mitten in der Überarbeitung des Vorlesungsskripts. Meisner zog er ins Vertrauen. Er vermisste eine stenografische Mitschrift des Brenneke'schen Kollegs, die er selbst angefertigt hatte; falls sie wieder auftauchte, könnte sie ihm „über manche Unklarheit in den nicht von mir stammenden Teilen" der Nachschrift „hinweghelfen", schrieb er. Wie diese, an der Leesch ja mitgearbeitet hatte, war sie während des Kriegs zusammen mit Archivgut ausgelagert worden, aber durch Plünderungen abhanden gekommen. Leeschs Arbeitsbedingungen waren insgesamt schlecht: Er klagte über die Abgelegenheit seines Aufenthaltsortes, denn er hielt sich nun auf Schloss Hinnenburg bei Brakel in Ostwestfalen auf, wo er bei wunderschöner Aussicht in die winterliche Landschaft, aber in ungeheizten, bitterkalten Räumen das Schlossarchiv ordnete.[149]

Bald darauf erfuhr er, dass Albert Brackmann im 1948 erschienenen ersten Nachkriegs-Band des *Niedersächsischen Jahrbuchs für Landesgeschichte* einen Nachruf auf Brenneke veröffentlicht hatte.[150] Zwar sei er „sehr aus dem Handgelenk geschrieben", kommentierte Leesch.[151] Doch wandte er sich daraufhin an Brackmann und fragte an, ob er behilflich sein könne, einen Druckkostenzuschuss für die geplante Publikation zu erwirken. Die Bemühungen blieben erfolglos.

Im Land Hessen, wo die Archivschule der entstehenden Bundesrepublik Deutschland jetzt eingerichtet wurde, war es nicht anders. Johannes Papritz übernahm dort den Unterricht im Fach Archivwissenschaft. Im Auftrag von Ludwig Dehio, des Direktors des Staatsarchivs Marburg,[152] verfasste er ein Gutachten, in dem er nach deutlicher Kritik das Manuskript dennoch zur Veröffentlichung empfahl. Das Votum endet jedoch mit dem niederschmetternden Urteil: Das „Brennekesche Werk" werde einer „zukünftigen Archivkunde [...] schon deshalb nicht im Wege stehen, weil es selber keine

149 Ebd., Brief Leeschs vom 4.12.1948.

150 Vgl. Brackmann: Adolf Brenneke (Anm. 5).

151 Ebd., Brief Leeschs vom 17.4.1949.

152 Ludwig Dehio, Sohn des Kunsthistorikers Georg Dehio und in der NS-Zeit rassistisch als „Vierteljude" klassifiziert, gab in der Nachkriegszeit die Historische Zeitschrift heraus. Vgl. zu ihm Volker R. Berghahn: Ludwig Dehio. In: Hans-Ulrich Wehler (Hrsg.): Deutsche Historiker. Bd. 4. Göttingen 1972, 97–116. Dass Papritz, bis 1945 Leiter der Publikationsstelle (PuSte), die auf dem Gebiet der „volksdeutschen" Ostforschung aktiv war, ausgerechnet unter der Ägide Dehios in Marburg zum Zuge kam, ist einer der eigenartigen Umstände der Nachkriegszeit.

Archivkunde ist".[153] Nur um Weniges freundlicher formuliert, findet sich diese Einschätzung noch 1976, ein Vierteljahrhundert später, in Papritz' *Archivwissenschaft*. Gegenstand des Faches seien die Formen des Schrift- und Kanzleiguts in den Registraturen, meint Papritz, und mit ihnen habe sich Brenneke nicht befasst[154] – was freilich unrichtig ist.

Als im Westen Deutschlands nichts zu machen war, sprang Meisner ein. Er bot an, eine Veröffentlichung in der „Ostzone" zu vermitteln; das „ließe sich vielleicht arrangieren". Meisner hatte gerade seine *Urkunden- und Aktenlehre der Neuzeit* abgeschlossen, die im Frühjahr 1950 erschien.[155] Darüber hinaus wurde er damals Dozent an der neu gegründeten Potsdamer Archivschule. In einem Schreiben vom 27. Januar 1950 stimmte Leesch dem Vorschlag zu: „Ich möchte doch sehr wünschen, daß [...] in absehbarer Zeit [...] jeder das Werk Brennekes [...] lesen" kann, schrieb er, und zwar „nicht als Gemeinschaftswerk einer gesamtdeutschen Kommission mit Unterkommissionen u[nd] Bearbeitern für jedes Kapitel, wie es Herr Schnath", der Direktor des Hannoveraner Staatsarchivs, „vorgeschlagen hat". Gerade auf die „einheitlich durchgeführten Grundgedanken Brennekes" komme es an; durch eine Vielzahl von Autoren würden sie nur verwässert. Leesch gab das Werk gewissermaßen in Meisners schützende Hand:

> Ich wäre Ihnen sehr dankbar, wenn Sie, nachdem Sie bisher meine Arbeit mit Anteilnahme und Anregungen begleitet haben und mein Manuskript mir ja nur durch Ihre Fürsorge erhalten geblieben ist, mich auch in der Frage der Drucklegung unterstützten.[156]

Meisner erreichte tatsächlich, dass das Buch im Verlag Koehler & Amelang, Leipzig, herauskam. Der Weg dahin war allerdings lang und steinig. Prozeduren der Genehmigung und Zensur mussten durchlaufen werden, wie sie

---

[153] Archiv der BBAdW, Nl. Meisner, Nr. 107, „Gutachten von Dr. Papritz Marburg" mit Begleitschreiben an Leesch vom 14.5.1949 (Abschriften Leeschs für Meisner).

[154] Vgl. Papritz: Archivwissenschaft (Anm. 121). Bd. 1, 12f.

[155] LWL-Archivamt Westf., Nl. Leesch, Archivwissenschaftliche Korrespondenz, Brief Meisners o. D. (Antwort auf einen Brief Leeschs vom 25.10.1949). – Meisners Buch erschien bei Koehler & Amelang in Leipzig. Zwei Jahre später, 1952, kam es zu einer 2. Auflage.

[156] Archiv der BBAdW, Nl. Meisner, Nr. 107, Brief Leeschs vom 27.1.1950.

in einer kommunistischen Diktatur vorgesehen waren. Doch gelang es ihm, die Veröffentlichung ohne größeren Schaden durchzubringen.

Leesch schloss das Manuskript 1951 ab. Ein Gutachten der Hauptabteilung Archivwesen im Ministerium des Innern der DDR kritisierte am Text, der ihr vorgelegt worden war, einige aus ihrer Sicht politisch anstößige Stellen: das Kapitel über Russland, die Formulierungen über die deutschen Ostgrenzen und anderes mehr.[157] Leesch reagierte auf die Änderungswünsche zunächst ablehnend – atmosphärisch machte sich nun, anders als in der unmittelbaren Nachkriegszeit, ein Ost-West-Gegensatz bemerkbar. In einem langen Brief vom Sommer 1952, in dem er eine Motorrad-Reise nach Italien schildert – das „Wirtschaftswunder" zeichnete sich ab – beharrte er auf der Freiheit des Autors und formulierte drei Punkte, in denen er nicht einzulenken bereit sei.[158]

Meisner vollbrachte nun ein diplomatisches Kunststück. Seine Autorität wie sein Geschick reichten aus, um eine für beide Seiten tragbare Lösung zu finden. Ihm glückte es, in einem persönlichen Gespräch mit Roland Seeberg-Elverfeldt, dem Leiter der Hauptabteilung Archivwesen, den Dissens zu entschärfen. Dieser verließ kurz darauf die DDR und setzte sich, wie zahlreiche andere Menschen vor dem Bau der Mauer (1961), in den Westen ab,[159] sodass mit dem dadurch bedingten Personalwechsel neue Unsicherheiten entstanden. Im Sommer 1953 jedoch lag endlich die Druckerlaubnis für das abgeschlossene Manuskript vor; „für die AK", schrieb Meisner – natürlich meinte er die *Archivkunde* – sei „endlich die Fahrt frei geworden". Das „Durchhalten" habe sich „also doch gelohnt".[160] Ende des Jahres erschien das Buch endlich und befand sich bald „in allen berufenen Händen" (vgl. Abb. 15).[161]

---

157 Auf moderate Weise zollt der Klappentext dem Erscheinungsort Tribut. Dort heißt es u. a.: „Die stürmische Entwicklung des Archivwesens besonders in der Sowjetunion, der Volksdemokratien und in der Deutschen Demokratischen Republik ist berücksichtigt."

158 Vgl. ebd., Brief vom 15.6.1952.

159 Meisner und Leesch sprechen in ihren Briefen nach Seeberg-Elverfeldts Flucht, der potenziell mitlesenden DDR-Organe gewahr, verschlüsselt von „Dr. Lacumontanus".

160 LWL-Archivamt Westf., Nl. Leesch, Archivwissenschaftliche Korrespondenz, Brief Meisners o. D. Die Auslieferung des Buches erfolgte spätestens Anfang Oktober, was u. a. aus dem Dankschreiben von Brennekes Witwe Elly Brenneke, Bad Godesberg, vom 12.10. hervorgeht (ebd.).

161 Ebd., Brief Meisners vom 5.12.1953.

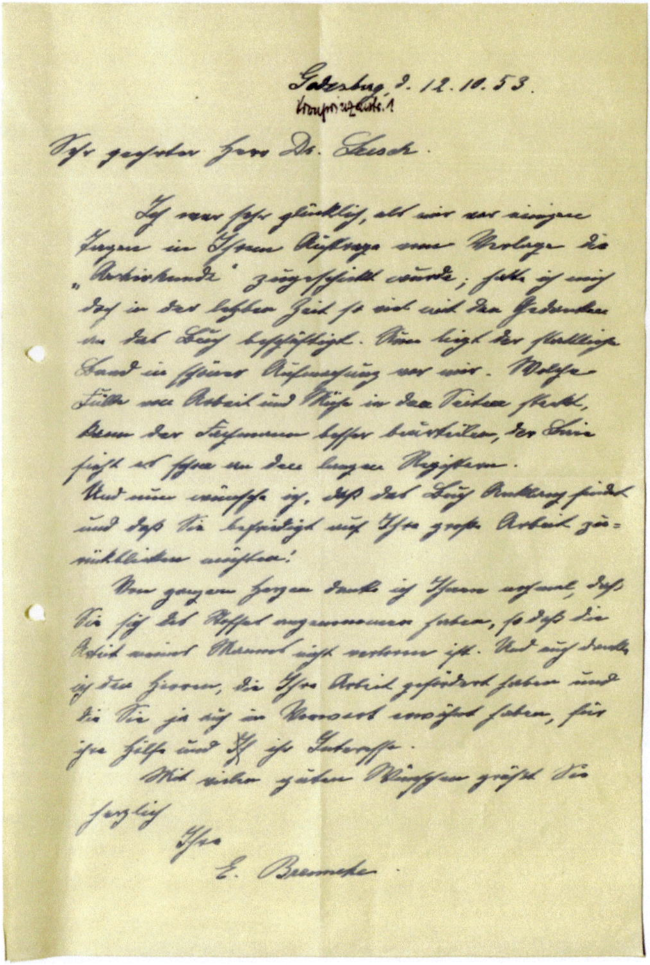

Godesberg, d. 12.10.53.
Kronprinzenstr. 1

Sehr geehrter Herr Dr. Leesch.

Ich war sehr glücklich, als mir vor einigen Tagen in Ihrem Auftrage vom Verlage die „Archivkunde" zugeschickt wurde; hatte ich mich doch in der letzten Zeit so viel mit den Gedanken an das Buch beschäftigt. Nun liegt der stattliche Band in schöner Aufmachung vor mir. Welche Fülle von Arbeit und Mühe in den Seiten steckt, kann der Fachmann besser beurteilen, der Laie sieht es schon an dem langen Register.
Und nun wünsche ich, daß das Buch Anklang findet und daß Sie befriedigt auf Ihre große Arbeit zurückblicken müssen!

Von ganzem Herzen danke ich Ihnen nochmal, daß Sie sich des Stoffes angenommen haben, so daß die Arbeit meines Mannes nicht verloren ist. Und auch danke ich den Herren, die Ihre Arbeit gefördert haben und die Sie ja auch im Vorwort erwähnt haben, für ihre Hilfe und ihr Interesse.

Mit vielen guten Wünschen grüßt Sie herzlich

Ihre
E. Brenneke.

Abbildung 15: Dankesbrief von Elly Brenneke an Wolfgang Leesch bei Erscheinen der Archivkunde ihres verstorbenen Gatten, 12. Oktober 1953.

Keine „bequeme Münze" im „Archivarsdasein" – die Resonanz der Archivkunde und Papritz' Kritik

Die Resonanz, wie sie aus einer nicht geringen Zahl von Besprechungen ablesbar ist, war insgesamt erfreulich.[162] Die *Archivkunde* fand auch international ein positives Echo. Das Lob von Robert-Henri Bautier im Namen der Direction des Archives de France in einem höflich-verbindlichen Schreiben[163] fällt dabei wohl weniger ins Gewicht als manche der lobenden Rezensionen in Fachorganen. Theodore Schellenberg besprach das Buch in *The American Archivist*.[164] Er hielt auch die dem amerikanischen Archivwesen gewidmeten Passagen für sachkundig und adäquat; in eigenen Vorträgen ging er übrigens auf Brenneke ein.[165]

Im *Nederlands Archievenblad* empfahl S. J. Fockema Andreae die Schrift ohne Vorbehalt:

> Wij zouden ons de bespreking van dit werk zeer gemakkelijk kunnen maken door alleen te zeggen: het is wenselijk, dat elke archiefbibliotheek zich dit, niet zeer kostbare, boek aanschaft; het is voor iedere archivist nuttig, het te lezen – punt.[166]

Ein langer Artikel verglich im selben Heft Brennekes „freies Provenienzprinzip" mit der Auffassung, die das Holländische Manual eingenommen

162 Leesch stellte die Rückäußerungen, die er erhielt, zusammen und schickte Meisner eine Abschrift. Vgl. Archiv der BBAdW, Nl. Meisner, Nr. 107, „Schriftliche (briefliche) Bemerkungen zur Brennekeschen ‚Archivkunde'".

163 LWL-Archivamt Westf., Nl. Leesch, Archivwissenschaftliche Korrespondenz, Brief vom 16.12.1953 (Abschrift im Nl. Meisner, Nr. 107).

164 Im Aprilheft 1954.

165 Vgl. Menne-Haritz: Ernst Posner (Anm. 27), 125. – Menne-Haritz betont, dass auch Posner von Brennekes „analytischer, funktionsbezogener Archivgeschichte" (129) gelernt habe.

166 Vgl. Boekbespreking Adolf Brenneke. Archivkunde. In: Het Nederlands Archievenblad. Orgaan van de Vereniging van Archivarissen in Nederland 50 (1954/55), 32–34, 32; („Wir könnten uns die Besprechung dieses Werkes leicht machen, indem wir nur sagten: es ist wünschenswert, dass jede Archivbibliothek sich dieses nicht sehr teure Buch anschafft; es ist für jeden Archivar nützlich, es zu lesen – Punktum." Übersetzung aus dem Niederländischen von Wolfgang Leesch.)

hatte.[167] Heinrich Otto Meisner attestierte Brennekes Œuvre nichts Geringeres, als dass es „die erste europäische Archivtheorie und Archivgeschichte" sei, „die diesen Namen verdient".[168]

Solche Einschätzungen stehen in deutlichem Kontrast zur neuerlichen Kritik von Johannes Papritz, die er nun in der *Archivalischen Zeitschrift* öffentlich machte.[169] In Freundlichkeiten gut verpackt, ist sie massiv, ja vernichtend. Zwar sei es ein „äußerst glücklicher Plan", „das verlorene Werk" Brennekes „wenigstens aus den Mitschriften seiner Schüler wieder erstehen zu lassen", schrieb Papritz. Doch wäre es darauf angekommen, „die Gedankenarbeit Brennekes in größter Reinheit herauszumodellieren"; das geleistet zu haben, spricht er Leesch ab. „Mit großem Fleiß" habe dieser den bei Brenneke „fehlenden Stoff" nachgetragen; die Beiträge der Koautoren seien nun aber zum Nachteil für das Ganze miteinander vermengt.

Papritz' Verdikt trifft aber nicht nur den Bearbeiter, sondern auch den Urheber der archivwissenschaftlichen Konzeption; seine Kritik galt dem Ansatz selbst. „Brenneke ging nicht dem Stoff, sondern den Problemen nach", urteilt Papritz – als ob das negativ zu bewerten wäre. „Eigene Materialsammlung" werde „kaum irgendwo spürbar"; dagegen sei deutlich, dass Brenneke „auf weite Strecken hin unmittelbar aus zweiter Hand übernahm". Doch nicht nur die Arbeitsweise, auch die inhaltliche Ausrichtung missfiel dem Archivwissenschaftler: „Alle praktischen und technischen Fragen scheiden von vornherein aus", kommentierte er. Brennekes Art, Archivwissenschaft zu betreiben, sei eben keine „bequeme Münze" im „praktischen Archivarsdasein". Das „Ringen

167 Th. J. Verhaeren: De handleiding en het vrije herkomstbeginsel van Brenneke. In: Ebd., 47–53. – Vgl. Muller/Feith/Fruin: Handleiding (Anm. 130). Das „Holländische Manual" gilt heute als Anfangspunkt der modernen Archivwissenschaft. Vgl. etwa John Ridener: From Polders to Postmodernism. A Concise History of Archival Theory. Duluth 2009.

168 Heinrich Otto Meisner. In: Literaturzeitung. Zitiert nach der Fahnenkorrektur, die in Meisners Arbeitsexemplar der *Archivkunde* hinten eingelegt ist (Archiv der BBAdW, Nl. Meisner, Nr. 159).

169 Johannes Papritz: Adolf Brenneke: Archivkunde (Besprechung). In: Archivalische Zeitschrift 52 (1956), 237–244. – Im selben Jahrgang publizierte Papritz auf Seite 127–176 unter dem Titel „Grundfragen der Archivwissenschaft" einen ausführlichen Entwurf seiner eigenen Archivlehre. – Zu Papritz und seiner Rolle in der „Ostforschung" der NS-Zeit vgl. neben der in Anm. 47 genannten Literatur zur Publikationsstelle Berlin-Dahlem Fritz Wolff: Archivwissenschaft und Archivpraxis bei Johannes Papritz. In: Angelika Menne-Haritz (Hrsg.): Archivische Erschließung. Methodische Ansätze einer Fachkompetenz. Beiträge des Dritten Archivwissenschaftlichen Kolloquiums. Marburg 1999, 11–24; Nils Brübach: Johannes Papritz – eine Archivarsbiographie. In: Ebd., 25–38; Brübach: Johannes Papritz und die Entwicklung der Archivwissenschaft. In: Archivar 51 (1998), Sp. 573–588.

um die Typen und Begriffe" lenke von einer pragmatischen Auffassung der archivarischen Tätigkeit nur ab. Brennekes Gedanken bezeichnet Papritz gar als „eigenwillig, knorrig [...], sich zeitweilig bis zur Verstiegenheit steigernd".[170]

Papritz' Urteile erweisen sich bei näherem Hinsehen als verräterisch pauschal. Er scheut sich nicht, das Klischee von der *Weltfremdheit der Theorie* zu bedienen, das sich im Mief der westdeutschen Nachkriegszeit festgesetzt hatte. Und dann ist da noch die sprachlich schiefe Formulierung „unmittelbar aus zweiter Hand", die Brennekes Leistung nicht gerecht wird: Wer die archivkundlichen Manuskripte, Notizen und Exzerpte im Nachlass in Hannover einsieht, kann sich von seinem Fleiß, aber auch seiner akribischen, behutsamen Arbeitsweise überzeugen. Dass Brenneke, was Papritz ihm anlastet, kaum in der Lage war, im Zuge der Ausarbeitung seiner Vorlesung eigene Quellenforschungen zu betreiben und sich deshalb auf die vorhandene und greifbare Literatur stützte, ist den Zeitumständen geschuldet.[171] Brennekes Vorgehensweise muss im Übrigen an der Aufgabe gemessen werden, die ihm gestellt war, nämlich an einer Archivschule Unterricht zu erteilen. Da kommt es nicht vorrangig auf originelle Forschungen, sondern auf die Verbindlichkeit der zu lehrenden Inhalte an. Und dass Brenneke konzeptionell Neuland betrat, lässt sich sowieso nicht bestreiten.

Unzutreffend ist auch Papritz' Vorwurf, dass Brenneke nicht-deutsche Stimmen unberücksichtigt lasse. Vielmehr studierte er die archivfachliche Diskussion des Auslandes im Spiegel der Berichterstattung der *Archivalischen Zeitschrift,* etwa über den englischen Archivwissenschaftler Hilary Jenkinson, und er las einschlägige Texte im englisch- und französischsprachigen Original. So haben sich im Nachlass Exzerpte aus einem der *Annual Reports* der National Archives in Washington D. C. und aus einem auf Französisch vorliegenden Papier des italienischen Chefarchivars Serafino Pistolese erhalten, das ihm Meisner 1934 von einer Paris-Reise mitgebracht hatte.[172]

---

170 Papritz: Adolf Brenneke: Archivkunde (Anm. 160), 237f.

171 Es war allerdings E. Posner, der die Reisemöglichkeiten der Nachkriegszeit für archivgeschichtliche Forschungen ausgiebig nutzte. Er plante eine Archivgeschichte der westlichen Welt. Eine grundlegende Monografie über die Archive des Altertums konnte er vollenden. Vgl. Archives in the Ancient World (Anm. 27).

172 Vgl. die einschlägigen Exzerpte in NLA Hannover Hann. 91 Brennecke Nr. 2/1. – Brenneke protokollierte auch einen mündlichen Bericht von Werner Ohnesorg, der Gelegenheit hatte, im Sächsischen Hauptstaatsarchiv Dresden archivgeschichtliche Quellenforschung zu betreiben.

Papritz hielt Brenneke also unfairerweise vor, dass er in der NS-Zeit die Arbeitsbedingungen der Nachkriegszeit nicht vorfand. Seine Stellungnahme spricht letztlich nicht gegen den Kritisierten, sondern viel eher gegen ihn selbst. Die Frage nach der Bedingtheit durch das „Dritte Reich", die mit Blick auf Brennekes Werk im Vorigen gestellt wurde, lässt sich für die Nachkriegszeit nicht ausklammern; der „lange Schatten der Vergangenheit" (Aleida Assmann) reicht bekanntlich bis heute.[173] Papritz' Stellungnahme beruht auf einer sublimen Diskreditierung von Theorie und Geschichte, die gerade vor dem Hintergrund des geistigen Kahlschlags durch den Nationalsozialismus kritikwürdig ist.

Das gilt in besonderem Maße für die Preisgabe historischer Ansätze. In der Nachkriegszeit gab es für manchen einen konkreten Anlass, sich von der Vergangenheit abzuwenden; die Abkehr vom Historismus umgriff das Schweigen über die jüngste Vergangenheit. Indem die deutsche Archivwissenschaft die Reflexion der Geschichtlichkeit archivarischer Praxis einstellte, die Brenneke so aussichtsreich begonnen hatte, schränkte sie ihren Gesichtskreis ein. Die Verengungen, die auftraten, wurden von einer Generation getragen, die – jünger als Brenneke – viel tiefer als er in die Verbrechen der NS-Zeit verwickelt war. Papritz selbst, einer der Organisatoren der „Ostforschung", ist dafür das beste Beispiel.[174]

Mit seiner Position lag Papritz in der Nachkriegszeit freilich im Trend. Wie mächtig die damals aufkommenden Tendenzen waren, verrät eine briefliche Äußerung Leeschs. Kurz nach Erscheinen der *Archivkunde* ließ er seinen Gedanken über eine veränderte Fassung des Buches freien Lauf:„Ausser der Ergänzung der Literaturübersicht [...] müsste man vielleicht auch eine etwas aktuelle Note hinein bringen." Neben Archivtheorie und Archivgeschichte, die den Brenneke-Leesch bislang ausmachten, dachte er an einen neu zu schreibenden dritten und vierten Teil, der Fragen der Archivtechnik beziehungsweise des Archivrechts gewidmet sein sollte.[175]

---

173 Aleida Assmann: Der lange Schatten der Vergangenheit. Erinnerungskultur und Geschichtspolitik. München 2006.

174 Zu Papritz' Engagement in der NS-Zeit vgl. Brübach: Johannes Papritz – eine Archivarsbiographie (Anm. 169) sowie die zahlreichen Erwähnungen in der Literatur zur „Ostforschung".

175 Archiv der BBAdW, Nl. Meisner, Brief Leeschs an Meisner vom 30.1.1954. Vgl. auch Wolfgang Leesch: Methodik, Gliederung und Bedeutung der Archivwissenschaft. In: Archivar und Historiker. Studien zur Archiv- und Geschichtswissenschaft. Zum 65. Geburtstag von Heinrich Otto Meisner. Berlin 1956, 13–26.

Leeschs zitierte Worte sind symptomatisch. Die Archivwissenschaft ging in Deutschland einen anderen Weg, als ihn Brenneke eingeschlagen hatte; der Historismus veraltete. In der Festschrift *Archivar und Historiker* für Heinrich Otto Meisner verschmolzen 1956 noch einmal die Themengebiete von Meisners *Aktenkunde* und Brennekes historisch orientierter Theorie der Archive, doch steht dieses Gemeinschaftswerk am Ausgang einer Epoche. Papritz legte zwanzig Jahre später, 1976, seine vierbändige *Archivwissenschaft* vor, die von Brennekes Ansatz stärker profitiert hat, als ihr Autor zuzugeben bereit war. Doch auch sie gehört heute längst der Vergangenheit an und fand gerade in den Punkten, in denen sie Brenneke noch verpflichtet ist, nämlich in der Fortführung der Formenkunde, keine Nachfolge. Und das Projekt einer „Archivtheorie auf archivgeschichtlicher Grundlage", das Brenneke auf so beeindruckende Weise verfolgt hatte, legte bereits Papritz auf Eis.[176]

Leesch dagegen hielt zeitlebens an dem einmal gefassten Gedanken fest, dass seine Ausarbeitung von Brennekes Entwurf fortgeschrieben werden müsste. Das gelang letztlich nicht; im deutschen Archivwesen suchte er vergeblich nach einem Partner.[177] So blieb das Projekt eines überarbeiteten und erneuerten Brenneke-Leesch ein bloßer Wunsch. An Brennekes Ansatz anzuknüpfen, waren die berufenen Vertreter der deutschen Archivwissenschaft niemals interessiert; es ließ sich allerdings auch nicht erwarten, dass bei der Neufassung, die Leesch anstrebte, ein Werk aus einem Guss herausgekommen wäre. Dieses Scheitern schmälert Leeschs Leistung aber nicht: Den archivwissenschaftlichen Entwurf seines Lehrers durch eine sorgfältige Ausarbeitung gegen kleinkarierte Widerstände überhaupt erst sichtbar gemacht zu haben, ist sein bleibendes Verdienst.

---

[176] Vgl. hierzu auch Schenk: „Aufheben, was nicht vergessen werden darf" (Anm. 4), 15–23. Die zitierte Formulierung findet sich in Brenneke: Archivkunde (Anm. 6), 3.

[177] Vgl. die Mappen „Verlagsverhandlungen (Verlag Dokumentation Saur)" und „Neubearbeitung Brenneke-Leesch" im LWL-Archivamt Westf., Nachlass Leesch. Es liegen dort auch Manuskripte für die nicht abgeschlossene Überarbeitung der Ausgabe von 1953 vor (Ordner „Archivkunde"), ferner ein Arbeitsexemplar des Brenneke-Leesch mit zahlreichen Notizen und Zusätzen. Noch 2006 übergab Leesch ein Exemplar der aus seiner Weiterarbeit entstandenen Manuskripte an das Landesarchiv Nordrhein-Westfalen, Abt. Westfalen, in Münster.

Von der Geschichte zur Struktur – Papritz' Archivwissenschaft in ihrem Verhältnis zu Brenneke

Der Bericht über die Rezeption Brennekes in der deutschen Nachkriegszeit bliebe unvollständig, wenn neben Papritz' unmittelbarer Kritik sein konkurrierender Umgang mit dessen Ansatz in einem eigenen System der Archivwissenschaft nicht erörtert würde. Die harschen Worte zum Brenneke-Leesch lassen sich nur aus einer Rivalität mit Wolfgang Leesch und mit Brenneke selbst erklären. Papritz wollte, verbunden mit seiner Lehrtätigkeit im Fach Archivwissenschaft an der Archivschule Marburg, offenkundig ein Wortführer innerhalb des Archivwesens im Westen Deutschlands sein. 1959 wurde eine Vorlesungsnachschrift vervielfältigt, die er durch ein Vorwort im Wesentlichen autorisierte (Abb. 16). Seine Ambitionen wurden später durch die voluminöse *Archivwissenschaft* untermauert, welche die zwischen 1949 und 1969 in Marburg gehaltenen Vorlesungen wiedergibt.[178] Die in der Schule hergestellte Vervielfältigung des Manuskripts umfasst 1.520 Seiten in sieben Bänden.[179]

In den 1950er-Jahren konnte man Brennekes Ansatz nicht übergehen; dazu war er zu gewichtig und noch viel zu gegenwärtig. Papritz tut dies auch nicht, ja er führt die Ideen seines Vorgängers in gewisser Hinsicht sogar fort, sodass seine Transformation von Brennekes Lehre eine Würdigung durchaus verdient. Obwohl sich Papritz von Brenneke absetzen wollte, steht er doch noch in dessen Bann.

So entwickelte Papritz eine eigenständige Wissenschaft von den Formen des Archivs, die den Schwerpunkt von der Idee der Entwicklung auf Strukturen im weitesten Sinne[180] verlegt. Dass mit dieser Modifikation die normativen Grundlagen der Archivarbeit in den Hintergrund treten und vorwiegend instrumentelle Gesichtspunkte berücksichtigt werden, ist freilich die Kehrseite der Medaille. *Rationalisierung* und *Normung* – diese Leitvorstellungen, die Papritz einbringt – sind Mittel zum Zweck; doch die Zwe-

---

178 Johannes Papritz: Organisationsformen des Schriftgutes in Kanzlei, Registratur und Archiv. Mitschrift der Vorlesung vor dem 4. wissenschaftlichen Lehrgang der Archivschule Marburg, 1957–1959. Vervielf. masch.-schr. Ms. (Privatbesitz); Papritz: Archivwissenschaft (Anm. 121).

179 Ebd. Bd. 1, III (Vorwort zur 1. Aufl.).

180 Es sei angemerkt, dass der Begriff der Struktur bei Papritz nicht so verstanden wird, wie ihn Brenneke terminologisch gefasst hat.

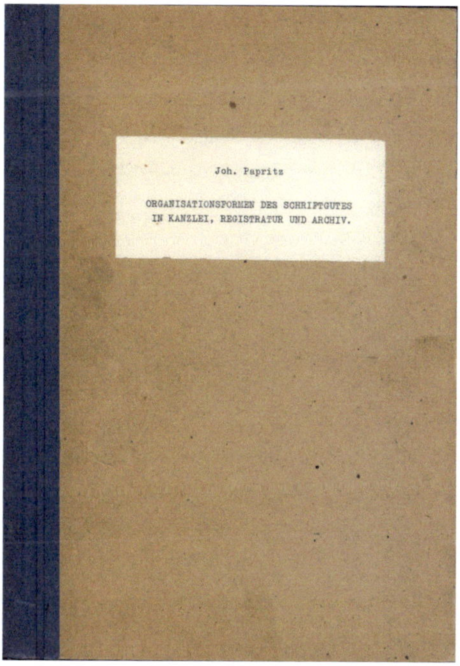

Abbildung 16: Johannes Papritz: Die Organisationsformen des Schriftguts in Kanzlei, Registratur und Archiv. Mitschrift einer Vorlesung an der Archivschule Marburg, 1957–1959.

cke des Archivierens und der Nutzen der Archive geraten aus dem Blickfeld, wenn nur die Optimierung des Wegs zu vorgegebenen Zielen, nicht diese selbst diskutiert werden.

Papritz räumt ein, dass er sich von Brennekes Vorgehensweise inspirieren ließ. Diese besteht in seinen Worten darin, „theoretisierend und systematisierend Typen [zu] gewinnen".[181] Doch nimmt Papritz erklärtermaßen Modifikationen vor:[182] Den Grundgedanken des archivischen Zusammenhangs entfaltet er, indem er über Brenneke, den Archivhistoriker, auf dem Weg der Systematisierung hinausgeht und andererseits weite Teile der Archivgeschichte ausblendet. Brenneke hatte Archivgestaltungen beschrie-

181 Papritz: Archivwissenschaft (Anm. 121). Bd. 1, 21.

182 Vgl. insbesondere ebd. Bd. 1, 14.

ben, die er in der jahrhundertealten Vergangenheit der Archive, beginnend mit der Spätantike und der Übergangszeit zum Mittelalter, auffand; Papritz dagegen, dem ein ähnlich souveränes historisches Wissen nicht zu Gebote stand, schaute auf die Eigengesetzlichkeit des Schriftgebrauchs – sozusagen auf deren Automatismen – sowie auf die Organisation des Schriftguts in Kanzlei und Registratur. Modern gesprochen, rückt er den Aspekt der Medialität in den Vordergrund.

Papritz untersuchte Formen der Schriftlichkeit in Verwaltung und Geschäftsleben. Manche einfachen Sachverhalte, auf die er stößt, sind auf den ersten Blick banal, doch fügt er sie in ein durchaus bestechendes System ein, das bis in Einzelheiten hinein aufzuzeigen erlaubt, wie Archivgut gegliedert ist. Daneben befasst sich Papritz, wenn auch weniger ausgedehnt, mit den Motiven für die Entstehung schriftlicher Aufzeichnungen und für deren Aufbewahrung, bevor sie in ein Archiv gelangen.[183] Was die Zusammenfügung einzelner schriftlicher Dokumente zu größeren Einheiten angeht, so bemüht er sich, Elemente, das heißt logisch nicht weiter teilbare Einheiten, ausfindig zu machen. Sobald er sie identifiziert hat, untersucht er akribisch, wie die „Komposition" der Elemente vonstatten geht und welchen Gesetzmäßigkeiten diese folgt.

Papritz' Aufmerksamkeit für die Feinstruktur des archivischen Zusammenhangs bringt es mit sich, dass sich sein Ansatz in einem wichtigen Punkt mit Meisners *Aktenkunde* berührt. Papritz referiert die Fachdiskussion um die „Trias" Urkunden, Amtsbücher und Akten.[184] Meisner betrachtet Urkunden und Akten als Begriffspaar und stellt diese beiden archivalischen Gattungen einander gegenüber: Während mit der Urkunde ein Rechtsgeschäft abgeschlossen oder der Abschluss bewiesen wird, enthalten Akten die Verhandlungen, die dorthin führen.[185] Demgegenüber hebt Papritz auf eine Inkongruenz ab: Mit der Urkunde korrespondiert, ganz formal betrachtet, eigentlich das Akten*schriftstück*, nicht die ganze Akte.

---

[183] Papritz: Archivwissenschaft (Anm. 121). Bd. 1, 125–147.

[184] Vgl. ebd. Bd. 1, 159–162.

[185] Vgl. Meisner: Aktenkunde (Anm. 26), 4–13, bes. 7; ders.: Das Begriffspaar Urkunden und Akten. In: Forschungen aus mitteldeutschen Archiven. Festschrift für Hellmut Kretzschmar. Berlin 1953, 34–47.

Jede Urkunde stelle beim Empfänger zunächst einmal ein Einzelstück dar. Es handelt sich um eine analytisch nicht weiter teilbare Einheit – eine kleinste logische Entität. Die Akte ist demgegenüber, schon rein physisch betrachtet, etwas Zusammengefügtes, das gedanklich in seine Einzelteile wieder zerlegt werden kann, nämlich in einzelne Schriftstücke. Die eingehenden Schreiben, Konzepte und Vermerke wurden ja erst im Zuge der Formierung als Akte miteinander verbunden, zum Beispiel mittels Fadenheftung oder durch die gelochte Ablage in einem Stehordner.

Doch bindet Papritz die elementaren Formen des Schriftguts, die im Aufbau einer Registratur beziehungsweise eines Archivs identifiziert werden können, nicht zwingend an die physische Gegebenheit des einzelnen Schriftstücks. Dem Schriftstück, das in eine Akte gelangt, entspricht nämlich der Eintrag im Amtsbuch. Dieser füllt nicht unbedingt eine separate Seite innerhalb des Bandes aus; er ist – in Papritz' Worten – „technisch unselbständig".[186] Trotzdem steht der Eintrag, typologisch gesehen, auf gleicher Ebene wie das Aktenschriftstück und die Urkunde.

Akten und Amtsbücher sind Zusammenfassungen von Schriftstücken beziehungsweise von Einträgen. Als Gebilde der „ersten Kompositionsstufe" werden sie auf der zweiten Stufe zu Registraturen unterschiedlichen Typs zusammengefügt.[187] Papritz entwickelte auf der Grundlage dieses gedanklichen Gerüsts eine komplexe Theorie der „Organisationsformen des Schriftguts in Kanzlei und Registratur". Im Gegensatz zu Brenneke gehört er einer Alterskohorte von Archivaren an, denen in ihrem Berufsleben die Aufgabe zufiel, umfangreiche Bestände, insbesondere Massenakten, aus modernen Verwaltungen in die Archive zu übernehmen, während die Arbeit an älteren Archivalien bereits zurücktrat; Papritz' archivwissenschaftliche Anstrengungen beziehen sich auf diese Situation. In erster Linie betrachtet er nicht mehr die über Jahrhunderte hinweg entstandenen Gestaltungen der Archive, sondern die vorarchivische Organisation des Schriftguts, wie sie nicht zuletzt in seiner Gegenwart anzutreffen war.

Es ist nur konsequent, dass Papritz die Grenzen des Provenienzprinzips in seiner Funktion als archivischer Ordnungsgrundsatz mit Hilfe eines so-

186 Papritz: Archivwissenschaft (Anm. 121). Bd. 1, 166.

187 Ebd. Bd. 1, ab 248, und Bd. 2.

genannten „Strukturprinzips“ festlegen will.[188] Dieses verlangt, nicht nur die jeweilige behördliche Herkunft eines Bestands, sondern auch die vorgefundene innere Ordnung zu beachten. Papritz sorgt sich jedoch nicht so sehr deshalb um ihren Erhalt, weil sie – wie Brenneke hervorhob – historisch gewachsen ist und deshalb Schutz verdient. Der Grund besteht für ihn eher darin, dass man in der archivarischen Arbeit bei Wahrung einer bereits bestehenden Ordnung schneller zu einem akzeptablen Ergebnis, nämlich zu einem halbwegs übersichtlichen Findbuch, gelangt, als wenn man sich zu komplizierten Maßnahmen des Umordnens entschließen würde.

Papritz zeigt minutiös auf, dass strukturelle Gegebenheiten innerhalb des Schriftguts den Handlungsspielraum beim Ordnen vorherbestimmen und einschränken; es gibt Strukturen, die einen *Character indelebilis*, eine unzerstörbare Natur, aufweisen.[189] Das heißt, die vorarchivische Ordnung kann zwar verwirrt und deshalb undurchschaubar geworden sein; eine Neuordnung von Akten – eine Maßnahme auf der zweiten „Kompositionsstufe“ – muss die Ordnung, die auf der ersten gefunden wurde, jedoch berücksichtigen. Die Verteilung der Schriftstücke auf unterschiedliche Akten lässt sich im Archiv ohne einen absurd hohen Aufwand nicht mehr ändern. Oder anders ausgedrückt: Was auf der ersten Stufe der „Komposition“ des Schriftguts bereits festgezurrt ist, wirkt sich auf die Möglichkeiten aus, die man auf höherer Ebene für die Optimierung der Ordnung noch besitzt.[190]

Im Vergleich mit Brenneke fällt auf, dass Papritz die Betrachtung des archivischen Zusammenhangs enthistorisiert. Die Gestalten des Archivs, die Brenneke untersucht, sind geschichtlich entstanden. Sie lassen sich an der Idee der Entwicklung messen, und er kontextualisiert die Formen und Inhalte des Archivguts geschichtlich, insbesondere durch ihre Bezüge zu den „Sinngebieten des Lebens“. Papritz dagegen identifiziert nichts anderes als Strukturen. Die Vergangenheit selbst, die sich in ihnen niederschlägt, bleibt ausgeklammert. Die formalen Gegebenheiten, die er im archivalischen Material vorfindet, sind als solche weder gut noch schlecht; allenfalls fügen sie sich mehr oder weniger leicht den logistischen Anforderungen beim Handling der Archivalien.

---

188 Ebd. Bd. 3, 72 und 178. Vgl. vor allem auch ebd. 72–75 und 178–185.

189 Ebd. Bd. 3, 72.

190 Ebd. Bd. 3, 73.

Papritz' Perspektive ermöglicht es, verblüffende strukturelle Ähnlichkeiten über Epochengrenzen hinweg zu erkennen. So entdeckte er in den Tontafel-Archiven Mesopotamiens vielfältige Parallelen zu alteuropäischen Archivbildungen, wie sie ihm vertraut waren. Hier spürt man, dass es ihm Freude bereitet, die eigene archivarische Terminologie auf Verhältnisse in einem gänzlich anderen geschichtlichen Kontext anzuwenden und als tragfähig zu erweisen. Erhellend ist der lakonische Kommentar zur Überraschung der Archäologen angesichts der Eigenart von Tontafel-Funden in Mari (Tell Hariri) am mittleren Euphrat aus der Zeit vor 1695 v. Chr.: „Für Archivare, die ähnliche Verhältnisse vom Mittelalter her kennen, ist das vielleicht nicht so erstaunlich."

Die Bezugnahme auf das europäische Mittelalter hindert Papritz übrigens nicht daran, im selben Atemzug auch eine strukturelle Ähnlichkeit zur Hofkammerverwaltung und zu Hofkanzleien des 16. Jahrhunderts zu diagnostizieren. Solche abenteuerlichen Zeitsprünge ermöglicht das Denken in Strukturen, das von geschichtlichen Sachverhalten in ihrer zeitlich-räumlichen Gebundenheit absieht.[191]

Ein zweites Beispiel: Der Verfasser dieses Beitrags nahm innerhalb des Wissenschaftlichen Lehrgangs 1989/90 an der Archivschule Marburg im Fach Archivwissenschaft am Unterricht von Fritz Wolff teil, der sich in seiner Auffassung archivwissenschaftlicher Fragestellungen deutlich an Papritz orientierte. Es war beeindruckend, anschaulich demonstriert zu bekommen, dass zwischen Akten, die soeben vom AStA der Universität Marburg übernommen worden waren, und frühesten Formierungen von Einzelschriftstücken zu *acta* im 15. Jahrhundert eine strukturelle Verwandtschaft besteht.[192]

Die strukturale Auffassung, die Papritz vertritt, verträgt sich übrigens gut mit deterministischen Annahmen: Die Arbeitsweise in Kanzleien und Registraturen scheint von Sachzwängen durchdrungen zu sein, die auf Bedingungen des Mediums zurückgeführt werden können. Angesichts des-

---

191 Johannes Papritz: Archive in Altmesopotamien. Theorie und Tatsachen. In: Archivalische Zeitschrift 55 (1959), 11–50, 32 und 27.

192 Die Gemeinsamkeit bestand im Phänomen der „Knötchenbildung" (Fritz Wolff): Schriftstücke aus einer ursprünglich rein chronologischen Ablage, die man noch einmal gebraucht hatte, wurden nicht wieder eingeordnet, das heißt an ihre alte Stelle zurückgelegt, sondern verblieben am Platz der Zweitnutzung, sodass das chronologische Ordnungsprinzip durchbrochen war.

sen gibt es, so wird unterstellt, für den Registrator kaum Freiheiten; vieles liegt dieser Auffassung zufolge schlicht und einfach in der Natur der Sache. Die Verhältnisse in Kanzlei, Registratur und Archiv sind, in den Worten heutiger Politiker und Manager, vermeintlich alternativlos, oder, in der Sprache der Kulturwissenschaft, medial bedingt.[193] In Wirklichkeit sind es aber Menschen, welche die Medien nutzen und ihre kulturellen und sozialen Prägungen, aber auch ihre Fantasie und ihren Eigensinn auf unterschiedliche Weise einbringen.

Während Brenneke die Handhabung des Provenienzprinzips an die normativen Implikationen des historischen Denkens bindet, zählt für Papritz der „[r]ationelle Kräfteeinsatz".[194] Das heißt: Brenneke will einer „historischen Vernunft" (Jörn Rüsen)[195] in der archivarischen Praxis Raum geben; die Rationalität, die Papritz in Anschlag bringt, ist dagegen bloß instrumentell. Mit Blick auf das Provenienzprinzip stellt er zum Beispiel fest:

> Eine der wichtigsten Grundregeln archivischer Arbeit ist die Respektierung des vorgefundenen alten Zustandes. Immer wieder muß man schwere Verstöße gegen diese Grundregel beobachten, die jedesmal dazu führen, daß die Arbeit erschwert und unnötige Mehrarbeit verursacht wird. Dem Steuerzahler, der für die Fehler büßen muß, erwachsen unnötige Kosten."[196]

Kosteneinsparungen sind zweifellos ein gewichtiges Argument, doch darf der Gesichtspunkt der Optimierung des Ressourceneinsatzes im Rahmen archivwissenschaftlicher Begründungen natürlich nicht verabsolutiert werden. Denn die Frage nach dem Zweck des Ganzen würde dann zwangsläufig ausgeklammert: Am kostengünstigsten wäre es doch, so wenig wie möglich zu archivieren, das heißt das meiste wegzuwerfen. Der Kämmerin oder dem Kämmerer einer Stadt, der Bürgermeisterin oder dem Bürger-

---

193 Hier konnte, vermittelt durch Angelika Menne-Haritz, Cornelia Vismann anknüpfen. Vgl. Vismann: Akten. Medientechnik und Recht. 2. Aufl. Frankfurt/Main 2001, bes. 23.

194 Papritz: Archivwissenschaft (Anm. 121). Bd. 3, 93.

195 Jörn Rüsen: Historische Vernunft. Grundzüge einer Historik 1: Die Grundlagen der Geschichtswissenschaft. Göttingen 1983.

196 Papritz: Archivwissenschaft (Anm. 121). Bd. 3, 82.

meister, dem Stadtrat und vor allem den Bürgerinnen und Bürgern müssen die Archivarinnen und Archivare aber erklären, dass eine Radikalkur im Zeichen der Sparsamkeit nicht richtig sein kann; es muss begründet werden, warum es sinnvoll ist, die unerlässlichen personellen und sächlichen Mittel für das Stadtarchiv bereitzustellen. Im Rahmen der Archivwissenschaft kann nicht als selbstverständlich vorausgesetzt werden, warum die Anstrengungen des Archivierens nützlich sind und welche Schwerpunkte sie haben sollen; erst wenn Zwecke definiert und begründet werden und als solche Anerkennung finden, lässt sich darüber streiten, auf welchem Weg man sie am besten erreicht und welche Instrumente dabei eingesetzt werden sollten.

Papritz definiert seinen ganzen Ansatz ausdrücklich als unhistorisch. In einer breit angelegten Erörterung dessen, was unter Archivwissenschaft eigentlich zu verstehen ist, betont er, dass die Gegenstände des Faches, mit Ausnahme der allgemeinen Archivgeschichte im Sinne Brennekes und der speziellen Archivkunde, also der Beschreibung einzelner Archive und ihrer Bestände, „außerhalb des Bereiches der historischen Wissenschaft“ liege.[197] Die Materialien und Medien des Schriftgebrauchs sowie die Organisation des Schriftguts samt ihrer Eigengesetzlichkeit werden als wichtige Themenfelder der Archivwissenschaft benannt. Papritz umreißt hier jene strukturalen Untersuchungen, die er selbst betrieben hat.

Mit der Bemerkung, dass er das Gebiet des Historischen verlässt, hat er natürlich recht; doch handelt es sich dabei nicht um einen Schritt, der im Rahmen der Entfaltung archivwissenschaftlichen Denkens folgerichtig ist, sondern um die Konsequenz einer Perspektive, die eine ganz bestimmte Variante von Archivwissenschaft zeitbedingt und auch aufgrund persönlicher Präferenzen einnahm.

Insgesamt bleibt ein zwiespältiger Eindruck zurück: Papritz' Opus magnum ist äußerlich imposant, ja beinahe monumental. Die langfristige Resonanz, die erreichbar gewesen wäre, nimmt es sich allerdings durch eine Vielzahl langatmiger und umständlicher Passagen. Was in einer Vorlesung an Materialausbreitung angehen mag, kann in einem Buch zu weitschweifig sein. Ausführungen über „archivfähige Büroklammern“, über die Benutzung von Sternzeichen in Signaturen oder über die „Technik der Vereinigung“ von

[197] Ebd. Bd. 1, 32.

Schriftstücken von der „Aufschnürung“ bis zur „Aufspießung“[198] nimmt ein unbefangener Beobachter als Kuriositäten wahr. Irritierend ist die pedantische Manier: Papritz hebt auf „Arbeitsökonomie und Rationalisierung der Ordnungs- und Verzeichnungsarbeit“ ab. Er bekennt sich zur Optimierung von Abläufen und des Einsatzes von Ressourcen, ohne zu bemerken, wie banal seine Ausführungen in manchen Einzelheiten sind. Eine besonders belanglose Überschrift lautet: „Weite Wege vermeiden; Sortierregal“.[199]

Ihm blieben nach der Beendigung seiner Lehrtätigkeit viele Jahre Zeit, die er hätte nutzen können, um seine archivwissenschaftliche Konzeption in eine nachhaltige und ansprechende Form zu gießen, in der sie für die Zukunft zugänglich geblieben wäre; diese Chance hat er willentlich verstreichen lassen. Fritz Wolff berichtet in einem aufschlussreichen biografischen Porträt, dass sich Papritz nach Beendigung des Archivdienstes mit „ganz anderen Gebieten“ als der Archivwissenschaft, nämlich „der Altertumskunde, der Kosmologie und der Länderkunde“, beschäftigte.[200] Die Sache, die zwanzig Jahre seines Berufslebens einnahm, war nicht wichtig genug, um ihn zu veranlassen, die Mühe einer konzisen Ausarbeitung auf sich zu nehmen.

Und was seine Stellung in der Geschichte der deutschen Archivwissenschaft angeht, lässt sich festhalten: Papritz' Beitrag zur „archivalischen Strukturlehre“ (Robert Kretzschmar)[201] ist in mancher Hinsicht wertvoll; der Vergleich mit Brenneke zeigt jedoch, dass er grundlegende Probleme der Archivwissenschaft aus dem Blick verliert. Und diese Reduktion wirkt sich auf das Verhältnis zu den Nachbarfächern aus: Eine lebendige Verbindung zu den historisch orientierten Wissenschaften wollte und konnte er – anders als sein Vorgänger – nicht herstellen; dieser wichtige Strang von Brennekes Erbe brach bereits mit Papritz ab.

---

198 Ebd. Bd. 3, 134 und 210, sowie Bd. 2, 1 und 7 (mit Illustrationen).

199 Ebd. Bd. 3, 96f.

200 Vgl. Wolff: Archivwissenschaft und Archivpraxis bei Johannes Papritz (Anm. 160), 11.

201 Robert Kretzschmar: Quo vadis – Archivwissenschaft? Anmerkungen zu einer stagnierenden Diskussion. In: Archivalische Zeitschrift 2013, 9–32, 18 passim.

Was uns Brenneke heute zu sagen hat

Die Archivschule Marburg folgt bis heute der von Papritz vorgegebenen Linie. Es fand auch kein Wandel statt, als sich Angelika Menne-Haritz, Direktorin in den 1990er-Jahren, auf Brenneke berief. Damals führte sie das „freie Provenienzprinzip" in die von ihr angestoßene Bewertungsdiskussion ein und brachte es gegen jegliche Art von inhaltsorientierter Bewertung in Stellung. Ihre Deutung nimmt Brenneke, der sich auf Fragen archivischer Ordnung konzentriert hatte, für eigene Positionen in Anspruch; die archivgeschichtlichen Linien, die sie zieht, sind gewagt.[202]

Doch nicht überall verlief die Brenneke-Rezeption so unglücklich wie hier. Zwar konnte sich die *Archivkunde* auch in der DDR aufgrund des als bürgerlich-formalistisch angesehenen Standpunkts, den sie einnimmt,[203] auf die Dauer nicht behaupten. Der archivwissenschaftlichen Lehre am Institut für Österreichische Geschichtsforschung in Wien dagegen lag sie zeitweilig zugrunde, und das umfangreiche Werk wurde – um nur ein weiteres Detail der internationalen Rezeption anzuführen – 1968 ins Italienische übersetzt.[204] Außerdem stellt sich die von Menne-Haritz zu Recht aufgeworfene, interessante Frage, inwieweit preußisch-deutsche Auffassungen, darunter diejenige Brennekes, durch den Exilanten Ernst Posner in die USA getragen wurden, wobei insbesondere die Archivwissenschaft Theodore R. Schellenbergs in den Blick rückt.[205]

---

[202] Vgl. Menne-Haritz: Appraisal or Documentation. Can We Appraise Archives by Selecting Content?. In: The American Archivist, Vol. 57, No. 3 (Summer 1994), 528–542. – In mancher Hinsicht erhellend ist ein Aufsatz, in dem sie zwei Jahrzehnte später, lange nach Beendigung ihrer Tätigkeit an der Archivschule, auf das Thema zurückgekommen ist. Nach wie vor übersieht sie allerdings den ideen- und wissenschaftsgeschichtlichen Kontext, in dem Brennekes Denken wurzelt. Vgl. Menne-Haritz: Provenienz und Emergenz. Moderne Konzepte in der Archivwissenschaft Adolf Brennekes. In: Historiker und Archivar im Dienste Preußens. Festschrift für Jürgen Kloosterhuis. Hrsg. v. Hans-Christof Kraus und Frank-Lothar Kroll. Berlin 2015, 625–643.

[203] Gerhart Enders kritisierte an Brennekes „archivische[r] Formengeschichte", dass sie „im spätbürgerlichen Stil" gehalten sei. Vgl. Enders: Probleme der Archivgeschichte und Archivgeschichtsschreibung. Hrsg. aus dem Nachlass. In: Archivmitteilungen 37 (1987), 63–67. 66.

[204] Brenneke, Archivistica (Anm. 34). Der Übersetzer ist Renato Perrella.

[205] Vgl. insbesondere Menne-Haritz: Provenienz und Emergenz (Anm. 202). Theodore R. Schellenberg veröffentlichte sein grundlegendes Werk erstmals 1956. Schellenberg: Modern Archives. Principles and Techniques. Neuausg. Chicago 2003.

Doch wie steht es – ganz unabhängig von den verschiedenen Strängen der Rezeption – um die heutige Relevanz von Brennekes Denken? Was hat er uns noch zu sagen? Als Resümee des Vorigen lässt sich antworten, dass vor allem zweierlei nach wie vor Beachtung verdient:

- die Formenkunde, also die methodische Untersuchung von Gestalten des Archivs, und
- die transdisziplinäre Offenheit zur historisch orientierten Geisteswissenschaft hin.

Brennekes methodischer Ansatz, Archivgestaltungen vergleichend und typologisch zu thematisieren, ist nicht überholt. Der durch ihn geschulte Blick ist auch für die heutige archivarische Praxis hilfreich, ja unerlässlich; eine erneuerte Formenkunde, die nicht nur Einzelschriftstücke, Vorgänge und Akten, sondern Bestände thematisiert, müsste auch im 21. Jahrhundert ein zentraler Gegenstand der Archivwissenschaft sein.

Die weitläufigen Ausführungen zur Archivgeschichte, die im Mittelpunkt von Brennekes archivwissenschaftlicher Arbeit stehen, nehmen zwar unausgesprochen auf eine archivarische Aufgabe Bezug, die inzwischen ihre frühere Bedeutung eingebüßt hat: auf Ordnung und Verzeichnung archivalischer Bestände vom Mittelalter bis zum Ende des Alten Reiches, allenfalls bis ins 19. Jahrhundert. Diese Archivalien sind inzwischen recht gut erschlossen; die Schwerpunkte archivarischer Tätigkeit haben sich deshalb verlagert – was nicht heißt, dass die Hüter des Archivs über die alten, besonders wertvollen Teile des Archivguts nicht mehr Bescheid zu wissen brauchen. Die Lektüre von Brennekes Schriften ist allein deshalb empfehlenswert, weil sie kenntnisreich in die komplexen Formen älterer archivischer Bestände einführen.

Die Reichweite von Brennekes Ansatz ist jedoch nicht auf bestimmte epochenspezifische Formationen beschränkt. Ein jedes Archiv, übrigens auch digitaler Art, lässt sich als ein im Laufe der Zeit entstandenes Ganzes begreifen und untersuchen. Für die archivarische Praxis des Ordnens und Verzeichnens ist es nach wie vor gewinnbringend, die jeweiligen Formen des Archivs zu untersuchen, und auf dem Gebiet der Bewertung stellen provenienzbezogene Analysen zumindest eine Voraussetzung der Entscheidungsfindung dar. Brennekes Methode kann auf sehr alte wie ganz junge Bestände gleichermaßen angewandt werden: Archivgut stellt nun einmal eine im Laufe der Zeit entstandene Zusammenfügung zahlreicher einzelner Materialien oder Informationen dar; das Handeln der Archivarinnen und Archivare muss von der Betrachtung solcher Gebilde seinen Ausgang nehmen.

Was uns Brennekes archivwissenschaftlicher Entwurf in seiner Gesamtheit heute zu sagen hat, hängt darüber hinaus aber auch davon ab, ob die Prämissen seines Denkens noch tragfähig sind. Wie dargelegt, fußt dieses auf einer historistischen Geschichtsauffassung, die mehr als nur ein Paradigma der Geschichts- und Archivwissenschaft war – es handelte sich um eine geistige Haltung, wenn nicht eine Weltanschauung. In einer letztlich harmonischen Sicht auf die Vergangenheit waren historisches Studium und Geschichtsvertrauen aufeinander bezogen.

Der Glaube an geschichtliche Kontinuität und ihren Wert, der einst lebendig war, wurde bereits infolge der Schrecken des Ersten Weltkriegs geschwächt; der Historismus geriet in eine Krise. Nach dem „Dritten Reich", dem zweiten großen Krieg und dem Holocaust mussten skeptische und desillusionierte Einschätzungen weiter an Boden gewinnen. Die Geschichtswissenschaft definierte sich schon in den frühen 1970er Jahren „jenseits des Historismus" (Wolfgang J. Mommsen)[206] – wobei bis heute umstritten ist, inwieweit bestimmte Aspekte des Historismus nach wie vor aktuell sind.[207]

Eine Aussicht, heute an die Grundlagen von Brennekes Archivtheorie unmittelbar anknüpfen zu können, besteht angesichts dieser Voraussetzungen nicht. Aus der geschichtlichen Distanz beeindruckt freilich nach wie vor seine Fähigkeit zum Dialog mit Geschichts- und Geisteswissenschaft, die innerhalb der deutschen Archivwissenschaft nach ihm verloren ging.

Durch Brennekes Œuvre rückt, wenn auch im Zeitkolorit einer vergangenen Epoche, das Themengebiet einer Theorie und Geschichte der Archive in den Blick, in dessen Rahmen die Zwecke der Archivarbeit ebenso wie die Formen des Archivs und die Normen der Archivierung untersucht werden können. Eine Rehabilitierung dieses verblassten Kerns der Archivwissenschaft ist wünschenswert, ja ein Gebot der Stunde.

---

206 Vgl. Wolfgang J. Mommsen: Die Geschichtswissenschaft jenseits des Historismus. Düsseldorf 1971.

207 Siehe aus der späteren Diskussion zum Beispiel den interessanten Sammelband Historismus am Ende des 20. Jahrhunderts. Eine internationale Diskussion. Hrsg. v. Gunter Scholz. Berlin 1997.

Quellen- und Literaturverzeichnis

I. Archivalische Quellen

Niedersächsisches Landesarchiv, Standort Hannover (NLA HA)

Nachlass Adolf Brenneke (Hann. 91, Nachlass A. Brenneke)

Historische Kommission für Niedersachsen und Bremen: Die Geschichte des Hannoverschen Klosterfonds (Dep. 85, Nr. 1440)

LWL-Archivamt für Westfalen, Münster

Nachlass Wolfgang Leesch (Bestand 920)

Berlin-Brandenburgische Akademie der Wissenschaften, Archiv

Nachlass Heinrich Otto Meisner

Geheimes Staatsarchiv Preußischer Kulturbesitz, Berlin

Generaldirektion der Preußischen Staatsarchive: Personalakten Adolf Brenneke (I. HA, Rep. 178 B, Nr. 2943 und 2944)

Nachlass Albert Brackmann: Briefwechsel mit Adolf Brenneke (VI. HA Albert Brackmann, Nr. 4, Bl. 115–119)

Archivschule Marburg, Bibliothek

Joseph König: Direktor Dr. Brenneke, Geschichte des Archivwesens. Vorlesungsnachschrift (vervielf., masch.-schr. Ms., Sign.: II A 141)

Universitätsbibliothek Leipzig

Nachlass Erich Brandenburg: Briefe der Redaktion des Sachwörterbuchs für die deutsche Geschichte (Nl. 237/4/2/1-2/ 154, 155 und 157)

II. Gedruckte Quellen und Literatur

Assmann, Aleida: Der lange Schatten der Vergangenheit. Erinnerungskultur und Geschichtspolitik. München 2006.

Bailleu, Paul: Königin Luise. Ein Lebensbild. Berlin 1908.

Barricelli, Michele: Zugriff verweigert? Die Konjunkturen von Kritik, Gemeinschaft und Weltanschauung bei Ernst Wilmanns. In: Wolfgang Hasberg/Manfred Seidenfuß (Hrsg.): Geschichtsdidaktik(er) im Griff des Nationalsozialismus? Münster 2005, 187–208.

Becker, Hans-Jürgen: Diplomatik und Rechtsgeschichte. Conrings Tätigkeit in den Bella Diplomatica um das Recht der Königskrönung, um die Reichsfreiheit der Stadt Köln und um die Jurisdiktion über die Stadt Lindau. In: Michael Stolleis (Hrsg.): Hermann Conring (1606–1681). Beiträge zu Leben und Werk. Berlin 1983, 335–353.

Behringer, Wolfgang: Bauern-Franz und Rassen-Günther. Die politische Geschichte des Agrarhistorikers Günther Franz. In: Winfried Schulze/Otto Gerhard Oexle (Hrsg.): Deutsche Historiker im Nationalsozialismus. Frankfurt/Main 1999, 114–141.

Beiser, Frederick C.: The German Historicist Tradition. Oxford 2011.

Berghahn, Volker R.: Ludwig Dehio. In: Hans-Ulrich Wehler (Hrsg.): Deutsche Historiker. Bd. 4. Göttingen 1972, 97–116.

Berwinkel, Holger: Forschungsgeschichte der Aktenkunde II: Heinrich Otto Meisner. In: Aktenkunde. Aktenlesen als Historische Hilfswissenschaft. aktenkunde.hypotheses.org/324.

Bittner, Ludwig (Hrsg.): Gesamtinventar des Wiener Haus-, Hof- und Staatsarchivs, aufgebaut auf der Geschichte des Archivs und seiner Bestände. Wien 1936.

Black-Veldtrup, Mechthild: Wolfgang Leesch (Nachruf). In: Der Archivar 59 (2006), 307.

Bloch, Marc: Ein Temperament: Georg von Below (1931). In: ders.: Aus der Werkstatt des Historikers. Zur Theorie und Praxis der Geschichtswissenschaft. Hrsg. von Peter Schöttler, Frankfurt/Main 2000, 300–309 (frz. Orig.: Un tempérament: Georg von Below. In: Annales d'histoire économique et sociale 3 (1931), 553–559).

Blumenberg, Hans: Ernst Cassirers gedenkend (1974). In: ders.: Wirklichkeiten, in denen wir leben. Stuttgart 1981, 163–173.

Bock, Gisela/Daniel Schönpflug (Hrsg.): Friedrich Meinecke in seiner Zeit. Studien zu Leben und Werk. Stuttgart 2006.

Brackmann, Albert: Das Institut für Archivwissenschaft und geschichtswissenschaftliche Fortbildung in Berlin. Vortrag gehalten auf dem XXII. Archivtag zu Linz/Donau am 15.9.1930. In: Archivalische Zeitschrift, 3. Folge, Bd. VII (1931), 1-8.

Brackmann, Albert: Tribur. Abhandlungen der Preußischen Akademie der Wissenschaften, Philologisch-historische Klasse. Berlin 1939, 3–37.

Brackmann, Albert: Adolf Brenneke (Nachruf). In: Niedersächsisches Jahrbuch für Landesgeschichte 20 (1947), 215–218.

Brandt, Ahasver von: Werkzeug des Historikers. Eine Einführung in die historischen Hilfswissenschaften (1957). 8. Aufl. Stuttgart o. J.

Bredekamp, Horst: Theorie des Bildakts. Frankfurter Adorno-Vorlesungen 2007. Frankfurt/Main 2010.

Brenneke, Adolf: Die ordentlichen direkten Staatssteuern Mecklenburgs im Mittelalter. Diss. phil. Marburg 1900. Abgedruckt in: Mecklenburgische Jahrbücher 65 (1900), 1–122.

Brenneke, Adolf: Inventare der nichtstaatlichen Archive des Kreises Tecklenburg. Münster i. W. 1903.

Brenneke, Adolf: Vor- und nachreformatorische Klosterherrschaft und die Geschichte der Kirchenreformation im Fürstentum Calenberg-Göttingen. Halbband 1: Die vorreformatorische Klosterherrschaft und die Reformationsgeschichte bis zum Erlass der Kirchenordnung; Halbband 2: Die Reformationsgeschichte von der Visitation ab und das Klosterregiment Erichs des Jüngeren. Hannover 1928 und 1929.

Brenneke, Adolf: Herzogin Elisabeth von Braunschweig-Lüneburg. Die hannoversche Reformationsfürstin als Persönlichkeit. In: Zeitschrift der Gesellschaft für Niedersächsische Kirchengeschichte 38 (1933), 140–170.

Brenneke, Adolf: Wie sollten nach der Auffassung des Antonius Corvinus, des Reformators der hannoverschen Lande, sich Gemeinde und Kirche bauen. In: Ebd. 40 (1935), 41–82.

Brenneke, Adolf: Archivkunde. Ein Beitrag zur Theorie und Geschichte des europäischen Archivwesens. Bearbeitet nach Vorlesungsnachschriften und Nachlaßpapieren von Wolfgang Leesch. Leipzig 1953.

Brenneke, Adolf: Archivistica. Contributo alla teoria ed alla storia archivistica europea. Mailand 1968 (dt. Übers. v. Renato Perella).

Brenneke, Adolf/Albert Brauch: Die calenbergischen Klöster unter Wolfenbütteler Herrschaft, 1584–1634. Göttingen 1956.

Brenneke, Adolf/Ernst Müller: Inventare der nichtstaatlichen Archive des Kreises Warendorf. Münster 1908.

Brübach, Nils: Johannes Papritz – eine Archivarsbiographie. In: Angelika Menne-Haritz (Hrsg.): Archivische Erschließung. Methodische Ansätze einer Fachkompetenz. Beiträge des Dritten Archivwissenschaftlichen Kolloquiums. Marburg 1999, 25–38.

Brübach, Nils: Johannes Papritz und die Entwicklung der Archivwissenschaft. In: Archivar 51 (1998), Sp. 573–588.

Burckhardt, Jacob: Die Kultur der Renaissance in Italien. Ein Versuch (1862). Stuttgart 1976 (Kröner Taschenausgabe).

Burleigh, Michael: Germany turns eastwards. A Study of Ostforschung in the Third Reich (1988). London 2002.

Casanova, Eugenio: Archivistica. Siena 1928.

de Buhr, Hermann: Ernst Wilmanns. In: Siegfried Quandt (Hrsg.): Deutsche Geschichtsdidaktiker des 19. und 20. Jahrhunderts. Paderborn 1978, 304–326.

Droysen, Johann Gustav: Grundriss der Historik (1868). 4., umgearb. Aufl. Halle 1925.

Droysen, Johann Gustav: Historik. Vorlesungen über Enzyklopädie und Methodologie der Geschichte. Hrsg. im Auftrage der Preußischen Akademie der Wissenschaften von Rudolf Hübner. München–Berlin 1937.

Droysen, Johann Gustav: Historik. Rekonstruktion der ersten vollständigen Fassung der Vorlesungen (1857), Grundriß der Historik in der ersten handschriftlichen (1857/58) und in der letzten gedruckten Fassung (1882). Hrsg. v. Peter Leyh. Stuttgart–Bad Cannstatt 1977.

Enders, Gerhart: Probleme der Archivgeschichte und Archivgeschichtsschreibung. Hrsg. aus dem Nachlass. In: Archivmitteilungen 37 (1987), 63–67.

Faulenbach, Bernd: Ideologie des deutschen Weges. Die deutsche Geschichte in der Historiographie zwischen Kaiserreich und Nationalsozialismus. München 1980.

Fockema Andreae, S[ijbrandus] J[ohannes].: Boekbespreking Adolf Brenneke. Archivkunde. In: Het Nederlands Archievenblad. Orgaan van de Vereniging van Archivarissen in Nederland 50 (1954/55), 32–34.

Goebel, Klaus: Ernst Wilmanns (1882–1960). In: Wilhelm Janssen (Hrsg.): Rheinische Lebensbilder, Bd. 11. Köln 1988, 317–341.

Haar, Ingo: Historiker im Nationalsozialismus. Deutsche Geschichtswissenschaft und der „Volkstumskampf" im Osten. Göttingen 2000.

Hardtwig, Wolfgang/Erhard Schütz (Hrsg.): Geschichte für Leser. Populäre Geschichtsschreibung in Deutschland im 20. Jahrhundert. Stuttgart 2005.

Hasselhorn, Benjamin: Johannes Haller. Eine politische Gelehrtenbiographie. Göttingen 2015.

Hegel, Georg Friedrich Wilhelm: Vorlesungen über die Philosophie der Geschichte (Werke 12). Frankfurt/Main 1980.

Heiber, Helmut: Walter Frank und sein Reichsinstitut für Geschichte des Neuen Deutschlands. Stuttgart 1966.

Henning, Eckart: Wie die Aktenkunde entstand. Zur Disziplingenese einer Historischen Hilfswissenschaft und ihrer weiteren Entwicklung im 20. Jahrhundert. In: ders.: Auxilia historica. Beiträge zu den Historischen Hilfswissenschaften und ihren Wechselbeziehungen. 2., stark erw. Aufl. Köln–Weimar–Wien 2004, 105–127.

Henning, Eckart: Reinhard Lüdicke, der „Listenreiche“, 1878–1947. In: ders.: Archivalien und Archivare Preußens. Ausgewählte Aufsätze. Berlin 2013, 221–233.

Henning, Eckart: Einleitung zu Reinhard Lüdicke: Im Kampf um Berlin. Aufzeichnungen über seinen Volkssturm – Einsatz vom 20. April bis 2. Mai 1945 in Berlin. In: Henning: Archivalien und Archivare Preußens. Ausgewählte Aufsätze. Berlin 2013, 234–241.

Heussi, Karl: Die Krisis des Historismus. Tübingen 1932.

Hoefer, Ludwig Franz/Heinrich August Erhard/Friedrich L. Freiherr von Medem (Hrsg.): Zeitschrift für Archivkunde, Diplomatik und Geschichte. 2 Bde. Hamburg 1834/1836.

Holtzmann, Robert: Geschichte der Sächsischen Kaiserzeit, 900–1024 (1941). 7. Aufl. München 1979.

Iggers, Georg G.: Deutsche Geschichtswissenschaft. Eine Kritik der traditionellen Geschichtsauffassung von Herder bis zur Gegenwart. München 1971 (amerikanisches Orig.: The German Conception of History. The National Tradition of Historical Thought from Herder to the Present. 1968.).

Jaeger, Friedrich/Jörn Rüsen: Geschichte des Historismus. München 1992.

Jarck, Horst-Rüdiger: Brennecke, Johann Friedrich Adolf, Dr. In: ders./Günter Scheel (Hrsg.): Braunschweigisches Biographisches Lexikon – 19. und 20. Jahrhundert. Hannover 1996, 97f.

Jaspers, Karl: Die geistige Situation der Zeit (1931). Nachdr. Berlin–New York 1979.

Just, Thomas: Ludwig Bittner. Ein politischer Archivar. In: Karel Hruza (Hrsg.): Österreichische Historiker, 1900–1945. Lebensläufe und Karrieren in Österreich, Deutschland und der Tschechoslowakei. Wien 2008, 285–305.

Kant, Immanuel: Prolegomena zu einer jeden künftigen Metaphysik, die als Wissenschaft wird auftreten können (1783). In: ders.: Werke in sechs Bänden. Hrsg. v. Wilhelm Weischedel. 7., unveränd. Aufl. Darmstadt 2011, 111-264.

Klages, Ludwig: Die Grundlagen der Charakterkunde (1926). 5. und 6. Aufl. Leipzig 1928.

Klinkenborg, Melle: Fehrbellin. Nach Berichten und Briefen der führenden Männer. Leipzig 1913.

Klinkenborg, Melle: Geschichte des Geheimen Staatsarchivs vom 15. bis zum 18. Jahrhundert. Bearb. von Jürgen Kloosterhuis (Veröffentlichungen aus den Archiven Preußischer Kulturbesitz 13). Berlin 2011.

Kloosterhuis, Jürgen: Von der Repositurenvielfalt zur Archiveinheit. Etappen der Tektonierung des Geheimen Staatsarchivs. In: ders. (Hrsg.): Archivarbeit für Preußen. Symposium aus Anlass der 400. Wiederkehr der Begründung seiner archivischen Tradition. Berlin 2000, 47–70.

Kloosterhuis, Jürgen: Edition, Integration, Legitimation. Politische Implikationen der archivischen Entwicklung Preußens, 1803–1924. In: Hans-Christof Kraus (Hrsg.): Das Thema „Preußen" in Wissenschaft und Wissenschaftspolitik im 19. und 20. Jahrhundert. Berlin 2006, 83–113.

Kocka, Jürgen: Otto Hintze. In: Hans-Ulrich Wehler (Hrsg.): Deutsche Historiker. Bd. III. Göttingen 1972, 41–64.

Koselleck, Reinhart: Über die Theoriebedürftigkeit der Geschichtswissenschaft (1972). In: ders.: Zeitschichten. Studien zur Historik. Frankfurt/Main 2000, 298–316.

Koser, Reinhold: Über den gegenwärtigen Stand der archivalischen Forschung in Preußen (Mittheilungen der Königlich Preußischen Archivverwaltung 1). Leipzig 1900.

Krahnke, Holger: Die Mitglieder der Akademie der Wissenschaften zu Göttingen, 1751–2001. Göttingen 2001.

Kretzschmar, Robert: Quo vadis – Archivwissenschaft? Anmerkungen zu einer stagnierenden Diskussion. In: Archivalische Zeitschrift 2013, 9–32.

Kriese, Sven: Albert Brackmann und Ernst Zipfel. Die Generaldirektoren im Vergleich. In: ders. (Hrsg.): Archivarbeit im und für den Nationalsozialismus. Die preußischen Staatsarchive vor und nach dem Machtwechsel von 1933. Berlin 2015, 17–94.

Leesch, Wolfgang: Adolf Brenneke. In: Der Archivar 6 (1953), 97–106.

Leesch, Wolfgang: Adolf Brenneke. In: Adolf Brenneke: Archivkunde. Ein Beitrag zur Theorie und Geschichte des europäischen Archivwesens. Bearbeitet nach Vorlesungsnachschriften und Nachlaßpapieren von Wolfgang Leesch. Leipzig 1953, IX-XIX.

Leesch, Wolfgang: Methodik, Gliederung und Bedeutung der Archivwissenschaft. In: Archivar und Historiker. Studien zur Archiv- und Geschichtswissenschaft. Zum 65. Geburtstag von Heinrich Otto Meisner. Berlin 1956, 13–26.

Leesch, Wolfgang: Das Institut für Archivwissenschaft und geschichtswissenschaftliche Fortbildung (IfA) in Berlin-Dahlem. In: Gerd Heinrich/Werner Vogel (Hrsg.): Brandenburgische Jahrhunderte. Festgabe für Johannes Schultze zum 90. Geburtstag. Berlin 1971, 219–254.

Lehr, Stefan: Ein fast vergessener Osteinsatz. Deutsche Archivare im Generalgouvernement und im Reichskommissariat Ukraine. Düsseldorf 2007.

Lodolini, Elio: Storia dell'archivistica italiana. Dal mondo antico alla metà dell secolo XX. 7. Aufl. Mailand 2013.

Ludorff, Albert (Bearb.): Die Bau- und Kunstdenkmäler des Kreises Tecklenburg. Mit geschichtlichen Einleitungen von Adolf Brenneke. Münster 1907.

Meinecke, Friedrich: Droysens Historik. In: ders.: Vom geschichtlichen Sinn und vom Sinn der Geschichte. Leipzig 1939.

Meinecke, Friedrich: Erlebtes 1862–1901. Leipzig 1941.

Meinecke, Friedrich: Die Entstehung des Historismus (1936). Hrsg. und eingeleitet von Carl Hinrichs (Werke III). München 1959.

Meisner, Heinrich Otto: Oswald Spengler: Preußentum und Sozialismus (Rezension). In: Preußische Jahrbücher 179 (1920), 146–148.

Meisner, Heinrich Otto: Archivarische Berufssprache. In: Archivalische Zeitschrift 39 (1930), 260–273.

Meisner, Heinrich Otto: Aktenkunde. Ein Handbuch für Archivbenutzer mit besonderer Berücksichtigung Brandenburg-Preußens. Berlin 1935.

Meisner, Heinrich Otto: Otto Hintzes Lebenswerk. In: Historische Zeitschrift 164 (1941), 66–90.

Meisner, Heinrich Otto: Urkunden- und Aktenlehre der Neuzeit. Leipzig 1950.

Meisner, Heinrich Otto: Das Begriffspaar Urkunden und Akten. In: Forschungen aus mitteldeutschen Archiven. Festschrift für Hellmut Kretzschmar. Berlin 1953, 34–47.

Meisner, Heinrich Otto: Über einige Fragen der deutschen Archivberufssprache. In: Der Archivar, 8. Jg., H. 4 (Dez. 1955), Sp. 347–362.

Menne-Haritz, Angelika: Appraisal or Documentation. Can We Appraise Archives by Selecting Content?. In: The American Archivist, Vol. 57, No. 3 (Summer 1994), 528–542.

Menne-Haritz, Angelika: Ernst Posner – Professionalität und Emigration. In: Sven Kriese (Hrsg.): Archivarbeit im und für den Nationalsozialismus. Die preußischen Staatsarchive vor und nach dem Machtwechsel von 1933. Berlin 2015, 111–141.

Menne-Haritz, Angelika: Provenienz und Emergenz. Moderne Konzepte in der Archivwissenschaft Adolf Brennekes. In: Historiker und Archivar im Dienste Preußens. Festschrift für Jürgen Kloosterhuis. Hrsg. v. Hans-Christof Kraus und Frank-Lothar Kroll. Berlin 2015, 625–643.

Mommsen, Wolfgang J.: Die Geschichtswissenschaft jenseits des Historismus. Düsseldorf 1971.

Muller, Samuel/Johan Adriaan Feith/Robert Fruin: Handleiding voor het ordenen en beschrijven van archieven. Groningen 1898 (dt. Übers.: Anleitung zum Ordnen und Beschreiben von Archiven. Bearb. von Hans Kaiser. Leipzig 1905.).

Munke, Martin: Publikationsstelle Berlin-Dahlem. In: Online-Lexikon zur Kultur und Geschichte der Deutschen im östlichen Europa, 2013. ome-lexikon.uni-oldenburg.de/53902.html

Munke, Martin: „... die Interessen des deutschen Volkstums zu stützen und zu fördern". Die Publikationsstelle Berlin-Dahlem 1931/33 bis 1943/47. In: Sven Kriese (Hrsg.): Archivarbeit im und für den Nationalsozialismus. Die preußischen Staatsarchive vor und nach dem Machtwechsel von 1933. Berlin 2015, 259–292.

Musial, Torsten: Staatsarchive im Dritten Reich. Zur Geschichte des staatlichen Archivwesens in Deutschland, 1933–1945. Potsdam 1996.

Neugebauer, Wolfgang: Otto Hintze. Denkräume und Sozialwelten eines Historikers in der Globalisierung. Paderborn 2015.

Nietzsche, Friedrich: Unzeitgemässe Betrachtungen. Zweites Stück: Vom Nutzen und Nachtheil der Historie für das Leben. In: ders.: Sämtliche Werke. Kritische Studienausgabe (KSA). Hrsg. von Giorgio Colli und Mazzino Montinari. Bd. 1. München 1988, 243–334.

Nippel, Wilfried: Johann Gustav Droysen. Ein Leben zwischen Wissenschaft und Politik. München 2008.

Oexle, Otto Gerhard (Hrsg.): Krise des Historismus – Krise der Wirklichkeit. Wissenschaft, Kunst und Literatur 1880–1932. Göttingen 2007.

Papritz, Johannes: Grundfragen der Archivwissenschaft. In: Archivalische Zeitschrift 52 (1956), 127–176.

Papritz, Johannes: Adolf Brenneke: Archivkunde (Besprechung). In: Archivalische Zeitschrift 52 (1956), 237–244.

Papritz, Johannes: Archive in Altmesopotamien. Theorie und Tatsachen. In: Archivalische Zeitschrift 55 (1959), 11–50.

Papritz, Johannes: Organisationsformen des Schriftgutes in Kanzlei, Registratur und Archiv. Mitschrift der Vorlesung vor dem 4. wissenschaftlichen Lehrgang der Archivschule Marburg, 1957–1959. Vervielf. masch.-schr. Ms.

Papritz, Johannes: Archivwissenschaft (1976). 2. Aufl. 4 Bde. Marburg 1983.

Posner, Ernst: Archives and Public Interest. Selected Essays. Washington D. C. 1967 (Neuausgabe Chicago 2006).

Posner, Ernst: Archives in the Ancient World. Cambridge, Mass. 1972.

Puppel, Pauline: Die „Heranziehung und Ausbildung des archivalischen Nachwuchses". Die Ausbildung am Institut für Archivwissenschaft und geschichtswissenschaftliche Fortbildung in Berlin-Dahlem (1930–1945). In: Sven Kriese (Hrsg.): Archivarbeit im und für den Nationalsozialismus. Die preußischen Staatsarchive vor und nach dem Machtwechsel von 1933. Berlin 2015, 335–370.

Ranke, Leopold von: Die großen Mächte (1833). Politisches Gespräch. Hrsg. von Ulrich Muhlack. Frankfurt/Main 1995.

Rebenich, Stefan/Hans-Ulrich Wiemer (Hrsg.): Johann Gustav Droysen. Philosophie und Politik – Historie und Philologie. Frankfurt/Main 2012.

Reeken, Dietmar von: „... gebildet zur Pflege der landesgeschichtlichen Forschung". 100 Jahre Historische Kommission für Niedersachsen und Bremen 1910–2010. Hannover 2010.

Reinalter, Helmut: Heinrich Ritter von Srbik. In: Hans-Ulrich Wehler (Hrsg.): Deutsche Historiker. Bd. VIII. Göttingen 1982, 78–95.

Ridener, John: Vom Polders to Postmodernism. A Concise History of Archival Theory. Duluth 2009.

Ringer, Fritz K.: Die Gelehrten. Der Niedergang der deutschen Mandarine. Frankfurt/Main 1987 (amerikanisches Original: The German Mandarins, 1967).

Ritter, Gerhard A. (Bearb.): Friedrich Meinecke. Akademischer Lehrer und emigrierte Schüler. Briefe und Aufzeichnungen 1910–1977. München 2006.

Rössler, Hellmuth/Günther Franz: Sachwörterbuch zur deutschen Geschichte. München 1958.

Rothacker, Erich: Johann Gustav Droysen: Historik (Besprechung). In: Historische Zeitschrift 161 (1939), 84ff.

Rüsen, Jörn: Historische Vernunft. Die Grundlagen der Geschichtswissenschaft (Grundzüge einer Historik 1). Göttingen 1983.

Rüsen, Jörn: Konfigurationen des Historismus. Studien zur deutschen Wissenschaftskultur. Frankfurt/Main 1993.

Schenk, Dietmar: Brennekes „Archivkunde" in ihrer Zeit. In: Archivar 63 (2010), 392–400.

Schenk, Dietmar: „Aufheben, was nicht vergessen werden darf". Archive vom alten Europa bis zur digitalen Welt. Stuttgart 2013.

Schenk, Dietmar: Kleine Theorie des Archivs (2008). 2. Aufl. Stuttgart 2014.

Schenk, Dietmar: Die deutsche Archivwissenschaft im Nationalsozialismus und in der Nachkriegszeit. Anmerkungen zu einer wenig beachteten Problematik. In: Archivar 70 (2017), 396–405.

Schellenberg, Theodore R.: Modern Archives. Principles and Techniques (1956/57). Chicago 2003 (dt. Übers.: Akten- und Archivwesen in der Gegenwart. Theorie und Praxis. München o. J.)

Schleier, Hans: Die bürgerliche Geschichtsschreibung der Weimarer Republik. Berlin(-Ost) 1975.

Schnädelbach, Herbert: Geschichtsphilosophie nach Hegel. Die Probleme des Historismus. Freiburg–München 1974.

Scholz, Gunter: Historismus am Ende des 20. Jahrhunderts. Eine internationale Diskussion. Berlin 1997.

Schulin, Ernst: Friedrich Meinecke. In: Hans-Ulrich Wehler (Hrsg.): Deutsche Historiker. Bd. I. Göttingen 1971, 39–57.

Schwineköper, Berent: Adolf Brenneke: Archivkunde (Besprechung). In: Göttingische Gelehrte Anzeigen 208 (1954), 221–232.

Searle, John R.: Speech Acts. An Essay in the Philosophy of Language. Cambridge 1969 (dt. Übers.: Sprechakte. Ein sprachphilosophischer Essay. Frankfurt/Main 1971).

Spranger, Eduard: Lebensformen. Geisteswissenschaftliche Psychologie und Ethik der Persönlichkeit (1921). 6. Aufl. Halle 1927.

Timm, Albrecht: Robert Holtzmann. In: Neue Deutsche Biographie 9 (1972), 562.

Troeltsch, Ernst: Die Krisis des Historismus. In: Die neue Rundschau XXXIII (1922), 572–590.

Verhaeren, Th. J.: De handleiding en het vrije herkomstbeginsel van Brenneke. In: Het Nederlands Archievenblad. Orgaan van de Vereniging van Archivarissen in Nederland 50 (1954/55), 47–53.

Vismann, Cornelia: Akten. Medientechnik und Recht. 2. Aufl. Frankfurt/Main 2001.

Vogtherr, Thomas: 175 Jahre Historischer Verein für Niedersachsen. In: Hannoversche Geschichtsblätter. N. F. 64 (2010), 5–21.

Weibull, Carl Gustav: Arkivordningsprinciper. Lund 1930 (in deutscher Sprache: Archivordnungsprinzipien. Geschichtlicher Überblick und Neuorientierung. In: Archivalische Zeitschrift 42/43 (1934), 52–72 (mit einer Stellungnahme von Robert Fruin).

Weiser, Johanna: Geschichte der Preußischen Archivverwaltung und ihrer Leiter. Köln–Weimar–Wien 2000.

Werner, Karl Ferdinand: Das NS-Geschichtsbild und die deutsche Geschichtswissenschaft. Stuttgart u. a. 1967.

Winter, Georg: Archivordnungsprinzipien. In: Korrespondenzblatt des Gesamtvereins der deutschen Geschichts- und Altertumsvereine 78 (1930), Sp. 138–147.

Wittkau, Annette: Historismus. Zur Geschichte des Begriffs und des Problems. 2., durchges. Aufl. Göttingen 1994.

Wolff, Fritz: Archivwissenschaft und Archivpraxis bei Johannes Papritz. In: Angelika Menne-Haritz (Hrsg.): Archivische Erschließung. Methodische Ansätze einer Fachkompetenz. Beiträge des Dritten Archivwissenschaftlichen Kolloquiums. Marburg 1999, 11–24.

Anhang

Personenregister

Orts- und Archivregister

Heute nicht mehr deutsche Orte werden unter ihrem alten deutschen Namen aufgeführt, soweit die historische Namensform an den Textstellen, auf die verwiesen wird, gebraucht wird und der deutsche Name noch allgemein bekannt ist. Der heutige Name ist stets in Klammern hinzugefügt.

Abbildungsnachweis

Abbildung 1: Exzerpt Adolf Brennekes aus Droysens *Historik*. (Niedersächsisches Landesarchiv, Standort Hannover, Hann. 91 Nachlass Adolf Brenneke, Nr. 2/6, Bl. 1359r).

Abbildung 2: Adolf Brenneke: Artikel „Archiv". Transkription von Wolfgang Leesch. (Niedersächsisches Landesarchiv, Standort Hannover, Hann. 91 Nachlass Adolf Brenneke, Nr. 2/6, Bl. 1209r).

Abbildung 3: Adolf Brenneke: Artikel „Archivarische Terminologie". Manuskript, Auszug. (Niedersächsisches Landesarchiv, Standort Hannover, Hann. 91 Nachlass Adolf Brenneke, Nr. 2/6, Bl. 1357v).

Abbildung 4: Adolf Brenneke: Artikel „Archivtheorien". Manuskript, letzte Seite Auszug zum freien Provenienzprinzip. (Niedersächsisches Landesarchiv, Standort Hannover, Hann. 91 Nachlass Adolf Brenneke, Nr. 2/6, Bl. 1377v)

Abbildung 5: Adolf Brenneke: Artikel „Provenienzprinzip". Manuskript, erste Seite (Niedersächsisches Landesarchiv, Standort Hannover, Hann. 91 Nachlass Adolf Brenneke, Nr. 2/6, Bl. 1392r).

Abbildung 6: Adolf Brenneke: „Archivkunde (Theorien und Geschichte)". Manuskript, erste Seite. (Niedersächsisches Landesarchiv, Standort Hannover, Hann. 91 Nachlass Adolf Brenneke, Nr. 2/1, Bl. 129r).

Abbildung 7: Die Bau- und Kunstdenkmäler des Kreises Tecklenburg. Münster 1907. Titel.

Abbildung 8: Portrait von Adolf Brenneke. Fotografie. (Niedersächsisches Landesarchiv, Standort Hannover, Hann. 91 Nachlass Adolf Brenneke, Nr. 5).

Abbildung 9:	Portrait von Johann Gustav Droysen, Druckgrafik. *Illustrierte Zeitung* No. 2139, 28. Juni 1884, S. 556 (Privatbesitz).
Abbildung 10:	Adolf Brenneke: Rezension von Heinrich Ritter von Srbik: Wien und Versailles, 1692 bis 1697. Zur Geschichte von Straßburg, Elsaß und Lothringen (München 1944). Masch.-schr. Ms. (unveröffentlicht. (Niedersächsisches Landesarchiv, Standort Hannover, Hann. 91 Nachlass Adolf Brenneke Nr. 3, Bl. 13 bis 17, Bl. 13).
Abbildung 11:	Portrait von Friedrich Meinecke. Fotografie (Fotograf: Fritz Eschen). (Freie Universität Berlin, Universitätsarchiv, Fotosammlung.) Mit freundlicher Genehmigung der Staats- und Universitätsbibliothek Dresden, Deutsche Fotothek.
Abbildung 12:	Friedrich Meinecke: Die Entstehung des Historismus. München, Berlin 1936. Prospekt des Verlages R. Oldenbourg. (Privatbesitz).
Abbildung 13:	Adolf Brenneke: Notizen zum Entwicklungsgedanken. Auszug aus dem Manuskript der Vorlesung zur „Archivkunde". (Niedersächsisches Landesarchiv, Standort Hannover, Hann. 91 Nachlass Adolf Brenneke, Nr. 2/3, Bl. 476r).
Abbildung 14:	Porträt von Wolfgang Leesch. Fotografie. (Privatbesitz).
Abbildung 15:	Dankesbrief von Elly Brenneke an Wolfgang Leesch bei Erscheinen der *Archivkunde* ihres verstorbenen Gatten, 12. Oktober 1953. Handschrift. (LWL-Archivamt für Westfalen, Münster/Westf., Archiv LWL, Bestand 920, Nachlass Wolfgang Leesch, Archivwissenschaftliche Korrespondenz).
Abbildung 16:	Johannes Papritz: Organisationsformen des Schriftgutes in Kanzlei, Registratur und Archiv. Mitschrift der Vorlesung vor dem 4. wissenschaftlichen Lehrgang der Archivschule Marburg, 1957–1959. Vervielf. masch.-schr. Ms. (Privatbesitz).

Danksagung

Brennekes nachgelassene Schriften begegneten mir vor genau zehn Jahren im Zuge archivgeschichtlicher Studien, in denen ich den Reichtum des Denkens dieses Archivars und Archivwissenschaftlers immer mehr schätzen gelernt hatte. Im Nachlass, den das Niedersächsische Landesarchiv am Standort Hannover bewahrt, stieß ich damals auf die „Archivartikel". Daraufhin betrieb ich Archivforschungen, um Entstehung und Rezeption von Brennekes Werk näher kennenzulernen. Diese führten nicht zuletzt ins Geheime Staatsarchiv Preußischer Kulturbesitz in Berlin-Dahlem, ins Archiv des LWL-Archivamtes für Westfalen in Münster, das den Nachlass von Wolfgang Leesch verwahrt, und ins Archiv der Berlin-Brandenburgischen Akademie der Wissenschaften, Berlin, mit dem Nachlass von Heinrich Otto Meisner.

Ich freue mich sehr, dass Prof. Dr. Dr. Rainer Hering, Direktor des Landesarchivs Schleswig-Holstein, dem ich von diesen Studien erzählte, mich einlud, die Schriften Brennekes in den Veröffentlichungen des Landesarchivs Schleswig-Holstein zu edieren. Dank gebührt auch den Archivarinnen und Archivaren, die mir bei meinen Archivstudien geholfen haben. Namentlich möchte ich Dr. Wolfgang Bockhorst, LWL-Archivamt für Westfalen, erwähnen, der mir den Nachlass von Wolfgang Leesch zugänglich machte. Dr. Marcus Stumpf, der jetzige Leiter, stellte freundlicherweise den Kontakt zu Leeschs Erben her. Leeschs Tochter, Dr. Ulrike Schwering-Leesch, Euskirchen, danke ich für ihre Unterstützung des Vorhabens. Das Niedersächsische Landesarchiv, Standort Hannover, war so freundlich, die vorliegende Edition zu genehmigen. Meine frühere Kollegin im Archiv der Universität der Künste, Karen Krukowski, die wie ich die Marburger Archivschule besuchte, half mir durch mehrmalige kritische Sichtung des entstehenden Manuskripts; dafür schulde ich ihr großen Dank. Im Landesarchiv Schleswig-Holstein hat es Veronika Eisermann nochmals sorgfältig durchgesehen und für den Satz vorbereitet, wofür ich mich ebenfalls bedanken möchte. Schließlich danke ich dem Verlag, namentlich Tobias Buck, und der Korrektorin, Isa Jacobi, Hamburg, für ihre engagierte Betreuung dieses Buchprojekts.

Berlin, im Mai 2018
Dietmar Schenk

Über den Herausgeber

Dietmar Schenk, Dr. phil., studierte Geschichte, Mathematik und Philosophie, wurde in Münster/Westfalen promoviert und war wissenschaftlicher Mitarbeiter am Fachbereich Geschichtswissenschaften der Universität Gießen. Nachdem er die Archivschule Marburg besucht hatte, übernahm er 1991 die Leitung des Archivs der Universität der Künste Berlin, das er in seiner heutigen Form aufbaute. Seit 2001 betreut er auch die universitären Sammlungen. Im Rahmen dieser Tätigkeit führte er zahlreiche Projekte an der Grenze zwischen Archivarbeit und Geschichtsforschung durch, zurzeit das vom Bundesministerium für Bildung und Forschung (BMBF) finanzierte Vorhaben „Vorbilder – Nachbilder. Das Fotoarchiv des Künstlers im 19. Jahrhundert" (gemeinsam mit dem Münchner Stadtmuseum, 2017–2020). Archivwissenschaftliche Texte von ihm wurden in mehrere Sprachen übersetzt.

Buchpublikationen u. a. *Die Hochschule für Musik zu Berlin* (2004), *Leo Kestenberg: Briefwechsel* (Edition, 2 Bde. 2010 und 2012), *Kleine Theorie des Archivs* (2008, 2. Aufl. 2014), *„Aufheben, was nicht vergessen werden darf". Archive vom alten Europa bis zur digitalen Welt* (2013), *Archive zur Musikkultur nach 1945* (Mitherausgeber, 2016).